U0821459

永联之路

共同富裕乡村振兴的实践样本 上

侯爱敏　尚正永　柳玉梅　翟　青　苏　仁 / 编著

课题组成员　苏州市人大常委会研究室
张家港市人大常委会
南丰镇人大　永联村党委
苏州科技大学

苏州大学出版社
Soochow University Press

图书在版编目(CIP)数据

永联之路：共同富裕乡村振兴的实践样本. 上 / 侯爱敏等编著. -- 苏州：苏州大学出版社，2025. 3.
ISBN 978-7-5672-5179-3

Ⅰ. F327.534

中国国家版本馆 CIP 数据核字第 2025HM5564 号

书　　名：永联之路——共同富裕乡村振兴的实践样本（上）
Yonglian zhi Lu——Gongtong Fuyu Xiangcun Zhenxing de Shijian Yangben(Shang)

编　　著：侯爱敏　尚正永　柳玉梅　翟　青　苏　仁
责任编辑：冯　云　严瑶婷

出版发行：苏州大学出版社(Soochow University Press)
社　　址：苏州市十梓街 1 号　**邮编**：215006
印　　刷：苏州工业园区美柯乐制版印务有限责任公司
邮购热线：0512-67480030
销售热线：0512-67481020

开　　本：787 mm×1 092 mm　1/16　**印张**：18(全 2 册)　**字数**：364 千
版　　次：2025 年 3 月第 1 版
印　　次：2025 年 3 月第 1 次印刷
书　　号：ISBN 978-7-5672-5179-3
定　　价：98.00 元(全 2 册)

若有印装错误,本社负责调换
苏州大学出版社营销部　电话：0512-67481020
苏州大学出版社网址　http://www.sudapress.com
苏州大学出版社邮箱　sdcbs@suda.edu.cn

前 言

2024年3月5日，中共中央总书记、国家主席、中央军委主席习近平参加他所在的第十四届全国人民代表大会第二次会议江苏代表团审议时，同张家港市南丰镇永联村党委书记吴惠芳代表亲切交谈。吴惠芳书记详细汇报了永联村从一个长江边的贫穷小村落发展成为如今富裕和谐的新农村典范的历程。听着吴惠芳书记如数家珍，习近平总书记笑着说:“走共同富裕的乡村振兴道路，你们是先行者，要把这个路子蹚出来。要继续推进共同富裕，走中国式现代化道路。”

永联村位于江苏省苏州市张家港市南丰镇，地处江南水乡，拥有独特的农耕文化。曾经的永联村，土地贫瘠、资源匮乏，村民生活困苦。但永联人在村党委的领导下，开启了艰辛的奋斗历程。20世纪70年代围垦造田解决温饱问题，80年代创办轧钢厂迈出工业化第一步，之后不断壮大工业规模，形成产业集群，实现村集体经济飞速增长。同时，大力推进基础设施和公共服务设施建设，如今现代化住宅小区楼栋林立，文化设施基本齐全，生态环境格外优美，成为“江南水乡第一村”。这个昔日长江边的滩涂村，敢为天下先，办起钢铁企业，不仅发展成为全国知名的富裕村，也成为改革开放中乡镇企业传奇的代表之一，永联村所走的共同富裕的乡村振兴道路值得总结与推广。

为全面、深入展现永联村的发展历程，总结永联乡村振兴之路的做法经验，同时也作为对习近平总书记嘱咐的回应，我们编写了《永联之路——共同富裕乡村振兴的实践样本》。本书是2024年度苏州市人大常委会、张家港市人大常委会、南丰镇人大上下联动的重点课题成果。课题立项伊始便组建起由苏州科技大学专家、学者领衔的编写团队，制订了详细的编写计划。编写团队多次深入永联村开展实地调研，与各方广泛交流，收集大量第一手资料，并查阅历史档案、文献资料，多次召开研讨会，从多个维度系统阐述永联村在改革开放40多年来的探索与实践，经反复修改，最终成稿。本课题成果由苏州大学出版社负责出版，确保了本书高质量呈现。

《永联之路——共同富裕乡村振兴的实践样本》回顾了永联村由贫困走向富裕的成功之路，解密了永联村建设发展的四条核心经验："把党的全面领导坚持好，把党的方针政策落实好，把党的基层书记选配好，把基层领导班子建设好。"把党的全面领导坚持好，就是要永远听党话、跟党走，铁心向党、永葆先进；把党的方针政策落实好，就是要因地制宜，以民为本，开放包容，共建共享，不断将党和国家的好政策转化为不断提高人民群众福祉的务实行动；把党的基层书记选配好，就是要让公正有为、一心为民的"永久牌"好书记成为基层组织的领头人、人民群众的贴心人；把基层领导班子建设好，就是要坚持能人治村，组建放开手脚、步履不停，始终走在改革创新、发展成果共享道路上的强有力团队。围绕核心经验的四个主题，本书分上下两册、四个篇章，结合真实案例，提炼永联发展经验，图文并茂，深入浅出，力求全面、生动地展示永联村在共同富裕的乡村振兴道路上的每一个脚印，这是中国广大农村发展可以学习和借鉴的"永联法宝"。

2025年3月5日，习近平总书记在参加十四届全国人大三次会议江苏代表团审议时强调，经济大省发展得快一些，理应在促进全体人民共同富裕上积极探索经验、发挥示范带动作用，在推进乡村全面振兴和城乡融合发展、巩固拓展脱贫攻坚成果等方面持续用力。总书记的讲话既为江苏发展指明了方向，也为永联村实践经验总结和推广提供了根本遵循。永联村的探索实践与总书记的要求高度契合，展现了城乡融合与共同富裕的样板担当。

我们希望本书总结的永联村共同富裕的乡村振兴实践经验，能够给全国基层治理者带来一些启发。我们也相信，怀揣着习近平总书记的殷切期望，永联村将在中国式现代化道路上越走越远，为城乡融合和共同富裕做出更大贡献。

编著者

2025 年 3 月

目录

第一篇　把党的全面领导坚持好

第二篇 把党的方针政策落实好

第一章 穷不会生根，富不是天生

第二章 以民为本，确保政策惠及人民

第三章 抢抓机遇，尽享政策红利

第四章 因地制宜，灵活运用政策

第九章　共享政策红利，激发社会活力

第一篇

把党的全面领导坚持好

自党的十八大以来，中国特色社会主义进入新时代，我国社会主要矛盾已经转化为人民日益增长的美好生活需要和不平衡不充分的发展之间的矛盾。中华民族迎来了从站起来、富起来到强起来的伟大飞跃，这也对党的领导水平和治理能力提出了新要求。新时代党的建设全面加强，不仅管党治党取得新成效，而且深入实施党建引领工程，全面加强和改善党对各领域的领导，凝聚各方力量，以党建强基础、保民生、促发展、增活力。

永联村认真对照习近平总书记的讲话要求，坚定信念、践行宗旨、奋力拼搏，既是党在农村所推行的改革开放政策的忠实实践者，也是最大的获益者。永联村先后获得“全国先进基层党组织”“全国文明村镇”“全国民主法治示范村”“全国乡村治理示范村”等荣誉。50

多年来，永联村从 1971 年建村时，全村仅有 254 户、700 多人、近 800 亩（1 亩约为 666.67 平方米）土地，村集体欠债 6 万多元，发展至村域面积达 10.5 平方千米，常住人口达 2.5 万人，村民家家有新房，人人有工作，个个有福利，呈现出一幅由小镇水乡、绿色工厂、现代农庄、文明风尚构成的美丽画卷，走出了一条中国特色社会主义新农村的康庄大道。永联村探索构建“党建引领、区域协同、群众参与、依法办事”的治理格局，形成、完善在村党委领导下的自治、法治、德治相结合的乡村治理模式。永联村以工业作为牵引，带动城镇化建设，进而实现农业农村现代化，发展成为江苏省苏州市张家港南丰镇的一个产业兴旺、生态宜居、乡风文明、治理有效、生活富裕的先进村、发达村，是当前中国 60 万个行政村中最接近以农业农村现代化推进中国式现代化的乡村之一。

党旗飘扬领航向。党旗不仅是信仰的象征，还是前进的指引。它指引永联村构建“一格五员、协同共治”网格化的服务体系，使得党旗飘扬在永联村的每一寸土地，永联人的每一方心田。

① 2016 年 7 月 18 日，永联村开展“永联之魂”建党 95 周年暨永联村党委 2015—2016 年度总结表彰文艺演出

② 2011 年 5 月 30 日，永联村 90 名老党员飞赴北京重温入党誓词

党章指引谋创新。永联村党委坚持以党章为统领，不断解放思想、与时俱进，探索新思路、新方法，推动永联村高质量发展。

▲ 2004 年春节前，在永联村党委的领导下，永联村召开首届文明家庭奖颁奖大会，以文明家庭奖制度推进精神文明建设

▲ 2011 年 3 月，永联村党员干部签订《勤廉敬业责任书》

▲ 2013 年 7 月，永联村村民在村民议事厅圆桌会议室召开首次村民议事会

▲ 2013 年 8 月，中国共产党永联村第六次代表大会与会代表合影留念

党日红火办实事。永联村构建以主题党日活动带动群众得实惠的服务机制，让群众真切感受到党的力量。

▲ 2010 年 5 月 25 日，永联村举办“万人游世博”启动仪式

▲ 2023 年 7 月，永联村党委书记吴惠芳为永联村第 3 位百岁老人陈万芬送上鲜花和祝福，社区工作人员为她准备了一个热闹的生日派对

▶ 2024 年 11 月 25 日，由北京荷风艺术基金会和日本武藏野音乐大学附属高中共同主办的“欢乐颂——艺术的力量 来自中国农村儿童的乐声”音乐会在日本武藏野音乐大学巴赫音乐厅举行，永联荷风管弦乐团的 43 名孩子受邀上台演出

▶ 2024 年 12 月 6 日，江苏省文联文艺赋能乡村振兴——江苏省现代美术馆分馆授牌暨作品联展开幕式在永联美术馆举行

党徽闪耀树表率。一名党员一颗星，星星闪耀照红心。永联村党员心中有誓言、行动有体现、群众有感受，不戴党员徽章也能让群众认得出、想得起。

▲ 2006 年 1 月 23 日，永联村召开保持共产党员先进性教育动员大会

◀ 2023 年 5 月 10 日下午，张家港市见义勇为基金会来到永联村警务室，为曹建培、殷高仁、孙刚颁发见义勇为证书及奖金

◀ 2023 年 10 月 7 日，臧先生和工友来到永合社区服务大厅，将一面写着“为民讨薪暖人心，真情感恩送锦旗”的锦旗送给了社区网格员钱竞

▲ 2023 年 12 月 21 日，由中央组织部、中央学习贯彻习近平新时代中国特色社会主义思想主题教育领导小组办公室、中央广播电视总台联合制作的专题节目《榜样 8》在中央电视台综合频道（CCTV-1）晚间 8 点档首播，永联村党委书记吴惠芳入选并参与录制

党的一切工作，必须以最广大人民群众的根本利益为最高标准。人民对美好生活的向往就是党的奋斗目标，要始终把人民放在心中的最高位置，始终全心全意为人民服务，始终为人民的利益和幸福而努力工作。

党的政策既有普遍性，又有前瞻性。想要谋求发展，贯彻落实党的政策极其重要。

——吴惠芳

第一章　听党话，跟党走

学习随笔

一、工作的出发点是老百姓的需求

我们要积极地落实党的政策，像东风一样让它落地生根、开花结果，我们要具备这样的能力。

——吴惠芳

1. 自治、法治、德治相得益彰

党建引领乡村治理，即充分发挥基层党组织在乡村法治中的领导作用、在乡村自治中的推动作用、在乡村德治中的表率作用，形成在党组织领导下的自治、法治、德治相结合的乡村治理体系。乡村是一个熟人社会，其治理不仅要体现刚性制度，也要讲究柔性管理。只有坚持社会治理创新，才能营造乡村振兴的和谐氛围和人文气息。永联村面对“家大业大，管理难度也不断加大”的客观实际，须不断完善自治、法治、德治相结合的乡村治理体系，不断提升乡村治理的现代化水平，以基层善治托举人民安居乐业，打造“人人有责、人人尽责、人人享有”的社会治理共同体，形成“多元共治、以制促治、文明善治”的永联村治理模式。同时，优化共建共治共享的现代化乡村治理格局，逐步实现由“村企合一”向“村企合作”、由“政经合一”到“政经分离”、由“村社合一”到“村社分离”、由“村民自治”向“居民自治”的转变。

学习随笔

一是永联村自治，以自律涵养新乡风。群众的事由群众来办，即让群众参与进来，让群众来说、来议、来决定，而这需要采用一定的形式和载体，同时也是农村民主与法治建设不可或缺的重要内容和手段。

第一，建设村民议事厅。议事厅在永联村是最为庄严和神圣的建筑，可供 285 名村民参加会议，审议决定村里的重大事项。议事厅对全体村民公开，不仅建有可供村民旁听、参观的通道，还设有可以实时直播的大屏幕，将议事置于群众监督之下，真正做到公开透明。

第二，代表大会议大事。永联村股份经济合作社社员代表大会和永合社区居民代表大会每年各召开两次。社员代表大会有代表 240 人左右，由 10 000 余名社员选举产生。该代表大会对村集体经济发展规划、生产经营计划、基本建设投资计划、年度财务预决算、集体收益分配进行决策和监督。居民代表大会有代表 240 人左右，由 25 000 多名永合社区居民选举产生。该代表大会负责审议决定社区工作规划，制定和修改《永合社区自治章程》《永合社区居民公约》等重要制度文件。

第三，议事团体议难事。永联村股份经济合作社和永合社区居民委员会（以下简称“居委会”）分别成立议事团，针对股份经济合作社和居委会中存在的一些疑难问题，召集部分社员代表、居民代表和当事人家庭进行讨论、商议和做出决定。社员议事团及居民议事团，在广泛征求居民建议的基础上产生，定期共同研究需要上会的事项，按照一事一议的原则，讨论社员及居民的利益诉求。

第四，楼道小组议琐事。在每个楼道组建楼道小组议事委员会，该委员会由 3~5 个居民组成，针对每个楼道中存在的问题，不定期召开楼道议事会，实现楼道自我管理、自我教育。

第五，媒体平台议冒尖事。永联村还利用永联一点通 APP、村报《永联村讯》、魅力永联微信公众号、社区电子屏等载体，适时曝光一些不文明的行为，让村民进行评议，以此作为警诫；对一些干部不作为的问题也进行曝光，让他们接受群众的评议和监督。总之，永联村搭建了“村民代表大会、村民议事会、楼道恳谈会”的三级议事平台，形成了“代表大会议大事、议事团体议难事、楼道小组议琐事、媒体平台议冒尖事”的村民议事新机制，探索和构建了“党建引领、区域协同、群众参与、依法办事”的治理格局。以 20 多项利益分配制度和 10 多项居民自治规章条例划清权责边界，为新时代农村善治之路提供了生动样本。

学习随笔

伴随着产业规模化发展，农民向社区集中，加之永联小镇建成后，住房可以上市流通，有很多外来人员到永联村买房定居。人口结构的变化给永联小镇的社会治理带来了难度。如何让所有居住在小镇上的人员都享有民主自治的权利，回应他们当家作主的期盼，是实现有效治理所必须解决的问题。2011 年 4 月，经政府审批，永联小镇成立了永合社区，并经全体居民选举产生了居委会。无论是旧永联人还是新永联人都是小镇上的居民，选举居委会时人人有一票，都可以参与社区治理。从此，永联村村民有着永合社区居民和永联村股份经济合作社社员的双重身份。作为居民，在社区内享有公共管理和公共服务的权利；作为社员，在股份经济合作社中享有集体经济分配的权益。

二是永联村法治，定制度明规则。第一，建立责任清单，做到各司其职。理清责任主体，划清权责边界，对全村范围内的社会事务、公共事务的责任明确到人，制定《永联区域常态化管理分工责任表》。如永联景区管理办公室领导小组，肩负永联区域工商、城管、卫生、交通等公共管理和公共服务方面的职责。各个责任主体都有明确的责任清单，充分发挥职能作用，各自在权力范围内做好分内的事情，确保既不“缺位”，也不“越位”。

第二，健全村规民约，做到有法可依。村规民约是社员、居民共同认可的“公约”，是实现社员、居民自治的有效制度，更是避免领导说了算、决策随意性强的重要手段。永联村经济合作社为确保集体资本、集体土地、集体资产的公平共享，先后经社员代表大会通过了《永联村集体经济分配实施办法》《永联村拆迁安置剩余面积的补偿办法》《永联村安置房管理暂行规定》等 20 多项与社员利益相关的规章制度，确保集体资产分配公平公正、有法可依。永合社区先后经居民代表大会决议通过了《永合社区自治章程》《永合社区基层民主听证制度》《永合社区居民道德建设评议工作实施办法》等 10 多项居民自治规章条例，维护了居民自治权益。

第三，培育公民意识，做到大众参与。通过开展“文明大家谈”“道德大讲堂”等活动，来增强社员、居民的集体荣誉感，来强化公民的公共意识，实现“村民”向“公民”的转变，增强社会责任感。为畅通民众利益诉求渠道，永联村建立了“老党员接待日”“代表委员接待日”“领导接待日”等制度，形成了一套联系群众、倾听民意、化解矛盾的工作机制。通过民主选举方式，永联村产生了经济合作社理事会、监事会和

学习随笔

党总支班子。同时，永联村为坚持民主议事，设立了居民、社员民主议事会，涉及居民、社员切身利益的各类问题，均由集体研究讨论，有效地保障了居民、社员的知情权、参与权和监督权。

第四，坚持阳光运行，做到全程监督。规范居民、社员代表的权利，保证代表权利并接受群众监督。规范办事程序，实现决策、办事的规范化、制度化、程序化。通过制定《永联村股份经济合作社理事会议事规则》《永联村股份经济合作社监事会工作制度》等制度文件，来规范理事会、监事会、经营管理班子的决策、办事程序。推进财务、社务公开，通过报纸、微信公众号、网站、宣传栏等平台，定期公布相关事务。

三是永联村德治，春风化雨淳民风。第一，注重培养职业农民、文明市民、合格公民，构建文明管理长效机制。设立文明家庭奖，把社会公德、家庭美德、职业道德、个人品德等要求，制定成百分制考核条款，以家庭为单位进行年度考核，分别授予文明家庭标兵户、金质文明家庭户、银质文明家庭户等荣誉。对不在永联村工作、生活的永联人，委托其所在的社区、学校和工作单位，出具文明行为评价证明，实施考核，叫响“出了永联门，还是永联人”口号，永联人不论走到哪里，都要守道德，讲文明。

第二，在企事业单位开展文明单位创建。永联村根据不同企业有着不同文化、不同群体有着不同习俗和文明素养的实际，成立了张家港市南丰镇永联社会文明建设联合会，将永联村域内所有企事业单位、商户、公益人士纳入该联合会中，开展不同形式的文明单位创建活动。如在永钢集团[①]将创建主体建到车间、班组一线，把安全管理、绿色环保、遵纪守法作为文明单位创建硬指标，将文明单位创建作为各类先进评比的前提。

第三，在全村开展让爱心在互助中闪光活动。成立张家港市永联为民基金会，每年募资超 2 000 万元，精准帮扶村企员工、村民中因病致贫、残障等特殊家庭，以及开展各类公益活动，培养“我为人人，人人为我”的互助精神。成立张家港市南丰镇永联爱心互助志愿者联合会，鼓励企业职工、社区居民加入志愿者队伍，现有在册志愿者 2 800 多人，常态化开展爱心家教、爱心便当、爱心缝纫等 30 多个志愿服务项目。争创文明单位、争当文明家庭，兴文明之事、播文明之风，已成为永联村的一

① 1984 年，永联村创办永联轧钢厂；1994 年以永联轧钢厂为主体组建江苏永钢集团有限公司；2021 年在江苏永钢集团有限公司基础上组建永卓控股有限公司。为求简便，后文在提到该企业时，若非特指某个阶段名称，统一用“永钢集团”的简称。

学习随笔

道亮丽风景线，截至2024年年底，村里有2人先后获得“全国道德模范”称号和“全国道德模范提名奖”，有2人成功捐献造血干细胞，有47人获得“张家港市志愿服务终身成就奖”。

2. 善行无疆，德耀永联

习近平总书记强调，必须以满足人民日益增长的美好生活需要为出发点和落脚点，把发展成果不断转化为生活品质，不断增强人民群众的获得感、幸福感、安全感。党的二十大报告指出，物质贫困不是社会主义，精神贫乏也不是社会主义。永联村50年的发展实践，让永联人深刻认识到，物质要发展，精神要文明。“两手抓，两手都要硬”，不是口号，而是现实的需要。永联村连续五届被评为“全国文明村”，文明乡风、良好家风、淳朴民风在永联村已蔚然成风。永联村总结经验：建设文明乡风要让党员干部先行示范，要在结合与渗透上下功夫，要有让村民在乎的抓手和举措，要结合先进思想文化，否则文明建设在农村将是一句空话或者一个口号，甚至会走上形式主义的路子。

建设文明乡风，要让党员干部先行示范。村看村，户看户，群众看干部。文明风尚的形成，首先要靠党员干部自己做，其次才要靠党员干部抓。为此，充分发挥党员干部的先锋模范作用，永合社区建立党员“先锋指数”考核体系，将党员的理论学习、志愿服务、邻里团结、争先创优等进行百分比考核。永联村域内的企业建立“党员三先”标准：学习在先、攻关在先、服务在先。

建设文明乡风，要在结合与渗透上下功夫。将永联村域内所有企事业单位、商户、公益人士纳入张家港市南丰镇永联社会文明建设联合会中，开展文明单位创建。比如，由该联合会牵头，在各单位开展文明公厕、文明交通、文明餐饮等专项活动。同时，永联村设立金融超市，与银行共享文明家庭、文明商户、文明单位数据，凡是获得文明称号的家庭，可以在银行享受30万元的低息贷款，凡是获评文明商户和单位的，可以在银行享受50万元的低息贷款。

建设文明乡风，要有让村民在乎的抓手和举措。随着市场经济的不断深入，村民们的自我意识、利益意识增强，价值取向日渐多元复杂，加上农业税的取消，在减轻农民负担的同时，也削弱了村庄对农民的约束力。现实告诉永联人，村庄同样需要“两手抓，两手都要硬”。因此，永联村成立了精神文明建设办公室，发挥村集体经济雄厚的优势，把精

神文明创建与物质利益挂钩，从2004年开始，村里按每人每年1 000元的标准，对村民文明行为进行考核。这一招还真管用，村民一下子变得很自觉、很服管，永联村也成为首批全国文明村。但是，随着村民经济收入的增加，这1 000元的拉动作用逐渐减弱。2019年，文明家庭奖改革，激励方式由原来单一的物质奖励转变为积分管理和表彰挂牌相结合，凡是做了禁止或反对的事就扣分，凡是做了提倡或鼓励的事就加分，到年底按照得分进行排序，分别发放金色、银色、铜色文明家庭奖牌。小小的奖牌变成了家风的标志，变成了引人向上、向善的力量和抓手。现在，只要村里有号召，村民就会自觉响应。

建设文明乡风，要结合先进思想文化。用健康向上的文化活动改变村民传统生活方式，用先进的文化元素提升农村现代化建设的层次和活力，引导村民说文明话、做文明事、当文明人。没有文化的农村，一定不是现代化的新农村，文化创新既是支撑永联村发展的灵魂，也是永联村农村现代化的核心。“记得住乡愁”，既是社会文明之要，也是个人精神之需。永联村将传承乡土文化贯穿乡村振兴之中：永联小镇，青砖黛瓦、小桥流水，充满了江南气息；苏州江南农耕文化园内，农耕长廊、陶瓷工坊、暨阳书画社、手工作坊，让“乡土不土、乡愁不愁”；农耕文化节、美食节、旅游节、丰收节，将乡土文化的经济价值与村民增收的社会效益有机融合。此外，永联村深刻把握村民精神文化需求不断上升的特点，品书香、办学校、抓培训、建学院，注重通过文化活动来陶冶村民的情操，先后建设了可容纳1 300人的文化活动中心、带有水景喷泉的联峰广场、可放映水幕电影的永联小镇广场和专供村民看戏的永联戏楼，村民的文化素质全面提升。自2020年起，全面启动数字永联建设，数字信用体系、数字生活馆、数字健康云平台等陆续建成并投用。如今，是否会使用数字信息化设备，已成为永联村村民之间衡量是否跟上时代的标准之一。

3. 把群众利益举过头顶

永联村坚持“一切为了群众，一切依靠群众”的核心要义。“一切为了群众”要做到对人民负责，善于为人民服务，并以实现最广大人民的根本利益为出发点。“一切依靠群众”要尊重群众、相信群众，团结带领人民群众为实现自己的利益而奋斗。习近平总书记指出，群众路线是我们党的生命线和根本工作路线，是我们党永葆生机活力和战斗力的重要

学习随笔

传家宝。广袤的乡村是干事创业的广阔舞台，是磨炼意志、检验初心的新战场。广大村干部是乡村振兴的“施工队长”，要主动挑担子、闯关隘，通过学习有关农村的政策法规和相关知识，进入一种理论“换装”、知识储备快速提升的状态。基层农村的党组织书记的使命责任就是带着乡亲们实现共同富裕。

永联村要根据群众的实际需要和群众的意愿开展工作，而不能从任何个人的主观意愿出发，不能代替群众作主。习近平总书记指出，“时代是出卷人，我们是答卷人，人民是阅卷人”。切实做到人民有所呼，党必有所应；人民有所需，党必有所答；人民有所求，党必有所为。只有紧跟时代潮流、顺应群众期盼、贴近群众需要，一心一意为群众谋幸福，才能真正把工作做到群众的心坎上，才能真正得到群众的拥护和支持。否则，只会陷入“工作做得越多，矛盾也越多，群众怨言也就越多”的怪圈，最终被群众抛弃。力量在群众中，智慧在群众中。按形势的要求和村民的想法，集中大家的智慧和力量，共同建设幸福永联，这是做好群众工作、赢得群众信任的不二法门。

党的十六届五中全会提出建设社会主义新农村，要生产发展、生活宽裕、乡风文明、村容整洁、管理民主。在深入学习、领会精神之后，永联村党委班子成员经过讨论、商议，提出了永联村新农村建设“六个化”标准，即居住方式城镇化、生产方式产业化、就业方式多元化、生活方式市民化、管理方式规范化、收入方式多样化，全面推进永联新农村建设。随后，村民代表大会通过了《关于建设社会主义现代化新永联的决议》，村民共同绘制出一幅永联小镇的规划图。2013 年，永联村又提出了美丽乡村建设“四美”标准，从产业美、生活美、生态美、素质美四个方面全面推进永联村美丽乡村建设。党的二十大报告提出全面推进乡村振兴，扎实推动乡村产业、人才、文化、生态、组织振兴。为此，永联村打破传统农村一元治理模式，向村企分离、政经分离、村社分离、村镇分离转变，形成了“党建引领、区域协同、群众参与、依法办事”的乡村治理模式。

二、遵循客观规律，尊重实际情况

村归村、企归企；村归村、镇归镇；资产归资产、管理归管理。

——吴栋材

学习随笔

1. 政经分离、村企分离、村社分离

在农村，村党组织、村民委员会（以下简称“村委会”）、经济合作社是三个重要的基层组织。永联村从一个贫困小村成为全面小康村，进而基本实现农业农村现代化，靠的就是党建引领乡村振兴。党委坚强有力，是实现乡村振兴的根本保证。长期以来，永联村党委坚持以提升组织力为重点，突出政治功能，强化能力建设，打造坚强有力的战斗堡垒，充分发挥了在乡村振兴中的引领作用。2011 年，永联村境内治理的主体分别是：永合社区，永联村股份经济合作社，永联村社会事务协调小组。永合社区，是老百姓生活的共同体，隶属于南丰镇党委，和经济合作社完全分离；永联村股份经济合作社，是社员的经济利益共同体；永联村社会事务协调小组，因为永联村创建江苏首批旅游风情小镇，景区的管理标准要高于原来的，所以该主体现已调整为景区管理办公室。

随着集体经济不断壮大，村委会既要管理社会事务，又要发展集体经济，能力和精力都有限。永联村有 8 000 亩耕地、250 余间门面店，在永钢集团有 25% 的股权，这样庞大的集体经济靠村委会来经营管理不切实际。因此，将村的经济发展功能从村委会的管理中剥离出来，由村经济合作社承担集体经济的发展功能，即政经分离，势在必行。村经济合作社是农民以集体土地、集体资产、集体资本为纽带的经济联合体，是享有特殊法人资格的集体经济组织。为了更好地发挥村经济合作社的作用，永联村遵循以下三条原则。其一，严格界定集体经济组织成员。结合实际情况，村经济合作社统筹考虑户籍、承包地、婚姻嫁娶等情况，制定了《永联村股份经济合作社社员资格确权办法》（以下简称《确权办法》），并在 2014 年永联村村民代表大会上表决通过。依据《确权办法》，10 676 人被确定为永联村股份经济合作社社员。这些人不管是否在永联村居住，他们都享受着集体经济的分配权。其二，引入现代企业治理模式。村经济合作社参照现代企业制度，修订了《永联村股份经济合作社章程》，并依据章程选举产生了 239 名社员代表，召开了第一届社员代表大会，选举产生了第一届永联村股份经济合作社理事会、监事会班子，理事会聘请了永联村股份经济合作社社长、副社长，在永联村股份经济合作社内设置了综合管理部、财务管理部、社务管理部、经营管理部四个职能部门，并聘用了管理部经理。集体土地、集体资产、集体资本实现市场化、专业化的经营和管理，有效地确保了农民集体土地、集体资产和集

学习随笔

体资本的保值和增值。其三，进行股份制改造。按照市场规律办事，就要拥有管理水平好、竞争实力强、盈利水平高的市场主体。在管理机制上，用市场化思路破除“集体大锅饭”观念，对经济合作社进行股份制改造，让管理层持有40%的股权，员工收入与单位效益紧密捆绑，从员工到管理层，积极性都得到了充分调动。此外，对村经济合作社旗下的农业、旅游、餐饮、培训、物业等产业进行市场化经营管理，激发企业经营活力，充分调动经营团队的积极性，增强人才队伍进乡村的吸引力。

由于村企产权关系不清晰、投资关系复杂、利益主体多元化，农民、村集体、企业、职工等多个利益主体之间的矛盾越来越突出，有的甚至面临被激化、产生冲突的风险。随着土地制度的严格落实，股份制企业改造到位，村民的股民、股东意识增强，村企合一，“管理一套班子、财务一本账目”的模式难以为继。2011年，经请示上级，永联村成立永合社区，并选举产生了社区居委会，管理社区日常事务，服务广大居民；成立永联村股份经济合作社，将集体资产经营管理职能从村委会剥离出来，由采用公司化运营模式的永联村股份经济合作社来承担。永联村及时进行了村企分离，由“村企合一”向“村企合伙”“村企合作”转变，具体举措有以下两项。其一，产权分离，厘清永联村集体资产产权。经过几轮的工作，永联村集体资产产权十分清晰。永钢集团产权清晰，永联村8 000亩耕地产权清晰，250余间门面店产权清晰，集体经济与村民之间的关系清晰。其二，管理分离，设立村企两套管理班子。永钢集团是董事局、总裁经营班子；永联村股份经济合作社是理事会、监事会、社长经营管理班子。永钢集团的根基和母体是永联村股份经济合作社，永钢集团发展壮大之后，又反哺永联村股份经济合作社，培育发展了苏州永联农旅发展有限公司等农业企业。自此，永联村村民的身份转变为永合社区居民和永联村股份经济合作社社员。

加快由村委会体制下的村民自治向居委会体制下的居民自治转变。发展农村集体经济的职能从村委会剥离后，村委会的自治功能得到凸显。不仅如此，永联村还成立了永合社区居委会，直接隶属于南丰镇人民政府，所有居住在永联小镇上的，不管是本地人，还是外地人，都成了社区居民，参加永合社区居委会选举。社区成了所有小镇居民的生活共同体，以居委会下的居民自治治理模式适应新情况、解决新问题。

注册成立社区服务公司，以公司化运营模式承接政府安置社区的治

学习随笔

理服务，把永联小镇治理中智能化网格管理、数字化垃圾分类、信息化文明家庭奖评比、人性化的养老服务等先进做法，整体、系统地嫁接到其他社区，也以此发挥永联村在社区治理方面的先进示范作用。

2. 无农不稳、无工不富、无商不活

无农不稳、无工不富、无商不活，这是人民群众在社会主义市场经济条件下总结出的正确认识。农业是国民经济的基础，只有稳住了农业、发展了农业，确保粮食安全、市场稳定、供应充足，这个社会才能安定和谐，并能百业兴旺、发展繁荣。如果农业出了问题，人们没有饭吃，或吃不饱饭、吃不好饭，则一切都无从谈起。工业不仅是国民经济的支柱，也是一个国家兴旺发达的根基，属于硬实力。在现代社会，如果工业不发达、不强盛、不先进，不能支撑起经济社会发展这个宏大伟业，这个国家、民族，乃至一个地区、一个城市、一个县域都是富不起来、强不起来的。商业是连接生产和消费的流通环节，对于促进经济发展、刺激扩大消费作用巨大。只有流通顺畅、市场活跃，才能有效推动生产的发展，有效满足人们的需求，并能引领经济的发展。稳农、强工、活商，永联村顺应社会主义市场经济规律，探索出了解放和发展生产力的发展模式。

发展才是硬道理。自 2008 年以来，受全球金融危机的后续影响，永钢集团感受到了巨大的生存压力。2012 年，党的十八大提出供给侧结构性改革要求，永钢集团实施“普转优、优转特、特转精”战略，叫响“永钢国际”口号，坚定不移地推动产业结构往“高”里转，实现了由“外延产能扩张型发展”向“内在质量提升型发展”的华丽转身。这背后，一方面是为了积极适应经济发展新常态，永钢集团全面开启转型之路。面对建材市场已经饱和的客观事实，如果贪图安稳、不求进步，企业就不会有发展的前途。因此，宁可牺牲眼前的利润，也要为产品提档升级让路。功夫不负有心人，工业材、高附加值产品占产品总量的比例提升到了 35% 以上，有效提升了企业的市场竞争力。冷镦钢、中高碳钢，得到了国际市场的高度认可，形成了较好的销量。把产品聚焦到建筑用钢、能源用钢、交通用钢三个序列，不断加快产品提档升级的步伐。另一方面开拓“以钢为主、多元发展”的新格局，走多元化发展道路，坚持绿色发展。在做精钢铁主业的同时，大力发展非钢产业，现已建立重工、物流、金融、旅游、现代农业等七大产业板块。

以工业反哺农业，打造农业全产业链。其一，农民手中的土地承包

学习随笔

经营权统一流转到村经济合作社，并注册成立江苏永联现代农业发展公司。建成有着 3 000 亩高标准农田的现代粮食生产基地，播种插秧、灌溉施肥和收割烘干全部实现自动化或机械化，使农业生产实现了专业化、机械化、科技化、合作化和基地化；建成 400 亩的果蔬基地和 100 亩的特种水产养殖基地，生产高附加值的农副产品；建成 500 亩的苏州江南农耕文化园和 4 000 亩的园林苗木基地，实现规模化、集约化经营管理。其二，形成高效的现代农业产业体系，一二三产业融合发展的格局。通过种植养殖基地化、加工制作工厂化、餐饮美食特色化、销售配送标准化、观光体验产品化，大力推进一二三产业融合发展。种植养殖基地化，即形成以蔬菜供应、采摘观光为主的天天鲜蔬菜基地；以大米种植、供应为主的现代粮食生产基地及永丰村水果种植基地。加工制作工厂化，即投资建设腌腊制品厂、谷物加工作坊及酿酒、榨油等现代作坊。餐饮美食特色化，即通过改造升级永联美食街，进一步打响永联村农家菜品牌。销售配送标准化，完善永联天天鲜销售、物流体系，实现产品质量、安全可追溯。观光体验产品化，整合永联村域景点及张家港市东部区域的农业旅游资源，打造长三角市民喜爱的乡村旅游产品。通过建加工厂、采用中央厨房模式、成立配送公司、开设生鲜门店、发展合作基地等，永联村实现了一二三产业融合发展、携手并进。此外，永钢集团将节能环保的理念运用到农业生产上：钢厂的富余蒸汽被输送到三个农副生产基地，作为烘干、保温的热源，从而达到节能、环保、降本的目的，做到了工业与农业循环。

积极布局乡村旅游，开发绿色生态旅游产业。2009 年，为响应国家“加速发展旅游休闲消费”“把旅游业作为消费的龙头”的号召，永联村深入挖掘传统江南农耕文化，按照“缩小比例的江南水乡、功能丰富的休闲农庄、农耕主题的文化走廊”的建设理念，建设了苏州江南农耕文化园、儿童游乐场、垂钓中心等功能齐全的旅游项目设施，形成了以“一镇、一厅、一馆、一街”“三园”“五基地”为核心的永联乡村旅游资源体系。村内乡村旅游项目可划分为两大类：一类展示新农村建设成果；另一类设苏州江南农耕文化园和永钢集团参观线路，使游客身临其境地体验江南的农耕文明和现代工业文明的魅力。举办永联美食节、夏季奇幻夜、农民丰收节等节庆活动，推出了新农村考察游、学生教育游、农事乐趣游、田园风光游、休闲生态游、工厂体验游等多个主题旅游产品。

在乡村旅游的发展中，永联村不仅形成了永联豆腐、永联米酒、永联菜油等一批具有永联特色的乡土品牌，还诞生了天天鲜、永联菜篮、永联大米等一批永联自主农业品牌。历经10余年建设，永联村基本形成了全域旅游融合发展的乡村旅游格局，先后获得“AAAA国家级旅游景区”“江苏省五星级乡村旅游区”“全国乡村旅游重点村”等荣誉，永联江南田园风情小镇还入选“江苏省首批旅游风情小镇创建单位”。

3. 数字素养、职业素养、文化素养

随着数字技术的发展，数字乡村建设代表着乡村未来发展的方向，数字经济是继农业经济、工业经济之后的主要经济形态。要让永联村村民跟上时代的步伐，过上更加美好的生活，就必须加快乡村数字化改造，用数字赋能永联村发展，这是率先实现农业强、农民富的农业农村现代化的必由之路。早在2012年，永联村就全面启动了信息化建设。2013年，永联村初步提出了建设“智慧永联”的目标，陆续在农业生产、村域治理和民生服务领域，开发了三精农业信息系统、消防报警装置、永联菜篮电子商务等信息化智能化应用。2015年，永联村基本实现了村域管理智能化、农业生产自动化、农产品销售电子商务化、信息发布网络化。2019年1月，张家港市首个5G基站在永联小镇开通。2021年6月底，永联村成为苏州市率先实现双千兆+5G专网全覆盖的乡村，并建成具有数据汇聚、数据治理、数据共享和数据开放等功能的数据中台、永联指挥中心，获得“苏州市智慧农村示范村”荣誉称号。

接下来，在数字产业上，永联村将推进农业全产业链数字化升级改造，促进一二三产业深度融合。在数字治理上，将通过整合网格化综合管理和智慧安防等平台，构建全方位、全覆盖的数字乡村管控体系。在数字民生上，将开发和应用多个数字化应用场景，以场景串联民生服务资源供给，让永联村的社员和居民能用、会用、想用。将通过全产业链的数字化改造，赋能产业融合，让集体经济插上数字翅膀，实现村集体经济向着更高层次的方向发展，筑牢共同富裕和美好生活的基础。

提升永联村村民的数字素养。永联村正围绕数字产业、数字民生、数字治理三个方向，加快一二三产业全产业链数字化升级，构建全方位的数字乡村管控体系，把数字化技术逐渐融入日常生活场景。全力推进数字永联、智慧乡村建设，让数字赋能产业创新转型、智慧乡村建设、

学习随笔

公共服务升级和治理能力提升。通过永联一点通 APP、福村宝医疗互助体系、健身管理系统、垃圾智能分类系统、海豚急救自助系统，以及数字永联智慧停车、智慧教育、数字化网格化治理平台、数字化家庭信用体系等一批针对不同场景的数字建设，提升村民在日常生活中的数字素养。在信息社会，工厂已进入了智能制造的时代，农民如果连计算机都不会用，就没有就业的能力，甚至可能连就业的资格都没有。因此，为鼓励村民使用计算机，2012 年，永联村投资 2 000 万元，购置计算机设备，对上机考试合格的村民给予 1 000 元奖励。同时，永联村全面接入了 100 兆光纤宽带，让村民通过网络实现自我教育和学习。一年时间里，全村实现了“家家有计算机、户户能上网、人人会点击”。

提升永联村村民的职业素养。其一，要提升农民的就业能力。这些年来，永联村先后通过举办学历班、各类技能培训班等途径，来提升农民的就业能力。其二，要创造更多的就业岗位。永联村积极发展乡村旅游，吸引人气，为村民创造经营、增收的商机，引导村民自主经营，消化剩余劳动力。永联村建设了 12 000 平方米的农民创业园，支持有创业能力的村民创办小微企业。在永联小镇上建设 250 余间门面店，同等条件下优先出租给永联村村民开店搞经营。注册成立村民劳务合作社，与周边企事业单位协商，把保洁、保绿、保安等低技能岗位剥离出来，组织低技能村民按协议提供劳务服务。现在，全村适龄劳动力就业率达 99%。

提升永联村村民的文化素养。1995 年、2005 年、2014 年，永联村先后三次翻新、扩建小学，为永联村的孩子们提供更好的学习环境。2015 年，为了让孩子们有机会享受到城里孩子一样的高雅艺术，永联村与北京荷风艺术基金会合作，在南丰小学（永联校区）成立永联荷风管弦乐团。在提高农民的文化素养方面，永联把高等教育移植到农村，与杭州电子科技大学、安徽工业大学、江苏科技大学等高校合作，在家门口开办了硕士班、本科班、非学历教育班。同时，永联村广泛开展村民培训，重点传授交通法规、文明礼仪、和谐邻里、计划生育、劳动技能等方面的知识技能。为进一步拓宽村民知识面，提高就业和创业能力，永联村还邀请各类院校的专家、学者来村里开办课堂，给村民传知识、授技术，并建设了藏书 3 万余册的图书馆，引导村民由体力劳动者向脑力劳动者转变。

学习随笔

三、脱掉“穷帽子”，过上好日子

打造“人人有责、人人尽责、人人享有”的社会治理共同体。

——吴惠芳

1. 先富帮后富，共创致富路

党的二十大报告指出，中国式现代化是全体人民共同富裕的现代化。共建共享，不仅是社会主义、集体主义精神的升级版，也是凝聚老百姓力量的有效办法。蛋糕做好了，如何公平地分享，是一个重要的课题。坚持共建共享，让更多的人得到实惠，就是把社会主义的本质要求落到实处。近年来，因为永联村的发展速度较快，出现了一些新情况、新问题，比如农民土地被征用后，是否还能享受到集体经济的分红？“土地换社保”之后，村民的福利怎么办？这些问题很多都是出现在党和国家政策出台之前，永联村党委在处理这些问题的过程中，始终着眼于以民为本，为老百姓谋福利，把维护和发展群众利益，作为一切决策的出发点、落脚点，制定了一系列惠民制度，赢得了党心，凝聚了民心。共同富裕是社会主义的本质要求，是中国式现代化的重要特征，切实为百姓谋福利，带领群众共同富裕是基层党员干部一生的追求。为实现共同富裕的重要使命，永联村不安于现状、不囿于成规，在党的路线方针政策的指引下率先探索，在改革开放的时代大潮中敢拼敢闯，一步一个脚印，走出了一条致富路、共富路。

一是建设永联小镇。以实现农村城镇化为突破口，永联村积极争取国土资源部（今自然资源部）“城乡建设用地增减挂钩”试点机会，成功获得了集中居住区的城镇建设用地指标。首先，发挥集体经济雄厚的优势，同步规划建设交通道路、安置住房、农贸市场、商业街区、医院、学校、污水处理厂，村民们足不出村就能享受一切便利的配套设施，一座现代化的江南小镇拔地而起。其次，按照动迁顺序通过抽签确定楼层，安排动迁住户陆续入住永联小镇，让村民们享受到了城镇化的生活条件和环境。动迁面积小的大多是经济条件一般的人家，经济条件好的人家住房面积通常都比较大；在永联小镇的住房分配上，如果按照动迁面积划分，那么势必造成穷的更穷、富的更富。永联村的动迁安置遵循“拆归拆，分归分”的原则：动迁的时候按照市场化标准，一次性补偿到位，记录在案；分房时根据每户人家的实际需求进行分配，实行“一户一套”，这样才不会背离

学习随笔

共同富裕的道路。所谓“一户一套”，就是中年人分一套住房，子女达到适婚年龄再分一套住房，每套140平方米，每平方米500元，办理大产权红本子；退休老年人，女的年满50周岁，男的年满60周岁，只需缴纳24 000元押金，即可入住80平方米的老年房。老年人过世之后，押金退还子女，老年房继续滚动使用；为了鼓励老年人居家养老，和子女在一起共享天伦之乐，明确规定凡是不租用老人房的，老年人每人每月可领取300元生活补助；腾出来的房子出租给永钢集团双职工家庭，每月租金为600元，这些举措总体上实现了资金的平衡。靠这个动迁安置的制度，永联村在实现农民集中居住的同时，又把集体资产公平地转化为家家户户的实物房产。永联村村民合理享受到集体经济发展的成果，实现了人人有工作，家家有产权房。

二是村企的紧密合作。集体经济作为社会主义公有制经济的重要组成部分，是农村农民实现共同富裕的物质基础，在市场经济条件下如何发展集体经济，是全面推进乡村振兴绕不开的重要议题。村企分离后，永联村村民在这片土地上享受发展成果的权利没有变。发展经济是手段，让大家共享发展成果，实现共同富裕才是最终目的。发展经济一定要按经济规律办事，要建立科学合理的体制机制，要把个人利益和单位效益紧紧地捆绑在一起，捆绑得越紧，挂钩得越牢，人的积极性调动得越充分。科学合理的体制机制，能够激发人的聪明才智。所以必须建立科学合理的体制机制。永钢集团在30年的发展历程中，正是因为始终坚持共建共享的理念，把造福百姓作为目的，才有效凝聚了各方力量，形成了“众人拾柴火焰高、众人能移万座山”的强大合力。如今，永联村的村民关心、支持企业的发展，希望企业越来越兴旺；干部职工一呼百应，保持了极高的凝聚力和战斗力。有了村民、干部职工的大力支持，集体经济才会走上健康发展的快车道。

三是“先富帮后富、大家共同富”。永联村作为率先富起来的乡村，从分配和帮扶两个层面着手，着力破解发展不平衡不充分的问题，做好了“富起来之后的文章”。

第一，对内分配公平公正。只有一碗水端平，才能让每一个村民都过上好日子，党组织才有凝聚力、号召力和影响力。为了避免“吃大锅饭”，永联村没有把钱平均分配给老百姓，而是建立《确权办法》等制度，对集体资产进行专业化经营，推进企业股份转制、单独核算，构建市场

学习随笔

化薪酬、绩效、监督制度，激发经营管理团队和村民的积极性。依托村级收入，在每人每年分红 1 万元的基础上，积极推动二次分配，健全养老敬老、助学奖优等福利体系，成立年募资超 2 000 万元的张家港市永联为民基金会，对生活相对困难的村民给予经济援助，实现守望相助。遵循中国特色社会主义的本质要求，解决效率与公平的问题，用奋斗书写了伟大理论的永联实践。

第二，对外帮扶用心用情。在自身发展的同时，永联村对口帮扶贵州沿河 2 个行政村，通过举办新疆风情节推介巩留县农旅资源，在江苏盱眙成立江苏永谊现代农业发展有限公司，打造 5 000 亩虾稻共生养殖基地。2020 年，永联村第一时间从海外采购 14 万只口罩、1 万套防护服捐赠给湖北，并向湖北捐赠了 2 000 多万元现金，彰显了区域协同发展的永联担当。截至目前，永联村先后通过冠名江苏女篮等体育赛事，在北京科技大学、江苏科技大学设立奖学金，等等，支持国家体育、教育事业。永联村、永钢集团多次荣获省、市慈善公益奖。永联村认为，扶贫关键在于扶智。2013 年，永联村党委成立永联培训中心，全面总结提炼永联发展经验，为党和国家实现乡村振兴战略做出贡献、发挥作用、提供启示。2020 年，永联培训中心升格为永联干部学院，围绕集体经济发展、基层党组织建设、城乡社区建设发展、文明城市创建、党员干部党性教育等主题积极探索，形成了一套具有苏南特色的课程体系，特聘了一批基层书记、高校专家、政府条线领导等作为学院师资，累计培训了基层干部 25 万人次。

四是构建完善的社区养老体系。永联村 60 周岁以上的人口占比达 30%，老龄化程度比较高。为此，永联村构建完善的社区养老体系，让老年人不出社区就能满足各种养老需求，安享晚年生活。

第一，建设高标准老年公寓。达到退休年龄的老年人只需缴纳 24 000 元押金就可终身免费入住，当老年人过世后，押金退还给子女，房子退给村里，让达到年龄的老年人流转使用。

第二，建设功能完善、设施齐全的社区养老服务中心，为老年居民无偿提供服务。

第三，成立一支以老党员为主的邻里互助服务队，构建“以老助老”服务体系，为老年人开展“温暖送餐”“爱心剪刀”“爱心读报”等活动，

学习随笔

丰富老年人生活。

第四，成立惠民居家养老服务中心，引入社会力量，为社区老年人提供居家养老日间照料服务。

2. 两手抓，两手都要硬

把精神富足作为共同富裕的重要内容来推进。2015年，永联村成立张家港市南丰镇永联社会文明建设联合会，从公厕文明、祭祀文明、交通文明等具体事情抓起，进一步培养村民的公民意识。2021年，在过去文明家庭奖评分基础上，开发了永联家庭数字信用系统，信用等级与家庭成员的权益待遇挂钩，推动文明创建达到更高层次。2022年，永联村更是主抓乡村文化、文明建设，推进建设永联文体生活馆，楼上、楼下共有6 000多平方米，篮球馆、游泳馆、台球馆、拔河馆、舞蹈房等一应俱全；推进建设暨阳书画社，为村里的孩子提供一个更好的学习交流平台；与幸福蓝海影视文化集团股份有限公司合作，城市里的电影院线在村里可以同步上映；建设永联戏楼，小戏楼天天演，让村民享受优秀传统文化的熏陶。

以精神文明创建营造良好氛围。打造“人人有责、人人尽责、人人享有”的社会治理共同体，以基层善治托举安居乐业，不断提升现代乡村治理的现代化水平。成立张家港市南丰镇永联爱心互助志愿者联合会，培育“我为人人、人人为我”的志愿服务精神。牵头推进大量的兜底性民生建设和保障，注册成立张家港市永联为民基金会，在永联村域内募集资金，进行慈善帮扶。每年一次的集中募捐，成为永联村的公益盛事和慈善习惯。

3. 城里人有的永联人也要有

通过建设永联小镇、深化乡风文明建设、发展壮大集体经济、改革乡村治理机制等，形成了农村城镇化、城乡公共服务均等化、农业现代化的永联共同富裕之路，打造了乡村振兴的永联样本。发展集体经济只是手段，让村民实现共同富裕，过上好日子才是根本。

一是践行绿色发展理念，构建生态美。把生态文明建设放在突出地位，为村民创造良好的生产生活环境。合理规划空间布局，村域内新型工业区、现代农业区、农民集中居住区区块分明；加强环境综合治理，建设工业和生活污水处理厂，加强河道水源管理、绿化种植和景观建设；全面促进资源节约，固体废弃物实现零排放，水重复利用率在98%以上，

为江苏省循环经济试点单位。

二是推进城乡一体化，构建生活美。把缩小城乡差距作为实现村民共同富裕的着力点。按照城镇化、现代化标准和要求，建设永联小镇，配套建有学校、医院、农贸市场、商业休闲街等设施，城镇功能更加全面完善；提升村民福利保障水平，村集体持有永钢集团25%的股份，平等享受股份产生的收益；创新社会管理方式，争取公共服务均等化，派驻公安、交通、卫生、城管、工商、消防等执法机构和人员，成立永合社区，实现农民的社区化、城镇化管理，加快推进信息化管理。

三是推动公共管理均等化。永联村长期以来把“让村民过上城里人一样的日子”作为缩小城乡差别的目标来追求，先后建起了农贸市场、小学、幼儿园、医院、商业街等城镇基础设施，甚至在村里安装了8个红绿灯和5个卡口，这些城镇化建设，一度给永联人带来了方便。但只有管理和服务城镇化，才能实现人的城镇化。永联村实行村民集中居住后，永联小镇上的人口急剧增多，成分复杂多元，商业店面多，道路交通流量大。面对社区治理难度大，治理权责不匹配等问题，永联村向市、镇两级政府主动反映情况，积极争取支持，永联村由此设立了社会事务管理协调领导小组，由一名副镇长任组长，把公安、交警、工商、卫生、城管、消防等公共管理机构和人员派驻到永联村，把村委会从那些管不了，也管不好的具体事务中解放出来，永联村域的社会治理也变得井然有序。永联村成了全国第一个实现公共管理和公共服务均等化的村庄。

只有共建共享才能号召和凝聚广大村民群众的力量，团结一心共同致富。只有始终保持“人民至上、共建共享”的赤子情怀，才能实现乡村振兴的初心使命和价值追求。永联村始终把共建共享、共同富裕，作为谋发展、干工作的目标、出发点和初心。从几百人的“小村庄”发展成上万人的“旗舰村”，永联村始终坚持共建共享的原则，不仅通过保留股权、二次分配、提供福利等途径，让本村村民充分参与富裕的进程、共建富裕的家园、共享富裕的果实，实现“家家有新房、人人有工作、个个有福利”。同时，永联村还在富裕起来之后，通过并队扩村、利益共享、对外帮扶等方式，让更多的人享受到永联村发展红利，带动了周边村庄乃至省内、国内合作共建地区共同致富，打破了“以村为单位、村村自发展”的小农格局。广大农村地区学习永联村，学的不仅是创新发展的眼界和识见，还是“以人民为中心”的初心和情怀，只有这样才能调动最广大村民的积极性、主动性、创造性，才能让乡村振兴更有温度、更具内涵。

学习随笔

永联经验

永联村始终坚持党的领导，坚定不移地走中国式农业农村现代化发展道路。听党话、跟党走，实现“家家有新房、人人有工作、个个有福利”，打造“人人有责、人人尽责、人人享有”的社会治理共同体。从中可提炼出三条经验：

其一，充分发挥基层党组织在乡村法治中的领导作用、在乡村自治中的推动作用、在乡村德治中的表率作用，形成党组织领导下的自治、法治、德治相结合的乡村治理体系。

其二，在快速发展的道路上，永联村始终坚持共建共享、共同富裕，制定一系列惠民制度，赢得党心、凝聚民心。

其三，永联村对“无农不稳，无工不富，无商不活”有着深刻的认识，在结合自身实际情况后，建立重工、物流、金融、旅游、现代农业等七大产业板块，推动一二三产业融合发展。

党组织书记是党在农村基层组织的主持人、带头人，乡村建设的“头雁”。如果没有一个坚定的铁心向党的信念，我们就是不称职、不合格的。

——吴栋材

学习随笔

第二章　铁心向党，永葆先进

一、不做“飞鸽牌”，要做“永久牌”

我不是“飞鸽牌”的，我是“永久牌”的书记。

——吴栋材

1. 保持铁心向党、永葆先进的革命信念

以政治建设为统领，加强思想建设，要求思想建设必须旗帜鲜明讲政治，把用习近平新时代中国特色社会主义思想武装全党作为首要政治任务，教育引导全党坚定理想信念，牢记党的宗旨和初心使命，挺起共产党人的精神脊梁，自觉做共产主义远大理想和中国特色社会主义共同理想的坚定信仰者和忠实实践者。

“把党的全面领导坚持好，把党的方针政策落实好，把党的基层书记选配好，把基层领导班子建设好”是永联取得如此成就的最核心经验。50 多年来，永联村把必须坚持党的领导放在第一位，发展紧紧依靠党的领导。中国共产党的领导是党和国家的根本所在，命脉所在。永联村将组织振兴作为实施乡村振兴战略的“红色引擎”，全面夯实农业农村现代化的组织基础和群众基础。其一，只有党旗做指引、发展靠支部，才能夯实乡村振兴的组织基础和群众基础。只要坚持党的领导，就能够克服困难，改善条件，带领群众走上富裕发展的道路。农村党支部必须是

学习随笔

团结的、坚强的，能够齐心协力去开展工作的，而且每个支部成员都必须职责清楚、分工明确，都能够竭尽全力地把自己所分担的工作做好。永联村用党的路线方针政策指导工作，无论是办社队企业、抓转型升级，还是推动强村富民、实现文明进步，都是“旗帜鲜明讲政治”的具象化体现。其二，充分发挥好共产党员的先锋模范作用，探索出“党旗飘扬、党章指引、党日红火、党徽闪耀”的基层党建模式。做给群众看、带着群众干，哪里有困难，哪里就有共产党员，吃苦在前、享乐在后，时时处处为群众排忧解难，成为群众的贴心人，凝聚共谋发展的向心力。把群众的力量凝聚起来，动员起来，再大的困难也能够克服，乡村振兴就有了坚实的组织基础和群众基础。其三，党的基层组织带头人必须有坚定的信念、务实的作风、过硬的品行和能带领群众致富的本领。雁阵齐飞看头雁，众人拾柴火焰高，选好党的基层组织带头人至关重要，在“头雁”的带领下，农村党组织这个“雁阵”才能更加稳固，党员干部群众这个“雁群”才能更加团结，乡村振兴的组织基础和群众基础才能更加坚实有力。

坚持学习党的理论不含糊是永联村在众多行政村中脱颖而出的最根本原因。党的理论是不断发展的，永联村一定要紧跟党的理论的发展，及时地学习、了解、掌握最新的理论知识。邓小平理论、江泽民“三个代表”重要思想、胡锦涛科学发展观、习近平新时代中国特色社会主义思想都是党的理论成果，都是指导永联村建设党和国家，振兴乡村的指路明灯，是永联村前进的方向。永联村处在基层乡村振兴的一线，如果不及时学习、理解党的理论，工作就会没有方向，因此，必须及时地学好、学深、学透，并且真学、真用党的理论。

第一，行动的自觉性来源于哪里？来源于对党的理论的学习和思想的敏锐。习近平总书记提出，绿水青山就是金山银山。短短的一句话，内涵非常丰富，它蕴含了非常深刻的道理。生态环境，它不仅能够换来金山银山，它也是生存在这一方土地上的老百姓幸福的指数、幸福的基础、幸福的内容。所以，永联村将河道水质目标，由原来确定的一年内达到三类水标准，提高到实现二类水标准。它涉及老百姓的健康，因此，行动就很自觉。

第二，落实指示的坚决靠的是什么？靠的就是对党的理论的深入学习和理解，理论上有了认识才能有行动上的自觉，认识上形成了统一才能有行动上的一致。习近平总书记强调，长江经济带建设，要共抓大保护、

学习随笔

不搞大开发。永联村对此进行了认真的学习：长江是条母亲河，长江滋养着两岸的人民，同时对两岸经济的可持续发展，对子孙后代有着极其重要的作用。保护长江对当前的经济可能有一定的影响，但是在可持续发展方面将有极其重要的作用。2019 年，永联村积极响应和拥护国家共抓大保护、不搞大开发政策，停止了连续举办了 9 年的长江江鲜美食节。

2. 保持与群众血肉相连的坚定信念

习近平总书记指出：江山就是人民，人民就是江山。党的根基在人民，血脉在人民，力量在人民，以人民为中心，这体现了党中央重视基层和“人民至上”的思想。全党同志都要坚持人民立场、人民至上，坚持不懈为群众办实事、做好事，始终保持同人民群众的血肉联系。

1998 年，苏南地区提出集体企业限期完成股份制改造，通过现代企业制度改造，为企业增加制度优势，增强企业发展后劲。吴栋材书记认为，永钢集团是永联村党员干部、村民集体奋斗、共同创建起来的经济成果，更是永联村实现共同富裕的重要产业载体。因此，将永钢集团 25% 的股份转给企业管理层，75% 的股权留给永联村集体。这既保证了市场机制带来的活力，又保障了村民共享成果的权利，村民和股民形成了一个利益共同体，都希望企业红红火火、越办越大，因为蛋糕大了，大家分到的就多。

2000 年，上级政府要求“彻底转、转彻底”，认为永钢集团股份制改造不够彻底，并提出新的改造方案：100% 的股权由管理层持有，其中 50% 的股权由 7 个高层管理人员持有，50% 由 200 多名中层管理人员持有。吴栋材书记认为这种改制方案不妥，现代企业制度改造既要给企业增加发展的后劲，也要从实际情况出发，努力维系集体企业和永联村村民之间的利益联系。

最终，采用共建共享、共同富裕思路解决企业可持续发展的动力问题。永联村村民共同持有永钢集团 25% 的股权，共享企业发展成果；永钢集团高层管理人员持有 25% 的股权，中层管理人员持有 50% 的股权，永联村、永钢集团的股权关系从 2000 年一直保持到现在。这种永联村、永钢集团共建共享的股权分配方案，理顺了发展经济与维护农民利益之间的关系，有效地解决了两个基本发展问题。第一个问题：土地被征用的农民，他的后续生活来源从哪里来，如何保证他们的经济收入？第二个问题：永钢集团是永联村村民自 1984 年以来共同奋斗、集体支持的成果，

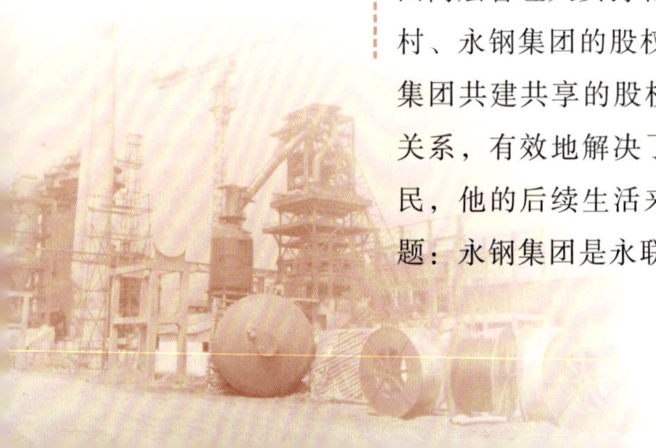

学习随笔

企业将来怎么能继续得到村民的支持？永联村 11 000 多名村民共同凝聚在 25% 的股权之下，因为有 25% 的股权，每年村集体可获分红 1 亿多元，村民能够公平享受永钢集团的经济发展成果；因为有 25% 的股权，村民希望永钢集团越做越大，发展得越快越好，希望永钢集团征地越多越好；因为有 25% 的股权，永联村在城镇化建设当中，拥有充足的集体资金保障。持有 25% 股权的村民和持有 75% 股权的永钢集团的管理层实际构成股东关系，是合二为一的利益共同体，两者和谐相处、共谋发展，企业发展到今天没有出现重大问题，尤其没有发生什么群体性事件，其背后是永钢集团的发展凝聚着人心。

自 1984 年至今，永联村村民在永联村党组织的带领下，以 30 万元起家，努力发展集体经济，才有了如今的永钢集团。永钢集团旗下的其他企业也进行了相似的股份制改革，企业管理者持有 60% 股份，把企业的效益和个人的利益捆绑得越紧，积极性调动得越充分，这是从实践中得出的体会。

面对党的政策，永联村从实际出发，有胆识，有担当。坚持在共建中共享，不断创新集体主义的实现形式，凝聚人心，为经济发展提供不竭动力。党支部在老百姓的心目当中威信大大提升，坚定了老百姓听书记的话，跟党支部走的信念和信心。农村发展集体经济的初心就是为了让老百姓得到实惠，共享经济发展成果。一切从实际出发，给永联村带来了非常好的效应。

3. 保持做“永久牌”书记的理想信念

作为一名村党支部书记，对党、对群众不仅要敢承诺、敢担当，更要说了算、定了干，与群众一块儿苦、一起干。只有这样，群众才能相信你、拥护你，真心实意听党话、跟党走。原沙洲县南丰乡第 23 生产大队（1983 年更名永联村）因围垦成陆，地势低洼，易涝多灾，粮食收成低，社员“生产靠贷款，生活靠救济，吃粮靠返销”，渐渐成为全县有名的“贫困大队”“刺头大队”“包袱村大队”。为了帮助这个大队脱贫，公社派去了工作组和大队书记，可由于条件艰苦，工作难做，竟没有一任做长久的，从 1972 年到 1978 年，就已经换了 6 任工作组组长、4 任大队党支部书记。上级党组织从加强党的领导、壮大党的支部入手，充分考虑第 23 生产大队情况复杂，决定选派一位“水平高、能力强、胆子大”的人来到永联村。吴栋材是参加过抗美援朝的老共产党员，为人耿直、

作风硬朗，在第 14 生产大队当第 5 生产小队队长时就显示出过人的经济头脑，能琢磨，会办事，副业做得有声有色。吴栋材接到这样的任务，思想负担很重，经过一番激烈的思想斗争，还是接受了组织交给他的任务。

吴栋材一到永联村，就向大家表态：穷不会生根，富不是天生，他是“永久牌”的，不是“飞鸽牌”的，他来到这里不干出个样子决不离开，只要大家一起努力，就一定能够拔掉穷根，闯出一条富路来。1978 年冬，吴栋材书记同村里的干部群众反复商量，确定以“挖洼地成塘养鱼，填高地成田种粮，夺取粮食副业双丰收”作为治穷致富的突破口。开挖鱼塘 80 亩，填高低洼田 30 亩。第二年，不仅农作物有较好的收成，渔业也实现了丰收，村民们吃上了饱饭，高高兴兴地过了个年。

无农不稳，无工不富。解决了温饱，还要带领村民致富奔小康。吴栋材书记组织村里的能工巧匠，办起了枕套厂、玉石厂等 10 多个小厂，为村里积累了 20 多万元的利润，成功地挖到了第一桶金。要实现大发展，必须培育一个核心产业。1984 年，永联村兴办永联轧钢厂，全村走上了工业化发展道路。近年来，永联村又加快产业转型升级，优化产业结构，大力发展现代农业和乡村旅游业，从永钢集团剥离出物流、建筑工程等生产性服务业务，组建独立运营的专业公司，推进第二、三产分离。全村形成了重工、物流、金融、旅游、现代农业等七大产业板块。“永久牌”吴栋材在干部群众中赢得了口碑，树立了丰碑。

永联村由小村变大村、穷村变富村，在全国 60 万个行政村当中，上交了上缴税收江苏省第一、全国第二，经济总量全国前三的答卷。吴栋材靠高昂的热情、踏实的作风、奋发的干劲和正派的品行赢得了群众的信任，他坚持同群众打成一片，带领群众创业致富，兑现了让永联村老百姓富起来的承诺。永联的干部、群众谈发展、议发展、抓发展，腰杆挺直、步伐坚定、劲头十足、信心满满。正是对群众承诺一次一次地兑现，使永联干部从群众中获得了坚定的支持和无穷的力量，让永联村干部克服了一个又一个的困难，抓住了一次又一次的机遇，使永联村成为一个富裕、文明、幸福的最美乡村。

二、根在农村，血浓于水

学习随笔

在部队当军官，是为人民服务；到永联村当好一名村干部，建设新农村，也是为人民服务，同样光荣。更何况，我是农民的儿子，我的根在农村，与家乡父老有着血浓于水的情感。

——吴惠芳

1. 坚定信念、践行宗旨、拼搏奉献、廉洁奉公

习近平总书记指出，回顾党的奋斗历程可以发现，中国共产党之所以能够历经艰难困苦而不断发展壮大，很重要的一个原因就是我们党始终重视思想建党、理论强党，使全党始终保持统一的思想、坚定的意志、协调的行动、强大的战斗力。

坚持真理、坚守理想、践行初心、担当使命、不怕牺牲、英勇斗争、对党忠诚、不负人民，这既是伟大建党精神，也是中国共产党的精神之源。一百年来，中国共产党弘扬伟大建党精神，在长期奋斗中构建起中国共产党人的精神谱系，锤炼出鲜明的政治品格。历史川流不息，精神代代相传。“七一”既是建党的节日，也是全体党员的节日。强化党员意识、在党意识，在党为党、在党言党，将党员与建党紧密联系起来。用党员的优良作风团结带领群众，党员做给群众看、带着群众干，凝聚了团结拼搏、共谋发展的向心力。

习近平总书记总结并提炼了中国共产党的高尚品质和崇高精神：坚定信念、践行宗旨、拼搏奉献、廉洁奉公。要坚定理想信念、坚定奋斗意志、坚定恒心韧劲，平常时候看得出来、关键时刻站得出来、危难关头豁得出来，每名党员都能够在民族复兴的伟业中为党和人民建功立业！伟大的中国共产党的百年历史分为四个阶段：第一个阶段，1921—1949 年，是建立中国共产党，夺取新民主主义革命伟大胜利的时期；第二个阶段，1949—1978 年，是成立中华人民共和国，进行社会主义革命和建设的时期；第三个阶段，1978—2012 年，是实行改革开放，开创和发展中国特色社会主义的时期；第四个阶段，2012 年至今，中国特色社会主义进入新时代，是开启全面建设社会主义现代化国家新征程的时期。一百年前，中国共产党在红船上宣告成立，从此中国革命焕然一新、扬帆远航。一百年来，中国共产党进行了波澜壮阔的革命、建设和改革实践，让永联村的信念更加坚定、道路更加自信，更加坚信：没有中国共产党，

学习随笔

就没有新中国；没有中国共产党的领导，就没有国家的繁荣富强和人民的幸福安康。永联村要用历史映照现实、远观未来，从中国共产党的百年奋斗中看清楚过去永联村为什么能够成功、弄明白未来永联村怎样才能继续成功，从而在新的征程上更加坚定、更加自觉地牢记初心使命、开创美好未来。

习近平总书记在庆祝中国共产党成立一百周年的讲话中指出，中国共产党根基在人民、血脉在人民、力量在人民。在伟大建党精神的指引下，基层党员干部要坚定理想信念，昂首阔步，以更高的热情和更足的干劲，为党的事业、为永联农业农村现代化建设做出新的更大贡献，即要坚持全心全意为人民服务的根本宗旨，站稳人民立场，践行以人民为中心的发展思想，带领永联村村民过上更加幸福的生活。

2. 解放思想、实事求是、与时俱进、改革创新

解放思想、实事求是、与时俱进、改革创新，这既是对党的思想路线的精辟概括，也是在奋斗中不断前进、取得胜利的精神精髓。永联村无论是突破“以粮为纲”的思想禁锢，还是破立并举做精钢铁主业；无论是大刀阔斧实施股份制改革，还是农工商综合经营推进全面发展，其由弱到强、由穷到富的发展之路，始终镌刻着解放思想的印记，始终走在改革开放的前列。广大农村要想在时代大潮中抓住机遇、在顺应大势中率先突围，就必须坚持“解放思想、实事求是、与时俱进、改革创新”，敢于设定挑战性目标，勇于拿出争先性举措，善于闯出突破性路径。推动农业农村现代化，必须体现更高站位，围绕“农业更强、农村更美、农民更富”，坚持示范引领、以点带面，加快农村基础设施“硬”环境向城市“看齐”，乡村公共服务“软”环境与城市“接轨”，争当新时代乡村振兴“标杆中的标杆”。

思想不停滞，改革不止步，只有始终保持“解放思想、实事求是、与时俱进、改革创新”的非凡魄力，才能开启乡村振兴的全新格局和崭新境界。党的政策是阳光雨露，基层党组织是落实党的政策的转化器，农村基层党组织是贯彻落实乡村振兴战略的组织者和实践者，是贯彻落实党中央决策部署的“最后一公里”，必须把落实党的政策，把握发展方向，抢抓发展机遇，作为首要任务和重要责任。永联村要想保持快速发展、持续发展的生机活力，就必须坚持“解放思想、实事求是、与时俱进、改革创新”，这是“无名山丘崛起为峰”的思想密码，也是“从一个胜利

学习随笔

走向另一个胜利”的动力源泉。机遇稍纵即逝，只有牢牢抓住了发展的机遇，才能成为发展的现实。永联村党委在机会面前，坚持做到将党的政策转化为村庄的发展机遇。

脚下是全新的征程，肩上是厚重的责任。党的十一届三中全会后，永联村积极响应中央解放思想的号召，敢闯敢干，从 10 多个小厂起家，走上了轧钢富村的道路。党的十八大以来，永钢集团全面贯彻落实新发展理念，走多元化、国际化、高质量的发展道路，实现在钢铁制造、新能源、智能制造、环保、建筑、金融贸易六个产业板块互相协调，共同发力。

风险不可预测，敢于决策才能转危为机。发展从来都不是一帆风顺、一路坦途的。在大变局、大变革、大事件中，困难与机遇同在、挑战与希望并存，战胜挑战就是新机遇，克服困难就能再上新台阶。2002 年是亚洲金融危机的后期，市场出现面粉比面包还贵的现象，永钢集团作为加工型企业，被倒挂的价格逼到了死亡的边缘。有人说，永钢集团继续靠买钢坯过日子，那是等死，如果上炼钢，由于资金、人才、政策等因素，那可能是找死。在这样的情况下，党委一班人做出决一死战，上炼钢项目的决定。于是，自筹 10 多亿元资金，寻求宝钢集团有限公司和马钢集团控股有限公司等大企业支持，克服 2003 年年初非典疫情干扰，用了 341 天时间，把永钢集团变为大型联合型钢铁企业，创造了中国冶金建设史上的奇迹，从此，永联村的集体经济发展进入了快车道。

机遇不会等人，敢于拼抢才能乘势而上。机遇是一种可能性，并非现实性，只有把握住了，才能化可能为现实。只有不断培养对机遇的灵敏嗅觉，强化机遇意识，踩准步点才能乘势而上。2006 年，永联村抓住国家“城乡建设用地增减挂钩”的试点机会，开始实施村民集中居住工程。全村 3 600 户农户积极支持，很快就把散居在田间地头的房屋进行了动迁，建设了占地 600 多亩的农民集中区——永联小镇，并同步配套建起了农贸市场、医院、商业街、学校等现代化设施。经过努力，一座现代化小镇拔地而起，也为永钢集团腾挪出大片发展空间。2008 年，面对金融危机的影响，国家实施 4 万亿投资拉动计划，永钢集团乘势叫响“三年再造一个新永钢”的口号，大干快上，钢铁产能从 450 万吨扩大到了 900 万吨。

优势不是天生，敢于坚持才能厚积薄发。2009 年前后，各级政府发出“加速发展旅游休闲消费”“把旅游业作为消费的龙头”的号召。但“巧

妇难为无米之炊”，永联村没有悠久历史，没有名胜古迹，没有秀丽山水，发展旅游先天不足，“泥腿子”没有经验心里没底。但是，经过一段时期的研究学习和充分调研之后，永联统一思想，建设占地500亩的苏州江南农耕文化园，旅游业实现从无到有、由小到大的跨越式发展。永联村先后荣获“AAAA国家级旅游景区”“江苏省五星级乡村旅游区”“全国乡村旅游重点村”等称号，年接待游客达100万人次，观光、住宿、餐饮的年产值达到2亿元。

3. 敢破敢立、自强不息、团结奉献、实干争先

在建党精神的引领下，永联村实现了由小到大、由穷到富的翻天覆地的变化。1990年，吴栋材在永联村党支部工作总结会议上提出要树立永联人的五种精神：不图虚名的求实精神、敢冒风险的变革精神、艰苦奋斗的创业精神、不断进取的竞争精神、强国富民的奉献精神。1998年，进一步形成永钢集团的企业精神：敬业自强，求真务实，开拓创新，发展奉献。2006年，永联村党委副书记吴惠芳对永联精神做进一步的概括、提炼和升华，把永联精神诠释为以下4点。

第一，敢破敢立。不迷信于权威，不屈从于压力，不禁锢于常规，而是敢作敢为，积极探索，勇于创新。

第二，自强不息。自定创大业发展目标，不等、不靠、不要，自觉不懈追求，自我攻坚克难，不断开创村企建设发展的宏图伟业。

第三，团结奉献。统一思想，步调一致，集中力量，齐心协力搞建设；廉洁勤奋，无私奉献，不计个人得失，想方设法谋发展。

第四，实干争先。实事求是，脚踏实地，勤奋苦干；在作风上坚持快节奏、高效率，在行动上雷厉风行，说干就干；坚持高标准，严要求，确立争一流的工作目标，攀强比胜，奋力拼搏，努力赶超。

心中有信仰，脚下有力量。永联村的事业在敢破敢立、自强不息、团结奉献、实干争先中薪火相传。吴栋材书记始终将群众利益装在心里、举过头顶，把对党和人民的忠诚和热爱牢记在心目中、落实在行动上。永联村先后获得了“全国先进基层党组织”“全国文明村镇”等多项荣誉。在向第二个百年奋斗目标进军的新征程中，永联村要在伟大建党精神的指引下，始终勇立时代发展潮头，以更高的热情和更足的干劲，为现代化奋进，为党的事业、全省乃至全国乡村振兴贡献永联人的智慧和力量！

学习随笔

三、官大官小，并不重要

官大官小不重要，关键看是否能给老百姓做点实事，做点好事。

——吴栋材

1. 树立共产党人的价值观

中国共产党人的初心使命，就是为中国人民谋幸福，为中华民族谋复兴。习近平总书记指出，不忘初心、牢记使命，说到底是为什么人、靠什么人的问题。以百姓心为心，与人民同呼吸、共命运、心连心，是党的初心，也是党的恒心。加强思想教育和理论武装，是党内政治生活的首要任务，是保证全党步调一致的前提。党中央先后部署开展党的群众路线教育实践活动、“三严三实”专题教育、“两学一做”学习教育、“不忘初心、牢记使命”主题教育、党史学习教育，推动党内教育从“关键少数”向广大党员拓展、从集中性教育向经常性教育延伸，推动广大党员干部加强理论学习，不断提高马克思主义理论水平，为写好新时代中国特色社会主义这篇大文章扎深理论之根、筑牢信仰之魂。树立共产党人的价值观应做到以下四点：

一是坚持忠诚老实。对党绝对忠诚，既是党员干部必须具备的政治品格，也是干好一切工作的出发点。对党忠诚，首先是不忘初心，忠诚共产主义思想和中国特色社会主义；忠诚党的宗旨，始终把实现好、维护好、发展好最广大人民的根本利益，作为出发点和落脚点；忠诚于党的组织，襟怀坦白、光明磊落，时刻摆正个人在组织中的位置。吴栋材既是英勇参加抗美援朝的老兵，也是一个兢兢业业扎根基层的党员干部，并先后获得“全国创先争优共产党员”“全国道德模范”“全国最美基层干部”等称号和“全国五一劳动奖章”，受到江泽民、胡锦涛、习近平三任总书记的亲切接见。为了乡村的发展，吴惠芳脱下军装，换上农装，不做军官做“村官”，不居高官任小官，并先后获得“全国优秀共产党员”“第七届全国道德模范提名奖”“全国最美退役军人”“全国乡村旅游致富带头人”“江苏省优秀共产党员”“江苏省劳动模范”等荣誉称号。他们的个人经历无法复制，但是他们的人品、官德、党性是可复制的。

二是坚持公道正派。公道正派是党员干部的立身之本、为人之道、正气之源。发展积极健康的党内政治文化，营造风清气正的党内政治生态，树立党在人民群众中的良好形象。村干部难当，村民难带，乡里乡亲有

学习随笔

情有面，各种纠纷难理难扯，但是他们不怕事琐、不惧情烦，而是有情有义、脚踏实地、不畏艰难、不怕受累地来做最基层的群众工作，带领群众闯出了一片天地。村党组织书记官不大，但既是群众的榜样，也是带头人。雁飞长空，头雁引领，这个“头雁”必须公道、能干，而且有本事、有见识，只有这样才能带领群众前进。

三是坚持实事求是。实事求是指注重和坚持深入实际、深入基层、深入群众地进行调查研究，是有担当、有胆识地敢讲实话、敢说真话。1978年的农村政策是只允许按计划种粮食、种农作物，不允许搞农副业，也不允许搞其他副业，副业被叫作“资本主义尾巴”，搞副业是有风险的。但是，吴栋材书记讲，连粮食都长不出来，怎么能让老百姓吃饱过日子呢？党的政策是让老百姓过上幸福的日子，让老百姓的日子好起来。但是实际情况是粮食都长不出来，这显然让老百姓过穷日子，不是党的政策的制定初衷。因此，冒着被“割资本主义尾巴”的风险，带领农民挑土5万立方米，挖鱼塘50亩。第二年，鱼塘的鱼丰收了，粮食也丰收了，老百姓欢呼雀跃，坚定了跟党走、听党话的决心。

四是坚持清正廉洁。坚持清正廉洁意味着要保持为民务实清廉的政治本色，坚持公正用权、依法用权、为民用权、廉洁用权，营造风清气正的政治生态。

2. 坚持人民根本立场

办好中国的事情，关键在党，中国共产党的领导是党和国家的根本所在，命脉所在。这不仅是全党全国的行动指南，也是永联村建设发展的根本原则。对于共产党员来说，要自觉站在人民立场想问题、做决策、办事情、干事业，始终把为人民谋幸福作为根本使命，始终同人民群众心心相印，同甘苦、共命运，把忧民爱民为民之心转化为具体行动，实实在在地融入全心全意为人民服务的工作中。

牢记初心使命，不懈努力奋斗，加强农村基层党的建设，充分发挥党组织在乡村振兴中把方向、管大局、抓落实的作用，引领永联村高质量发展。自1978年党的十一届三中全会召开以来，党的政策给永联村带来了生机和活力，由此永联村走上了改革开放、乡村振兴之路。

要把不忘初心、不负初心作为一种坚守、一种执着。习近平总书记指出，走得再远、走到再光辉的未来，也不能忘记走过的过去，不能忘记为什么出发。吴栋材书记讲：官大官小不重要，关键看是否能给老百

学习随笔

姓做点实事，做点好事。永联村全体党员干部要坚定信仰、坚守初心，始终保持昂扬的奋斗精神，始终保持对村民的赤子之心，不管村企的规模有多大，不论自己的事业和成就多辉煌，始终把永联村村民的利益放在心中，举过头顶。

要把听党话、跟党走作为一种定力、一种自觉。听党话、跟党走，体现在思想和行动上，就是对党的信仰，对党的理论和路线方针政策以及党组织的绝对忠诚。如果说革命年代，对党的忠诚是“砍头不要紧，只要主义真”的赤胆忠心；那么和平年代，就是要把入党誓词刻在心里，将党徽融化在党员的血液中，成为党员心中的明灯、血中的气质、肩上的责任，以强有力的行动、不负时代的业绩，展现共产党员的担当。这不仅是“致敬历史、继往开来”的战略抉择，也是积极践行“不忘初心、牢记使命”的时代担当。

3. 全心全意为人民服务

习近平总书记指出：没有远大理想，不是合格的共产党员；离开现实工作而空谈远大理想，也不是合格的共产党员。因此，要善于把远大的理想和日常的工作结合起来，在任何工作中都严格地要求自己，充分发挥自己的主动性、积极性和创造性。坚持以人民为中心的发展思想，不断促进人的全面发展、全体人民共同富裕。坚定理想信念，巩固全党不忘初心、团结奋斗的思想基础。把对党的热爱，对事业的忠诚，融入今后的工作和生活中，以更加高昂的斗志，投身永联村现代化建设的伟大实践中，努力开创永联村改革发展的新篇章！

不忘初心、牢记使命。永联村党委代表着永联村村民的利益，只有全心全意地为他们服务，才能赢得村民的信任，要把“让村民过上城里人一样的日子”作为自己的初心使命，带领村民共建共治共享，共同过上文明、和谐、富裕的好日子。具体而言，要做到三点：其一，要有立足打一场持久战的决心。农村情况复杂，条件艰苦，资源有限，要带领农民共同致富，奔向小康，要有较长的过程，需要有稳定的基层党组织的引领。扎根农村工作，要想把永联村建设好，兑现初心使命，必须树立打翻身仗、打持久战的决心。其二，要有让村民过上好日子的初心。为民情怀是思想基础，为村民服务既是初心，也是使命，因此要树立让村民过上更好日子的思想，把它作为事业追求和人生目标。其三，要有在村庄里书写丰碑的恒心。努力用脚步来丈量土地，用汗水来书写丰碑，

学习随笔

用心血来滋润老百姓的心田。吴栋材书记在永联村工作37年，书写着人品、官德、党性的丰碑。永联村村民对他的尊重、爱戴，这既是对其最好的回报，也是对其付出最好的奖赏。

只有坚持以人民为中心，才能实现乡村振兴的初心使命和价值追求。永联村干部始终坚持以人民为中心，把老百姓的利益放在第一位，共建共享，共谋发展。发展为了人民、发展依靠人民、发展成果由人民共享，这是中国推进改革开放和社会主义现代化建设的根本目的。永联村看重的不仅是创新发展的眼界，也是以人民为中心的初心和情怀，这样才能调动最广大村民的积极性、主动性、创造性，才能让乡村振兴更有温度、更具内涵，才能确保高水平全面小康路上“一村不少、一户不缺”。

永联经验

永联村始终坚持党的领导，保持铁心向党、永葆先进的革命信念，以高质量党建引领乡村振兴。雁阵齐飞看头雁，永联村以“头雁”“雁阵”“雁群”，形象比喻了党的基层组织带头人、农村党组织与党员干部群众，生动地阐释了三者之间的关系，三者共同构建了扎实的乡村振兴组织基础。对此，永联经验有以下三条：

其一，党的基层组织带头人拥有坚定的信念、务实的作风、过硬的品行，带领村民致富，穷村变富村，小村变大村。

其二，充分发挥好农村党组织中共产党员的先锋模范作用。坚定理想信念，保持与群众血肉相连的“人民至上”信念；弘扬伟大建党精神，坚持解放思想、实事求是、与时俱进、改革创新的革命精神；传承奋斗精神，树立敢破敢立、自强不息、团结奉献、实干争先的创业精神。

其三，永联村全体党员干部群众以“敢为、敢闯、敢干、敢首创”的“四敢”精神为引领，在乡村治理机制、集体经济发展、乡风文明建设、农村生态环境建设方面敢闯敢试，为中国式现代化乡村建设贡献永联力量。

组织不硬气，工作就没人服气；个人不硬气，老百姓就会有怨气。群众的眼睛是雪亮的，他们会记得你的好，也会盯着你的坏。身为一名党的基层干部，如果不去带头执行铁的纪律，如果不敢带头牺牲小我，又怎么能够做到心里踏实。

——吴栋材

第三章　基层组织硬气，工作才能让人服气

学习随笔

一、在乡村振兴道路上当好排头兵

时代在发展，我们不能等。我们一定会认真对照习近平总书记的讲话要求，坚定信念，践行宗旨，奋力拼搏，让乡亲们跟上时代步伐，过上更加美好的日子，在乡村振兴道路上当好排头兵！

——吴惠芳

1. 党的基层组织不断发展壮大

习近平总书记指出，党的领导直接关系中国式现代化的根本方向、前途命运、最终成败。以政治建设为统领，加强组织建设，树立大抓基层的鲜明导向，提高基层党组织的组织力，推动基层党组织全面进步、全面过硬。党的基层组织是党的肌体的神经末梢，发挥战斗堡垒作用。党的中央组织、地方组织、基层组织都坚强有力、作用充分发挥，党的组织体系的优势和威力就能充分彰显。“把党的全面领导坚持好，把党的方针政策落实好，把党的基层书记选配好，把基层领导班子建设好”是永联村几十年来改革发展的核心经验。这些年来，永联村的发展靠的是党的好政策，坚守的是铁心向党、永葆先进的革命信念，发展经济、富裕百姓是其初心和使命。坚持党旗作指引、发展靠支部，把支部建在厂区车间、建在田间地头、建在园区楼道。自 2018 年起，永联村域共有永

学习随笔

联村党委、永合社区党委、永钢集团党委 3 个基层党委，分别负责引领农村集体经济发展、社区治理和现代企业经营。可以说，有了支部的建设，才有了永联村的发展。

永联村党委、永钢集团党委、永合社区党委坚持用党员的优良作风团结带领群众，探索出“党旗飘扬、党章指引、党日红火、党徽闪耀”的基层党建模式。党旗飘扬，凡是有建制的单位，都设立了支部，把支部建在厂区车间、建在田间地头、建在园区楼道，让党旗飘扬在永联村的每块区域，夯实乡村振兴的组织基础和群众基础；党章指引，围绕党章指引谋创新，来提升领导班子决策能力，强化干部执行能力，让整个党员队伍成为村企发展的中流砥柱；党日红火，支部开展党日活动，要以群众得实惠、事业有发展为目标，通过支部特色党日活动，让群众真切感受到党的力量；党徽闪耀，不仅要求党员戴党员徽章、亮身份，还要求党员心中有誓言、行动有体现、群众有感受，不戴党员徽章也能让群众认得出、想得起。“建强一个好班子、落实党的好政策，一张蓝图绘到底，与时俱进谋发展。这是永联村实现乡村振兴关键一招。”吴惠芳说。

随着工业化、城镇化的不断推进，人口结构日益复杂、利益诉求逐渐多元，为破解“管不了也管不好”的难题，党的基层组织在社区居民自治中发挥重要引领作用。具体表现在以下三点：其一，支部建在网格上。结合区域规划、人口数量、服务效率，将永联小镇划分为五个网格，每个网格成立一个支部，每个园区成立一个党小组，每个楼道都有一家党员中心户，让党旗飘扬在社区每个角落。其二，构建“一格五员、协同共治”新模式。每个网格内按照共建共治共享的原则，组建了党员、网格员、志愿者、物业服务人员、业主监督员五支队伍，采取“支部 + 网格 + 五员”治理模式，构建全方位、无死角的服务体系。其三，政府购买服务。引入两家社工机构，分别是张家港市永联惠民服务中心（全国百强社工服务机构）和张家港市惠邻社会工作服务中心（苏州市 4A 级社会组织），培育全科社工，为居民提供更加专业的服务。永联村与时俱进调整了乡村治理结构，形成了“党建引领、区域协同、民众参与、依法办事”的乡村治理模式，较好地理顺了关系，实现了有效治理。

永联村党员干部冲在前、干在先、做表率，带着群众干，全村劲往一处使、心往一处想，所有这些都凝聚起共谋发展的向心力。不断夯实乡村振兴的组织基础和群众基础，有效发挥了永联村党委在全面实现乡村振兴中的领导作用、在经济发展中的推动作用、在社区治理现代化进程中的引领作用。永联村全体党员干部群众将以“敢为、敢闯、敢干、敢首创”的“四敢”精神为引领，在乡村治理机制、集体经济发展、乡风文明建设、农村生态环境建设方面敢闯敢试，为中国式现代化乡村建设贡献永联力量。永联村连续五届被评为“全国文明村镇”，永联村党委两次被评为“全国先进基层党组织”。

学习随笔

2. 战斗堡垒作用不断巩固强化

党的基层组织是党在社会基层组织中的战斗堡垒，是党的全部工作和战斗力的基础，要着力提升组织力，突出政治功能，强化政治引领，做好宣传和执行党的路线、方针、政策的工作，充分发挥党员和群众的积极性、创造性。基层党组织作为党的组织体系中的神经末梢，处于最基础、第一线的位置，是贯彻落实党中央决策部署的“最后一公里”。要坚持鲜明导向，扎实推动企业、农村、机关、事业单位、社区等各领域党建工作，努力实现党的领导、党的建设在各领域全面覆盖，把各领域基层党组织建设成为坚强的战斗堡垒，形成贯彻落实党的建设的总体效应。要以提升政治能力为重点，突出政治功能，健全基层组织，优化组织设置，理顺隶属关系，创新活动方式，扩大基层党的组织覆盖和工作覆盖，确保新时代党的建设总要求和各项任务在基层落地生根，结出硕果。

永联村之所以能够脱颖而出，最根本的原因在于坚持党的领导，用党的路线、方针、政策指导工作，无论是办社队企业、抓转型升级，还是推动强村富民、实现文明进步，都是“旗帜鲜明讲政治”的具体体现。坚持抓好党的建设，用党的建设来引领社会建设，使社会管理有方向、有章法、有力量、有保障，建立健全党委领导、政府负责、社会协同、公众参与、法治保障的现代乡村治理体系，做到自治、法治、德治相结合，确保乡村社会充满活力、和谐有序，安居乐业、幸福康宁。按照“书记有能力、班子有活力、制度有落实、工作有特色”的要求，建设“四有”支部。具体而言，要做到以下三点：其一，一名党员就是一颗红心。永联村要求每个党员做到“三先”，即学习在先、攻关在先、服务在先，并且制定量化衡量指标“先锋指数”，年底进行考核考评。促使党员做到“心中有誓言、行动有表现、群众有感受”，即使不戴党员徽章，也要使群众认得出、想得起，处处能起到模范带头作用，来引领社区的自治、法治和德治。其二，把党日办成使群众能看到实效、得到实惠的节日。永联

学习随笔

村的党员活动日坚持在服务群众中开展，在项目建设中开展，在群众能够看到实事、见到实效、得到实惠中开展，使党员受教育，群众得实惠，能够推动事业发展。其三，要求党员反复学习党章，深入领会党章，认真对照党章来检查一言一行。组织党员干部到井冈山干部学院、延安干部学院去接受革命传统教育，强化党员不忘初心、牢记使命的自觉意识。坚持以党章为法，制定《永联村股份经济合作社章程》《永联村股份经济合作社社员福利分配制度》《永联村股份经济合作社理事会议事规则》等制度，切实维护群众利益。坚持以党章为纲，构建“一格五员、协同共治”“社区综合服务托管”等管理制度。相信群众，依靠群众，坚持从群众中来，到群众中去，为群众办事情，要靠动员和组织群众来干，这既是我们党取得胜利的一大法宝，也是我们党的群众路线。

必须选优配强村党组织书记，团结和带领农村广大群众，营造“干事创业一条心，众志成城谋发展”的火热氛围。《中国共产党农村工作条例》明确规定，农村党组织书记通过合法的程序，可以任村委会主任和村级集体经济组织、合作经济组织负责人。加强党对“三农”工作的领导，打通联系服务群众的“最后一百米”。在实现农业农村现代化的道路上，永联村党委班子一代接着一代干，带领全村在乡村振兴道路上走在前列、当好标杆，不断提升农村基层党组织的组织力、凝聚力、战斗力，将农村广大群众紧密团结在党的周围。

把党组织建设作为头等大事，用坚强的战斗堡垒作用，引领和促进村企的改革、创新、发展，解决发展中遇到的各种矛盾和问题。面对市场经济环境下村办企业活力不足的问题，实行村归村、厂归厂，清晰产权，由村企合一向村企合伙与合作转变；面对农民集中居住，农村城镇化带来的人口结构复杂、居民成分多元的问题，永联村及时改革治理体制，由村委会体制下的村民自治向居委会体制下的居民自治转变；面对农村集体经济不断壮大，发展经济的任务重与社区人口增多、治理难度大的矛盾，实行政经分离，农民实行社区化治理，农村经济实行股份合作化经营，理顺了各种关系，激发了村企活力。

3. 乡村治理主体不断融入党建

突出基层党组织的政治功能，增强政治方向的坚定性。引导广大党员学习贯彻习近平新时代中国特色社会主义思想，增强“四个意识”、坚定“四个自信”、做到“两个维护”，不断提高政治觉悟和政治能力，确

学习随笔

保在政治上不迷失，增强党内政治生活的严肃性。严格落实“三会一课”、民主生活会和组织生活会、民主评议党员等基本制度。

永联村的发展振兴是从加强党的建设开始的，也是从选准一个好书记，建设一个好支部起步的。永联村党支部已发展成一个农、工、商多业齐全的基层党委，而这靠的是加强党对农村工作的领导。永联村始终坚持把党的领导放在最为重要的位置，通过不断加强党的领导，来不断推动改革创新，乃至不断发展壮大。每个党总支、党支部都有不同的任务和职责，越坚持党的领导，党的作用也就越大。永联村党委常年坚持对党员干部强化理论武装，增强过硬本领，锻造过硬作风，营造和谐氛围，十分重视党员的组织建设、思想建设、本领建设和作风建设，使党员干部牢记党的宗旨和使命，用科学的理论来武装头脑，用党的方针、政策来开展工作，用良好的作风来团结和带领群众，用能力、实力和品行来使群众信服和拥护。

永联村在建村之初，只有 800 多人。随着城镇化的发展，在“先富带后富”的共建共享政策下，永联村先后 5 次并村，人口规模扩大到万人以上。同时，随着永钢集团的发展壮大，来永钢集团工作的外来人员越来越多。永联村有 1 万多名本地村民、1 万多名永钢集团职工（其中有近 1 万名外来人员），传统的农村格局逐步被打破，乡村社会出现了许多新情况、新问题。永联村的 5 个乡村治理主体构建“党建引领、区域协同、群众参与、依法办事”的治理机制，在全村 10.5 平方千米村域范围内，为永联村长治久安筑牢政治基础。5 个乡村治理主体分别是永联景区管理办公室、永合社区、永联村股份经济合作社、永钢集团、社会组织等。

永联景区管理办公室，隶属于南丰镇人民政府，负责统筹协调南丰镇在永联村派驻的公安、交通、消防、司法、城管、卫监和工商等行政机构和人员，肩负永联村区域内公共事务管理和服务职能。永合社区，以永联小镇的居民为主体设立，是一个社会自治组织，同时承担计划生育、民事调解、征兵服役等职能，同样隶属于南丰镇人民政府。永联村股份经济合作社，是永联村村民以集体土地、集体资产、集体资本为纽带的经济联合体，主要职能是确保集体土地、集体资产、集体资本的保值、增值，实现所属成员利益的最大化。这个经营管理机构主要由四个部门组成，分别是社务部、经营管理部、财务管理部和综合管理部，其中，综合管理部负责党委的党务工作。永钢集团，是永联村区域内的民营企业，属

学习随笔

于股份制企业，采用现代企业管理制度，独立经营，自负盈亏。社会组织，主要有张家港市惠邻社会工作服务中心、张家港市永联惠民服务中心、张家港市南丰镇永联爱心互助志愿者联合会、张家港市永联为民基金会、张家港市南丰镇永联社会文明建设联合会等，是政府公共服务供给体系和基层民主治理体系的有益补充。五个乡村治理主体，相互联系，又各自独立。

二、一个篱笆三个桩

一个篱笆三个桩，只有班子强、队伍壮，才能贯彻落实党委的决策和部署。

——吴栋材

1. 充分发挥党委班子在现代化建设中的领导作用

习近平总书记指出，新时代，我们党要团结带领人民实现“两个一百年”奋斗目标、实现中华民族伟大复兴的中国梦，必须贯彻新时代党的组织路线，努力造就一支忠诚干净担当的高素质干部队伍。坚持干部队伍“四化”方针，即革命化、年轻化、知识化、专业化，同时还要做到在政治上靠得住、工作上有本事、作风上过得硬、人民群众信得过。具体而言，要做到以下四点：

一是坚持加强学习，见多识广才有高标准。村党委发挥着把关、定向的作用，班子成员的理论思想、眼界视野决定着永联村能否健康、可持续地发展。因此，村党委始终把学习摆在突出位置。其一，加强党的理论政策学习。不定期组织开展党委中心组理论学习，内容涵盖习近平总书记系列重要讲话，两会精神，中央 1 号文件，供给侧结构性改革、特色小镇建设等党和国家的政策。其二，积极向先进单位学习。村党委每年都会定期组织企业和社区主要领导，分别前往国内外先进企业和村、社区进行参观、考察，学习和借鉴他们的先进经验。

二是不断适应村企发展，适时调整党委组织架构。村企建设发展初期，永联村党委核心任务是做大做强村办企业——永钢集团，村党委实行的是扁平化的组织架构，一方面，村党委书记与企业总经理、村党委副书记与企业副总经理是二合一的；另一方面，村党委下辖的 19 个党支部直接由村党委统一管理。随着村企不断发展和专业化分工的需要，村党委的主要任务是壮大集体经济、完善乡村治理结构、引领精神文明建设，为此，村党委由过去的扁平化架构调整为下辖永钢集团党总支、永联村股份经济合作社党总支、永合社区党总支，每个党总支的任务

学习随笔

和侧重点各不相同。2018 年，随着永钢集团的不断发展壮大，单靠一个村党委，直接领导这样一个大型集团化企业已显得力不从心，为此，永钢集团党总支从永联村党委中分离出来，升格为永钢集团党委，直接隶属于南丰镇党委。永联村党委不再直接领导永钢集团，主要任务是领导村经济合作社产业做大做强，推动社区治理和谐文明。

三是持续加强理论武装，赋予村企正确发展方向。永联村党委始终把政治理论学习作为锻造政治品格、提升决策能力、赋予正确方向的重要途径，在每一个关键节点上，都能够准确研判形势，落实党的政策。比如，在并队扩村中坚持以人为本，进了永联门，就是永联人；在产业发展上坚持抢抓机遇，先后形成了钢铁、物流、旅游等产业；在股份改制中坚持实事求是，为永联村集体保留了 25% 的股份；在企业环保上坚持着眼发展，打造花园式工厂。

四是充分授权班子成员，培养过硬党支部书记队伍。永联村党委班子成员分工明确、职责清晰、充分授权，只要是基于事业有发展、群众得实惠的工作，在创新探索过程中出现的失误或问题，村党委都会为他们撑腰打气，让担当者担当，营造良好的创业环境。一个支部就是一个堡垒，堡垒强不强，关键在党支部书记。永联村党委历来重视党支部书记队伍建设，其一，始终坚持把村企各单位中政治理论水平高、统筹谋划能力强、谋求发展劲头足、群众基础口碑好的党员选为党支部书记，做到用好带头人，带出好支部，建设好队伍，带领干部、群众创造出好的业绩。其二，把各单位主管和党支部书记二合一，避免党建和生产经营、社会治理“两张皮”。其三，强化对党支部书记的培养，通过自主学习、请进来学习、走出去学习，提升他们的理论水平和经营管理能力。农村基层党支部书记要扮演好三个角色。第一个就是加强组织建设，成为巩固党执政根基的“主心骨”角色。第二个是实施脱贫攻坚，推动乡村振兴，农村基层党支部书记要做“头雁”的角色。第三个是维护农村和谐稳定，实现基层良序善治的“当家人”的角色，要在抓党建、促发展、保稳定中发挥重要作用。

2. 充分发挥企业支部在经济建设中的推动作用

坚持党的一切工作到支部，全面提升党支部组织力，强化党支部政治功能，加强党支部标准化、规范化建设，建立持续整顿软弱涣散党支部的工作机制，不断提高党支部建设质量，筑强战斗堡垒。永联村始终坚持，市场主体到哪里，支部建设到哪里，紧紧围绕“书记有能力、班

子有活力、制度有落实、工作有特色”来抓班子、带队伍。具体表现为以下四点：其一，建立党支部考核体系，建立廉洁教育制度、绩效公开制度，并把企业思想政治教育、文明单位创建等工作纳入考核体系，不断进行制度审计，确保制度执行、制度有效。其二，坚持在党员干部中开展读好政治理论、管理科学、专业技术、人生导向“四本书”活动，激荡心灵，提升素质。其三，建立健全“三会一课”制度、廉洁教育制度、绩效公开制度，强化制度的执行审计。其四，立足事业有发展、群众得实惠两个要求，围绕各单位的职责和专业特长，开展品牌活动建设。

永联村坚持要求党员“学习在先、攻关在先、服务在先”，围绕“三个在先”开展“四有四无”活动，即重大任务有党员、困难面前有党员、关键时刻有党员、推动创新有党员，党员身边无隐患、党员身边无违纪、党员身边无浪费、党员身边无陋习，充分发挥党员干部的带头作用和先锋模范作用。2019 年，公司级创新项目中，由党员负责牵头的项目占到总数的 92%。

一般而言，有支部的单位就有工会、妇联分会和团支部。坚持以支部党建带动群团组织共建，营造“党群联动”的和谐氛围，主要可以从三个方面采取措施：其一，发挥传导功能，定期召开职工代表大会、班前会、通报会等，领会意图，传播思想。其二，发挥维权功能，定期组织调研，设立工会主席接待日，了解群众诉求，收集意见建议，及时化解矛盾。其三，发挥服务功能，开展劳动竞赛、集体婚礼等活动，建设职工服务中心，提升职工技能，满足职工需求，进一步聚合人心、激发活力、推动发展。

当今社会知识技术迭代更新的速度越来越快，现有的班子成员受年龄因素影响，其知识结构难以跟上时代步伐。在永钢集团，规定从总裁开始，班子成员年满 60 周岁必须辞去行政职务，现在永钢集团班子成员都是专业对口的“70 后”“80 后”。在村里，对于空缺岗位，进行张榜公示，明确岗位基本要求，员工认为自己符合岗位均可报名参加竞聘。当前，年轻化专业化的班子队伍，正承担起永联村数字产业、数字治理、数字民生的乡村数字化改造任务。

3. 充分发挥社区支部在社会治理中的引领作用

2018 年 7 月，习近平总书记在全国组织工作会议上提出了新时代党的组织路线：新时代党的组织路线是理论的也是实践的，要在推进党的建设新的伟大工程、落实全面从严治党的实践中切实贯彻落实。全面贯彻习

学习随笔

近平新时代中国特色社会主义思想，以组织体系建设为重点，着力培养忠诚干净担当的高素质干部，着力集聚爱国奉献的各方面优秀人才，坚持德才兼备、以德为先、任人唯贤，为坚持和加强党的全面领导、坚持和发展中国特色社会主义提供坚强组织保证。为了充分发挥社区党组织在社会治理中的引领作用，具体可以从以下四个方面开展：

一是创新“一格五员、协同共治”网格化的服务体系。结合区域规划、人口数量、服务效率，将养老服务纳入“一格五员、协同共治”网格化的服务体系，通过网格员走访、永联一点通 APP 便民热线等，建立了集受理、处理、反馈于一体的协同共治机制，实时为老年人提供精细化服务。网格化管理平台的建立，不仅实现了老年人生活的便利化，也让社区治理实现了共治共享。在永联村 2 800 名注册志愿者队伍中，“低龄”老年志愿者有 800 余人。

二是建设“数据多跑路、群众少跑腿”的服务载体。为坚定更好服务群众的初心，按照精细化、精准化的治理要求，采取以下三点措施：其一，创新治理手段。先后开发永联人防信息系统、呼叫中心管理系统、永联一点通 APP 等信息化服务载体，让老百姓不出家门就能办好事情。其二，创新金融服务载体。与中国银行、中国农业银行、中国工商银行、中国建设银行、张家港农村商业银行合作，共同联合打造永联金融超市，将村民、职工、商户的文明行为、诚信经营与贷款授信挂钩，采用线上申请的方式，为永联人提供更加优惠的利率贷款。其三，创新服务模式。引入第三方社工机构，按照一门受理要求，培育全科社工，为居民提供更加专业化的服务；延长服务时段，周末不休息，晚上工作至九点，错开居民工作时间；由社区党总支牵头，建设联动工作站，组织区域相关单位召开联席会议，形成一站多点的全联动治理模式，实现“事事有回音，件件有着落”。

三是构建以主题党日活动带动群众得实惠的服务机制。社区党总支以项目化为引领，切实把支部主题党日打造成有色彩、有温度的重要阵地，要求每个党支部从服务群众的目的出发，每年固定开展一个主题党日活动项目，并与志愿服务相结合，与社区帮扶相结合，把主题党日办成群众得实惠的节日。具体而言，须做到以下三点：其一，把党日活动与志愿服务相结合。青年党支部开展为老年人送餐项目，第一网格支部开展“绿色环保，人人有责”项目。其二，把党日活动与学习提升相结

学习随笔

合。社会组织党支部在主题党日期间，邀请社工专家给支部党员开展培训，第二网格支部邀请社区老党员讲述永联村的故事，让党员不忘初心、牢记使命。其三，把党日活动与社区帮扶相结合。联峰物业党支部利用党日活动，寻找失业人员，给他们进行技能培训，帮助失业人员再就业。第三网格支部利用主题党日活动，上门给孤寡老人打扫卫生，陪同老人天。

四是打造群众认得出、想得起、记得住的服务队伍。一名党员一颗星，星星闪耀照红心。为发挥党员在社区治理中的先锋模范作用，须做到以下三点：其一，要求党员做到心中有誓言、行动有体现、群众有感受，时刻体现党员先进性。其二，建立党员“先锋指数”考核体系，将党员的理论学习、志愿服务、团结邻里、争先创优等进行百分比考核。其三，设立党员关爱基金，对家庭有困难、工作有困扰的党员，进行一对一的生活帮助、就业帮扶。

三、任人唯贤，不拘地域

永联要发展，人才是根本，只有广纳五湖四海的人才，才能突破地域局限，吸引全国各地的人才。

——吴惠芳

1. 坚持人才队伍的建设和培养

习近平总书记指出，成长为一个好干部，一靠自身努力，二靠组织培养。坚持学习提高，帮助党员提高素养和能力，他们的能力素养不是天生的，而是靠培养的，靠帮助提高的。具体而言，须做到以下三点：其一，经常组织学习。主要是党的大政方针出台，一定是在第一时间组织学习。有的时候组织党委班子及时地、实时地收看党政新闻，组织学习兄弟单位的先进事迹，也从一些反面案例中吸取教训。通过办公会、班子会、组织生活会等，多多学习，理论武装极其重要。其二，经常组织外出参观考察。组织参观庆祝中华人民共和国成立 70 周年大型成就展、改革开放 40 周年成就展、香山纪念馆；组织参观先进的县村，如浙江的安吉县、德清县，江苏的华西村；组织参观先进的企业，如华为技术有限公司；组织去国外，如欧洲，学习考察参观。其三，经常组织交流讨论。在讨论中统一思想，在讨论中互相启发，在讨论中互相提高。其四，注重把业务骨干发展成党员，把党员培养成事业部经理。在发展乡村旅游的时候，永联村组织了一批年轻的党员，夜以继日，边学边干，交流碰撞，在建设苏州江南农耕文化园的一砖一瓦、一步一景过程中，增长了才干。村党委研究决定，每年

学习随笔

制订年度发展目标计划，对目标任务全面实行揭榜挂帅制，让党员干部在工作中兑现诺言，争当先锋。

建设高质量人才队伍，必须充分授权。对干部充分授权，特别是向人才授权，将有取之不竭、用之不尽的力量；相反，则孤木难支、效率低下。如何使自身的意见、建议更加科学，这是在得到充分授权之后的党员干部会自觉考虑的问题，这也是充分授权带来的效益、效应。永联村敞开胸怀招揽方方面面的人才，凝聚了事业发展的不竭动力和广泛合力。推动农业农村现代化，人才永远是第一资源，无论是现代农业发展，还是乡村产业经营，都离不开高素质、专业化的人才队伍。在国际化、市场化条件下，村企发展的实力，关键在于人才队伍的实力，竞争优势来源于人才队伍的优势。农村及村企在招聘、引进人才时的难度很大，这就要求永联村要敞开胸怀，让各类人才汇聚农村。不仅要抛弃只信身边人、只用本村人的狭隘思想，还要营造良好的尊重知识、尊重人才的人文环境和“用武”平台，让人才受到尊重，得到发展。激发人才活力，还要有充满“人情味”的管理，而不能仅仅依靠“我出资金，你出智力”的商品交换法则。

2. 坚持五湖四海任人唯贤的用人观念

党的十九大党章规定：党按照德才兼备、以德为先的原则选拔干部，坚持五湖四海、任人唯贤，坚持事业为上、公道正派，反对任人唯亲，努力实现干部队伍的革命化、年轻化、知识化、专业化。

邓小平同志讲，科技是第一生产力；习近平总书记讲，人才是第一资源。科技也是靠人去开发研究的，说到底，人才是根本的因素，人才是核心和关键。但是一个村庄的人才是很有限的，必须走五湖四海之路，汇聚五湖四海的人，才能够把一个村庄建设得更加美好。在举贤不避亲的同时，更要从五湖四海广纳人才。常言道：“胸怀有多大，事业就有多大。”永联村的胸怀到底在哪里？胸怀体现在用人之上，你能用五湖四海的人，你就有海纳百川的胸怀，你的事业就有广阔的空间。具体而言，须做到以下三点：

一是树立五湖四海用人的观念。选人用人，五湖四海，唯才是举，不论亲疏，既是中华文化中的一种美德，也是政治治理中的基本规则，但往往说起来很容易，做起来很难。有许多问题就出在选人用人不公、不当、不贤上。嘴上讲的是任人唯贤，而实际上做的却是远近亲疏，唯

亲则信。这也使得一些人才发挥不了作用，他们要么远走他乡，要么埋没不为。长期以来，永联村一直坚持“五湖四海、三教九流、有为有位、无为让位”的用人观念。吴栋材能自觉做到胸怀宽广，不计前嫌，大胆起用曾经公开反对过自己的人，并安排其在重要岗位上任职，赢得了班子成员的赞颂。如今，在永联村党委班子9人中，只有2个是原永联人，其他7人都是外来的新永联人。在永钢集团领导班子15人中，只有2个是原永联人，其他13人均是外来的新永联人。在企业中，中层以上的管理人员、技术人员中，外地人占比超过90%。正是靠宽广的胸怀容人用人，靠五湖四海选人用人，才造就了永联村人才济济的繁盛局面，并能使这些人才在永联村的发展中，各尽其才、各显其能，充分发挥作用。

二是打破只信身边人的思维。农村中的人情关系错综复杂，大多都连着亲、带着故，村干部身边的亲戚朋友也有不少在企业里上班的，这都是很正常的，也是合情合理的，因为中国的农村自古以来就形成了以血缘为联结的关系。但实施乡村振兴发展必须唯才是举，而不是唯亲则信。所以，管好干部的亲戚朋友，而且从严要求，不搞特殊，这是用好人才，发挥人才的积极性、创造性和赢得群众信任的关键。吴栋材带头从严要求自己，告诫干部们，特别是自己的亲戚朋友：要同其他人一样下地干活、上班做工，不能有任何优待、特殊。同时，他还明确说：“你们到厂里工作可以，但是要干得比别人好。谁要是犯了错误，处罚起来要比别人重。”这些年，吴栋材先后把违反厂纪、厂规的2名亲戚开除、降职，面对家人的求情，依然坚持原则、毫不动摇。他的这两条戒律也成为村里企业防范任人唯亲的法宝。

三是打破只用本村人的禁锢。永联村建村初期，只有254户、700多人，创办永联轧钢厂后，村里的劳动力十分有限，而懂技术、会经营的人才就更为缺乏。要想发展壮大，就必须大量引进人才，还要招收外村的村民来工厂当工人。“招来女婿得罪儿”，这是中国农村传统文化的痼疾，包括一些地方和单位对外派干部都有看法，甚至有抵触情绪，认为占了自己的位置，挡了自己进步的路。吴栋材书记苦口婆心地做工作、讲道理，从永联村的现实经营之需和长远发展之要上来讲清人才的重要性，他在一次村民大会上说：“外村人来到永联村工作是为我们创造价值，今后，谁给外村人穿小鞋，我就砸谁的饭碗。”永联村在工作中坚持做到，不分本村人与外村人，谁有能力谁就有职务、有岗位、有收入。

学习随笔

永联村使用了大量的来自全国各地的人才。从2005年下半年开始，每年招收300多名大学生员工。现在永联村和企业拥有3 000多名本科及以上学历的员工，永钢集团员工拥有本科及以上学历的占比达到27%。永钢集团拥有员工11 000多名，永联村籍员工只有1 200余人，其余都来自全国各地。永钢集团董事局的7名成员中，只有1名是永联人，其余都来自全国各地。如果没有这些五湖四海的人才，企业的转型升级寸步难行。正是由于接纳五湖四海人才的用人机制，确保了村办企业经营管理的专业化，从而使集体经济始终保持了稳健发展。只有从五湖四海广纳人才，才能更快、更好地发展，才能有更多的人才供永联村遴选，才能够把永联村人才队伍打造得更加精干、有力。

3. 坚持以人才振兴激发乡村振兴

人才是第一资源，乡村振兴离不开人才振兴。永联村树立五湖四海用人的观念，建立了“分类管理、公开竞聘、学习提升”三项机制，以及“能者上、优者奖、庸者下、劣者汰”的用人机制，并为人才的衣、食、住、行提供“全链服务”。对于全国广大乡村地区的发展来说，不论处于何种发展阶段，只要在思想上尊重知识、尊重人才，在行动上培养人才、选拔人才，在生活上吸引人才、留住人才，就一定能迸发出海纳百川的巨大潜力。这不仅是“高点定位、先行探路”的应势之举，也是“补齐短板、重塑优势”的内在要求，更是“学赶先进、发力赶超”的有效路径。

把人才振兴作为乡村振兴的关键，大力实施“乡土人才培育工程”。既要选拔任用熟悉“三农”工作的党员干部，充实到村级党组织班子，拉起一支“懂农业、爱农村、爱农民”的“三农”工作队伍；又要积极培育“新型职业农民”，特别是培养引进各类农村技能服务型人才、生产经营型人才，激励更多优秀人才下乡创业、圆梦农村，打造一支扎根港城、勇创大业的“职业绿领”队伍，为全市推动农业农村现代化提供强大的人才支撑。具体而言，要建立健全以下三个机制：

一是分类管理机制。尊重人才多样性，对人才进行分类管理，把人才分为经营管理型、技术业务型、操作技能型三类，员工可根据自身特点特长，技术专攻方向，走不同的发展道路。只要有能力、有技术，无论走哪条发展路线，都能在群体中脱颖而出。目前，经营管理型、技术业务型、操作技能型三类岗位的比例为1∶1∶1.5。

二是公开竞聘机制。永联村一直以来遵循“能者上、平者让、庸者下”

学习随笔

的用人理念。对于空缺岗位，进行张榜公示，明确岗位基本要求，员工认为自己符合岗位要求均可报名参加竞聘。近些年，村企不断加大对干部、骨干的“腾龙换凤”力度。自 2015 年以来，累计有 120 多名员工通过竞聘得到提拔任用，140 多名干部因无法胜任工作从岗位上退下来。

三是学习提升机制。为鼓励员工立足岗位、钻研技术，尽快成长成才，村企提供了多种多样的学习提升途径，开展分层次、多级别培训。村企每年投资超千万元开展员工技能培训，根据不同层次员工群体的个性需求，提供不同的专项培训。此外，村企还积极开展学历班教育。为了满足员工对学历层次提升的需要，村企长期与江苏科技大学等院校进行合作，开设学历班。经统计，永联村累计有 588 人、397 人、85 人分别取得大专、本科、硕士研究生的学历。

永联村积极加强企业经营管理人才队伍建设，以提高现代经营管理水平和企业国际竞争力为核心，以培养战略企业家和职业经理人为重点，培养与造就了一大批具有全球战略眼光、市场开放精神、管理创新能力和社会责任感的优秀企业家和一支高水平的企业经营管理人才队伍。同时，永联村还加强农村实用人才队伍建设，以提高科技素质、职业技能和经营能力为核心，以农村实用人才带头人和农村生产经营型人才为重点，着力打造服务农村经济社会发展、数量充足的农村实用人才队伍。

永联经验

永联村基层党组织坚持用党员的优良作风团结带领群众，探索出“党旗飘扬、党章指引、党日红火、党徽闪耀”的基层党建模式。

党旗飘扬：凡是有建制的单位，都有支部的设立，把支部建在厂区车间、建在田间地头、建在园区楼道，让党旗飘扬在永联村的每块区域，夯实乡村振兴的组织基础和群众基础。

党章指引：围绕党章指引谋创新，提升领导班子的决策能力，强化干部的执行能力，让整个党员队伍成为村企发展的中流砥柱。

党日红火：党支部开展党日活动，要以群众得实惠、事业有发展为目标，通过党支部特色党日活动，让群众真切感受到党的力量。

党徽闪耀：要求党员戴党员徽章、亮身份，更要求党员心中有誓言、行动有体现、群众有感受，不戴党员徽章也能让群众认得出、想得起。

党的纪律是规范我们党员的行为准则，我们作为书记，更要率先示范，不能走样。要求党员做到的，我们必须做到，要求我们组织做到的，我们要带头执行，坚决落实，不能含糊，不能走样。

——吴栋材

第四章　率先示范，不能走样

学习随笔

一、打铁必须自身硬

打铁必须自身硬，清风徐徐好乘凉。要办好一个企业、建好一个村子、带好一支队伍，不仅要有一股热情，还要有一身正气。

——吴栋材

1. 进一步强化党的作风

加强党的作风建设，必须有效抵制各种不良风气对党员的侵蚀，及时纠正党员的缺点和错误，保持党的纯洁性，增强党的创造力、凝聚力和战斗力。

第一，加强党的思想作风建设。坚持解放思想、实事求是的思想路线和思想作风。

第二，加强党的工作作风建设。脚踏实地、求真务实、艰苦奋斗、遇事同群众商量。坚持以人为本、执政为民，坚持党的群众路线、密切联系群众。

第三，加强党的领导作风建设。领导作风对全党的作风起着重要的示范和表率作用。发扬民主、深入群众、遵纪守法、清正廉洁。做到“三严三实”：严以修身、严以用权、严以律己，谋事要实、创业要实、做人要实。坚持为民用权、秉公用权、依法用权、廉洁用权。

学习随笔

第四，加强党员干部生活的作风建设。坚持谦虚谨慎、勤俭节约、艰苦奋斗，反对拜金主义、享乐主义、奢靡之风。遏制腐败、端正党风，就要从党员干部的日常生活作风这一最容易失守的地方抓起，加强思想道德修养、培养健康生活情趣，抵御腐朽思想侵蚀。要加强党性教育和道德修养，牢记党的初心使命，保持永不懈怠的精神状态和一往无前的奋斗姿态，增强使命意识、责任意识，永葆政治本色，从而保障党的事业顺利发展。

第五，加强党的学风及文风、会风建设。坚持理论联系实际，学用结合、学以致用，把功夫下在深入实际、调查研究、解决问题上。办文、开会都要反对“长、空、假”，倡导“短、实、新”，反对以会议落实会议、以文件落实文件的文牍主义，坚决杜绝形式主义、官僚主义倾向。

2. 坚持做党的合格干部

习近平总书记指出，我们党作为马克思主义执政党，不但要有强大的真理力量，而且要有强大的人格力量；真理力量集中体现为我们党的正确理论，人格力量集中体现为我们党的优良作风。驰而不息抓作风建设，党风政风焕然一新。以政治建设为统领加强作风建设，要求作风建设必须牢记民心是最大的政治，突出强化党群血肉联系，牢固树立以人民为中心的发展思想，坚持人民立场是最根本的政治立场。认真贯彻党的群众路线，增强群众观点和群众感情，不断厚植党执政的群众基础。凡是群众反映强烈的问题都要严肃认真对待，凡是损害群众利益的行为都要坚决纠正。

一切从实际出发、实事求是的作风，不唯上、不唯书、只唯实。一切为了群众，一切依靠群众，从群众中来，到群众中去。站稳群众立场，增进群众感情，解决好“为了谁、依靠谁、我是谁”的问题。提高在新的历史条件下组织群众、宣传群众、凝聚群众、服务群众的本领，善于把党的正确主张变为群众的自觉行动。

在战争年代，党的干部标准是对党忠诚、英勇善战、不怕牺牲。在和平年代，好干部的标准是信念坚定、为民服务、勤政务实、敢于担当、清正廉洁。信念坚定，坚定共产主义远大理想，坚持党的基本理论、基本路线、基本方略不动摇；为民服务，要做人民公仆，忠诚于人民，始终把人民放在心中最高位置，始终全心全意为人民服务，始终为人民利益和幸福而努力工作；勤政务实，勤勉敬业、求真务实、真抓实干、精

学习随笔

益求精，创造出经得起实践与历史检验的实绩；敢于担当，坚持原则、认真负责，面对大是大非敢于亮剑，面对矛盾敢于迎难而上，面对危机敢于挺身而出，面对失误敢于承担责任，面对歪风邪气敢于坚决斗争；清正廉洁，敬畏权力、管好权力、慎用权力，守住自己的政治生命，永葆拒腐蚀、永不沾的政治本色。

3. 坚持公道正派作风

领导班子和干部队伍把公道正派放在风气之首，要求农村领导班子和干部队伍必须做到公道正派，村党组织书记更是要以身作则。永联村在其基层党组织工作条例当中也明确了要坚持公道正派。而永联村的村情，也决定了领导班子和干部队伍，须做到“四个更要”。

第一，由于工作圈与生活圈高度重叠，更要做到表里如一，不做“两面人”。在农村工作，工作圈和生活圈是高度重叠的。因此，永联村的干部千万不能会上说“雷锋”的话，会后说“雷人”的话，那就是“两面人”，丧失威信，不能胜任党的干部。所以，永联村的干部要做到表里如一。

第二，由于熟人社会各种关系盘根错节，十分复杂，更要做到人人平等，不徇私情。农村社会、熟人社会，七大姑、八大姨客观存在，谁也不能回避。但是在盘根错节的关系面前，如何坚持原则，端平一碗水，做到公道正派，这是对领导班子最现实的考验。

第三，由于领导班子成员自身也是村庄之中的一员，更要做到公正决策，不偏私。党的干部既是决策者，也是政策的执行者。任何政策，特别是在利益分配等事关切身利益的政策上，措施的制定、政策的出台，它就是对利益分配的调整。任何人在利益调整过程当中，总是有得有失。党的干部是置身其中的人，在做决策的时候，尤其党组织书记能不能站在全局，站在绝大多数人的立场上，拥有长远的发展眼光，而不受自身利益的羁绊，公道地、坚定地投上自己的一票，这是对永联村党支部书记的又一个严峻的考验。如何做到公正地站在绝大多数人的立场上进行科学的决策，这就是对班子成员，特别是对党组织书记的考验。

第四，由于既是一身之主，也是一家之长，更要做到公私分明、不贪不沾。领导班子成员既是乡村致富的带头人、当家人，也是家里的顶梁柱，家里要富裕，村庄要发展经济。两个当家人重叠，如何用权就显得更为重要。

学习随笔

二、勇于承担：永联村党员要做到“四有四无”

重大任务有党员、困难面前有党员、关键时刻有党员、推动创新有党员，党员身边无隐患、党员身边无违纪、党员身边无浪费、党员身边无陋习。

——吴惠芳

如上所述，吴惠芳书记将永联村党员的勇于承担落实为“四有四无”。

1. 进一步严明党的纪律

习近平总书记指出，我们党是靠革命理想和铁的纪律组织起来的马克思主义政党，纪律严明是党的光荣传统和独特优势。把纪律和规矩立在前面，讲纪律守规矩的氛围更加浓厚。

第一，进一步严明政治纪律。习近平总书记强调，党的纪律是多方面的，但政治纪律是最重要、最根本、最关键的纪律，遵守党的政治纪律是遵守党的全部纪律的重要基础。坚持党的领导，坚持党的基本理论、基本路线、基本方略，强化党内监督，引导党员干部增强政治敏锐性和政治鉴别力，自觉维护党中央权威和集中统一领导，维护全党团结统一。以政治建设为统领加强纪律建设，要强化政治纪律和组织纪律，带动廉洁纪律、群众纪律、工作纪律、生活纪律严起来。把坚决维护习近平总书记党中央的核心、全党的核心地位，坚决维护党中央权威和集中统一领导作为最重要的政治纪律和政治规矩。

第二，进一步严明组织纪律。更好地发挥党组织的战斗堡垒作用和党员的先锋模范作用，积极解决目无组织纪律、组织观念薄弱、组织纪律松弛等问题。要把“四个服从”（党员个人服从党的组织，少数服从多数，下级组织服从上级组织，全党各个组织和全体党员服从党的全国代表大会和中央委员会）作为最基本的纪律，相信组织、依靠组织、服从组织，自觉接受组织安排和纪律约束。

第三，进一步严明廉洁纪律。严肃查处权权交易、权钱交易和权色交易行为，超标准、超范围接待以及收受礼品、礼金、消费卡等行为，永葆共产党人清正廉洁的政治本色。为实现不敢腐、不能腐、不想腐提供坚强保障，防范滥用职权、谋求私利的违纪行为。

第四，进一步严明群众纪律。习近平总书记指出，密切党群、干群关系，保持同人民群众的血肉联系，始终是我们党立于不败之地的根基。党员干部在任何时候都要把群众利益放在第一位，时刻以群众纪律衡量

学习随笔

自己的行为，与群众同甘共苦，坚持权为民所用、情为民所系、利为民所谋，厚植党长期执政的政治基础和群众基础。不允许任何党员脱离群众，缺乏群众感情，侵害群众利益，凌驾于群众之上，防范优亲厚友、明显有失公正、劳民伤财等行为。

第五，进一步严明工作纪律。从组织工作、宣传工作、统战工作、群众工作、纪律检查工作等方面，确保党的路线、方针、政策和各项决策部署得到贯彻落实。全面从严治党、敢于担责，防范宁可不干事、先保“不出事”，工作不在状态、贻误工作时机等行为。

第六，进一步严明生活纪律。党员在日常生活和社会交往中应当遵守行为规则，自觉把社会公德、职业道德、家庭美德和个人品德建设落实到日常工作和生活之中。努力塑造党员干部特别是党员领导干部良好的社会形象，坚决杜绝在生活中追求享乐、生活情趣低级、家风家教管理不严等做法。

2. 坚持执行纪律不走样

组织不硬气，工作就没人服气；个人不硬气，老百姓就会有怨气。群众的眼睛是雪亮的，他们会记得你的好，也会盯着你的坏。身为一名党的基层干部，如果不去带头执行铁的纪律，如果不敢带头牺牲小我，又怎么能够做到心里踏实。

党的纪律是规范党员的行为准则，党员干部要率先垂范，不能走样，坚决落实，不能含糊。例如，八项纪律出台以后，虽然永联村股份经济合作社有对外交往和商业行为，但是能够坚决落实规定不含糊，连续几年经受住上级监察委员会检查，无论是财务记录，还是其他各个方面，都严格地遵守纪律和规范。再如，永联村的一个污泥厂要买一台拖拉机，拖拉机既可以在工业上使用，也可以用于农业作业。有人建议以村集体的名义买一台拖拉机，可以得到农业上的补贴，实际上供村企使用，一举两得。得到补助就是赚到了钱。这样的好事干不干？永联村党组织认为，坚决不能干，君子爱财取之有道，企业也是一样，该得的钱必须去挣，但是不该得的钱，再好赚也不能赚。如果把企业要用的拖拉机，以农用工具的名义去做项目，上报之后，得来了补助，但是这种做法严重违反了党纪，对党不忠诚，是钻党的政策的空子、农民关心的空子，伤害了党对我们农村农业关心支持的一片心意，严重违背了党的政策的初衷。这样的事是不能干的，永联村断然拒绝。执行党的政策，要不走样；执

学习随笔

行党的纪律，要不走样。

3. 坚持为民务实清廉

永联村党组织按照为民、务实、清廉的路在走，走对了方向，走出了成效。把为民务实清廉作为毕生追求，理所应当继续传承好、发扬好。积极开展以服务发展、服务民生、服务群众、服务党员为主要内容的教育实践活动，包括党支部引领志愿者队伍建设，倡导志愿服务进社区、进家庭，让村民感受到服务的温暖；建立党员责任区，管理好区域内群众的思想、困难、矛盾、纠纷，写好民情日记，急群众之所急，想群众之所想；全面梳理村民利益诉求，将他们的呼声当作重要的事来办，当作要紧的事来办，回应好、满足好。永联村党组织将通过实实在在的服务，让群众得到实惠、村企得到发展、党员得到尊重、组织得到威信，进一步构建幸福农村。

三、严于律己：永联村干部要坚守廉政底线

不准请吃、不准送礼、不准拿回扣、不准职工到干部家中干活。

——吴栋材

1. 进一步加强廉政建设

约法三章就是预测问题、指明方向，这是书记的重要职责，同时要善于用制度管事、用制度管人。曾经一段时期，村里出现了职工请干部吃饭、给干部送礼、帮干部干活的不正之风。为了扼杀这些不正之风，吴栋材规定“四不准”：不准请吃、不准送礼、不准拿回扣、不准职工到干部家中干活。一旦职工违反一律开除，干部违反降级处置，严重者免去职务。后来，为进一步规范用权，吴栋材又先后制定了在公务活动中对礼品处理的规定、干部队伍管理办法等一系列规章制度，要求党员干部懂规矩、守纪律、讲原则，堂堂正正做人、干干净净用权，这些规章制度确保了廉政建设。近些年，永钢集团不断壮大、永联村影响力持续提升，党委班子成员与外界交往也不断增多。在这一过程中，党委班子成员经常能收到一些礼品，但是他们都不会收入私囊，而是将其捐赠给张家港市永联为民基金会，由该基金会进行义卖，而后由该基金会统筹用于全村福利事业。持之以恒正风肃纪、反腐惩恶，以永远在路上的韧劲和执着，把“严”字长期坚持下去，强化不敢腐的震慑，扎牢不能腐的笼子，增强不想腐的自觉，全面营造风清气正的政治生态。

学习随笔

2. 坚持上党课、学党史

充分发挥党员模范作用，要在学深悟透上下功夫。具体而言，要做到两点：其一，坚持读原著悟真理。永联村党组织引导全体党员学马克思主义经典著作原文、悟真理真谛，在精读细研中强化“革命理想高于天”的信仰、“一心一意跟党走”的忠诚、“旗帜鲜明讲政治”的自觉、“人民至上”的情怀。其二，丰富党史学习教育方式。永联村党组织先后开展讲授一次党课，观摩一个阵地，开展一次研讨，观看一场电影，学唱一首歌曲“五个一”活动。实施宣讲活动进楼道、进家庭，把学习教育覆盖到离退休党员和年老体弱党员。邀请专家、教授举行专题报告会，开展书记讲党课活动，组织党员参观南湖中共一大会址、遵义会议旧址，举办图片展，组织文艺演出，进行党史知识竞赛，增强党史学习教育的生动性，提高党史学习教育的效率。

3. 坚持清廉底线

以习近平新时代中国特色社会主义思想为指导，牢固树立“四个意识”，自觉践行“两个维护”，坚定不移将全面从严治党引向深入，全力构建具有永联村特色的党风廉政建设责任体系，确保“两个责任”落地生根。贪腐都是从一针一线开始的，贪欲之口一旦打开，就会越陷越深，与组织和群众越走越远。为严肃纪律、端正风气，永钢集团专门成立监督审计处和纪律监督委员会，加强廉政监督。对企业干部要求非常严格，尤其注重“廉政自律”这一条，如果发现领导层收了别人的“礼物”，立即做开除决定。制定在公务活动中对礼品处理的规定，要求在工作交往中，一律不得收受礼品、礼金等馈赠，未能拒收的，必须按规定登记、上交。正是永联村党组织一直守住清廉这条底线，才维护了党员干部在群众中的威信，才赢得了群众的信赖和支持。除了廉政建设，对干部严格要求，还在于加强干部队伍的监督管理。为了提高干部队伍的管理能力，专门设置“日志墙”，要求党员干部坚持写工作日志，这在无形中给管理层的领导们施加压力，使其在工作上不得松懈，要及时发现、解决问题。

永联经验

纪律严明是党的光荣传统和独特优势。以政治建设为统领，加强纪律建设，要强化政治纪律和组织纪律，带动廉洁纪律、群众纪律、工作纪律、生活纪律严起来。对此，永联的经验有以下三条：

其一，永联村领导班子和干部队伍面对工作圈与生活圈高度重叠、熟人社会各种关系盘根错节、自身利益处于村庄之中等诸多客观情况，始终把公道正派放在风气之首，做到“三严三实”：严以修身、严以用权、严以律己，谋事要实、创业要实、做人要实。

其二，永联村党员始终做到“四有四无”，重大任务有党员、困难面前有党员、关键时刻有党员、推动创新有党员，党员身边无隐患、党员身边无违纪、党员身边无浪费、党员身边无陋习。

其三，永联村干部始终做到“四不准”，不准请吃、不准送礼、不准拿回扣、不准职工到干部家中干活。永联村好干部的标准就是信念坚定、为民服务、勤政务实、敢于担当、清正廉洁。

第二篇

把党的方针政策落实好

永联村不仅是党的方针政策的忠实实践者，也是党的方针政策的有效转换器，不断将党的方针政策转化为人民群众的福祉。从一个边远落后的沙洲村，到如今在众多领域处于领先地位的先进村，永联村在改革开放40多年间取得了辉煌的发展成就。这些非凡成就的背后，尽管因素颇多，但核心在于全面深入地贯彻执行党的方针政策，最大限度地发掘并释放每一项政策所带来的红利，并通过科学合理分配，有效激发内在发展的活力，推动永联村实现跨越式发展。永联村的成就也许难以复制，但其在落实党的方针政策过程中积累的成功经验，值得每一个在中国式现代化道路上奋勇前行的村庄认真思考、科学借鉴。

从确保村民住有所居、学有所教、病有所医、老有所养，到业有所从、精神富足、生活便捷、水清地绿……永联村通过创造性的政策实践，一步步让村民过上了好日子，激发了村民的无穷动力。

▲ 永联小镇外景

▲ 永联小镇村民房屋内景

▶ 1996 年 3 月，永联村建成的学校

▶ 2008 年 12 月，永联村建成的南丰镇社区卫生服务中心永联分中心

▶ 2010 年 5 月，永联村成立的张家港市永联为民基金会接受永钢集团捐款

◀ 为农民就业而配建的商业街和门面店

◀ 为帮扶农民创业而建立的农民创业园

◀ 为扩大就业而特设的传统工作岗位

▶ 1993 年，永联村兴建的影剧院

▶ 1996 年，建于永联村文化站内的永联图书馆

▲ 永联村成立的民乐队在表演

▲ 永联荷风管弦乐团在演奏

▲ 1995 年，永联村建成的供村民购物的永联百货商场

▲ 2010 年，永联村建成的免费供村民按照本地风俗举办丧事的永联敬孝堂

◀ 2013 年，永联村建成的免费供村民举办喜宴的永联喜事厅

▲ 永联村公共自行车停放点

▲ 永联村老年公寓

▲ 绿色环绕的永钢集团厂区

▶ 采用世界先进技术的永钢集团脱硫主控室

◀ 永钢集团污水处理厂处理后的废水

永联村每个阶段的大发展都离不开对宏观大势的精准研判和对重大政策机遇的灵敏捕捉，正是这种敏锐的洞察力和果敢的决策力，让永联村在不同阶段实现了跨越式发展，并切切实实把政策红利转化成了发展实效。

▲ 1992 年，抓住国家乡镇企业政策机遇使永联村成为张家港市首个“亿元村”

◀ 2003 年，为响应国家全面建设小康社会目标而启动的永钢集团百万吨高速线材项目

◀ 2006 年，为抢抓“城乡建设用地增减挂钩”试点机遇而建设的亚洲最大的农民集中居住区——永联小镇

▶ 2009 年，永联村利用国家乡村旅游政策而打造的苏州江南农耕文化园

▲ 永联村现代粮食生产基地控制中心

▲ 现代粮食生产基地

▲ 花卉基地

▲ 特种水产养殖基地

▲ 农业基地内的研学活动

▲蔬菜基地

党的方针政策是面向全国所有地区的，要让这些方针政策真正发挥作用，必须立足每个地方的发展条件和发展阶段，灵活机动地贯彻落实党的方针政策。只有这样才可以确保党的方针政策真正转化为推动地方发展的强大动力，实现因地制宜、因时制宜的高质量发展。

▲ 1978 年冬，永联人因地制宜开挖鱼塘

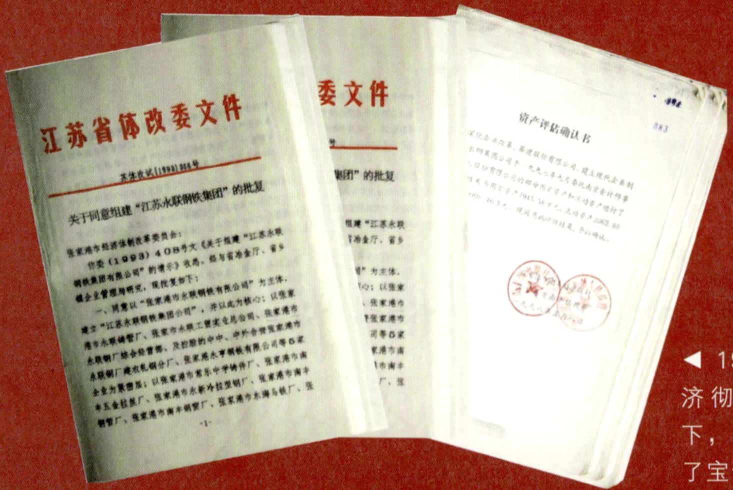

◀ 1998 年，在集体经济彻底转制的大形势下，永联村为村民留下了宝贵的永钢集团股份

随着工业化和城镇化的发展，永联村外来人员占比越来越大。为了便于管理，永联村成立南丰镇社会管理服务中心永联分中心，以此发挥基层管理优势与治理效能。此外，永联村通过整合资源，成立了永联村经济合作社与永合社区服务中心。三者相辅相成，共同推动永联村实现经济与社会的协调发展。

▲ 2009 年，永联村成立南丰镇社会管理服务中心永联分中心

▲ 2011 年，永联村成立张家港市南丰镇永合社区

永联村拥有的资源是极其有限的，从永联轧钢厂起步时简陋的条件就可以看出来。但永联人并不妄自菲薄，而是通过开放合作的形式，积极向外整合人才、资金、市场、原材料等资源为己所用，才有了今天的发展果实。

◀ 沙州县永联轧钢厂

◀ 沙州县永联轧钢厂起步时简陋的车间

◀ 1992 年，吴栋材为李廷夫颁发聘书

▲ 2003 年，上海宝钢国际经济贸易有限公司与联峰钢铁（张家港）有限公司签订《战略合作协议》

▲ 2015 年，永联人到意大利米兰世博会寻找商机

▲ 2015 年，永钢集团“管理奖”“劳动奖”“创新奖”获奖人员合影

永联村倡导人文关怀，积极落实政策，统一思想，整合渔业队，克服泥沙淤积与施工难题，最终建成了永泰码头。同时，永联村还开展了并村建设，扩大了村域面积，进一步优化了资源配置，提升了村庄的整体发展水平。

▲ 2005 年，永联村整合辖区外的渔业队，建成永泰码头

◀ 2006 年，南丰镇东胜村、永丰村部分村民小组划归永联村工作会议召开

用制度管事、用制度管人，是永联村长期以来积累的经验。永联村各项制度建设接地气、有人气，且与时俱进，在永联村发展过程中起到了不可估量的作用。这些制度不仅规范了村务管理，提升了治理效能，还为村民的生产生活提供了有力保障。

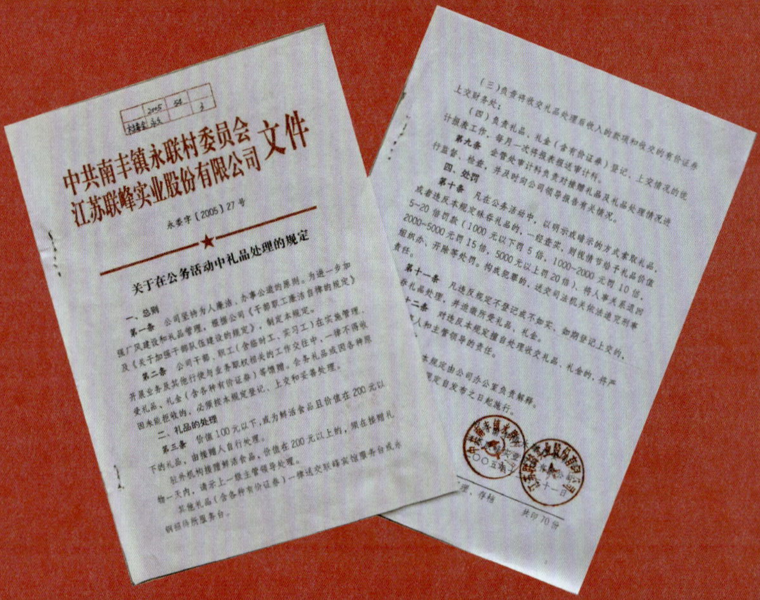

▲ 永联村加强制度建设的相关文件

▲ 永联村经济合作社目标绩效考核签约仪式

“进了永联门，就是永联人；凡是永联人，待遇都平等。”这是永联村长期坚守的核心理念。正是这份温暖与公平，凝聚了人心，激发了村民的归属感与责任感。如今，越来越多的村民积极参与各类公益与志愿活动，以实际行动为共同的家园添砖加瓦，用奉献诠释着“永联一家人”的深刻内涵。

▲ 永联村组织村民进行公益会演活动

▲ 永联村关爱农民工志愿服务活动启动仪式

要想有发展，就不要怕困难，办法总比困难多。

——吴栋材

第一章　穷不会生根，富不是天生

学习随笔

一、永联村起步于贫困之时

“犯其至难而图其至远。”习近平总书记引用的苏轼《思治论》中的典故，道出了新时代改革者的理想信念：“向最难之处攻坚，追求最远大的目标。”因为人们坚信，再高的山、再长的路，只要锲而不舍前进，就有达到目的的那一天。

人们到永联村参观，通常会说，他们做得很好，但是我们学不来，因为我们没有一个像永钢集团一样的大型企业可以依托。可是，需要注意的是，永联村也不是从一开始就有永钢集团的。事实上，永联村发展的起点，比如今的大多数乡村都要低。永联村的今天，是克服了“九九八十一难”才实现的。1970年，永联村只是一片从长江中“抢出来”的沙洲，土地贫瘠，十年九灾，村民也是从各个乡镇迁过来的，在这里连建房材料都找不到。可谓是，除了困难和问题，此时的永联村一无所有。然而，永联人坚信，“办法总比困难多”。永联人从不怨天尤人，而是拿出战天斗地的精神，奋斗不止、百折不挠，终于取得如今的成就。

因此，永联之路最大的学习和借鉴的价值，不在于永联人做到了什么，而在于其从微末的起点迈向今日辉煌的过程，向全国无数条件艰苦、基础薄弱的乡村注入了坚定的信心与希望。

学习随笔

1. 先天不足的烂泥地

有这样一种说法，张家港的双山被比作“西伯利亚”，而永联村所在的东沙则被戏称为“东伯利亚”。回溯至1970年，永联村所在地还只是常熟、江阴、沙洲三县交界处，江水中隐约可见的一片沙洲。这片土地，原是沙洲与常熟争夺的滩地，仓促之间围垦而成的，后从三县中各取一个字，得名“常阴沙七〇圩”，其中“圩”便是低洼之地为防水而筑的堤岸，又名圩田。然而，围垦过快，土地尚未沉积稳固，便成了一片烂泥与沙滩交织的沼泽。村民只要踏入此地，不穿雨鞋难以行进，即便穿上，也是举步维艰，一脚踏入泥潭，另一脚便难以拔出，这便是“烂泥地”的真实写照。沼泽之地，更是连泥都难得一见，满目皆是水淹水漫的景象，这便是新滩地的特有风貌。

在永联村当时的耕地中，坡耕地、半高田、冷浸田、锅底田占了一半以上。这些田地势低洼，起伏不定，庄稼不是干死就是淹死。例如，1974年秋末冬初，一场特大台风便让包括“常阴沙七〇圩”在内的大片江滩地尽数淹没于滔滔江水之中。

在这片贫瘠的土地上，连一块合适的建房基石都需要从数里之外搬运而来。最初建房所需的砖瓦、木材、钉子，皆是经过县长和计委批准后，从江阴费尽周折购得，其间还险些被挪用部分去救助贫困户。而今的永联村“十里钢城”，竟是建立在比长江江面还要低1米多的洼地之上……

> 曾被誉为“永联一枝花”的赤脚医生苏红妹，她的回忆带着悲剧色彩：“刚来时真是苦，第一年到老队里去分粮。我们第4生产队的田比较低，巷里的水比田还要高出1米。我们常常吃不饱饭，白天出工，晚上也出工。我们收工回家，只见2个小孩坐在门口，腿上爬满了蚊子。”
>
> 她清楚地记得，那是1971年1月20日，她搬进了原生产队先盖好的茅草房。因为房子四周都是低地，她就一个人从家后面的沟里挑了泥填在房子四周，一直挑到1月28日。一天，她挑泥挑到夜里1点钟，帮她看孩子的弟弟喊她回屋睡觉，喊完听不见她应声。弟弟出来查看，结果她因被泥冻住而滑到沟里。弟弟哭了，拉她回去休息。夜里1点30分，她给小孩喂完奶，又接着挑泥，直到凌晨3点钟。①

① 何建明：《江边中国：何建明文集》，新世界出版社2018年版，第83页。

学习随笔

2. 土当茅屋头枕田

新围垦的低洼地，即便无灾无难，也仅够劳苦一年的村民糊口，可是长江口每年台风肆虐数次，每次台风都会把这片新滩地淹个精光，三年五淹，颗粒无收。在“以粮为纲”的年代，永联村的贫困不可避免。“三年两涝是永联，土当茅屋头枕田；年年破袄做新衣，一年到头愁用钱”“茅草盖屋，腌菜搭粥，补丁衣裳，光棍一生”“吃粮靠返销，生产靠贷款，社员靠救济”“出门当佣，留家做贼，口袋空空，有女远送”……这些说法形象地概括了永联村当年的经济状况。下面是一位社员的回忆片段。

> 我搬来时，这里是一片荒滩。我住茅草房，出门不仅没路，也没有交通工具，一个生产队只有两辆自行车。社员生活很困难，吃粮食全靠救济。晚上社员点煤油灯，在煤油灯下拣棉花。社员烧饭要去向亲戚借粮，加工粮食也要到别的大队去。村里有相当一部分人出去讨过饭。

1978 年，吴栋材书记到永联村上任之时，全村人的年均纯收入只有 68 元，村集体经济不仅面临资金紧张的问题，还欠债 6 万多元，该村也是沙洲县一个最小、最穷、最乱的村子。这里有一个故事可以看出永联村当年有多穷。

> 到永联村担任第 7 任工作组长的第 21 天，吴栋材书记像往常一样，骑着叮当响的破旧凤凰牌自行车在村里转悠。转着转着，他来到了支委委员秦银达家。秦银达一家人正在吃午饭，吴栋材书记看见孩子端着满满一碗米汤，上面漂着些许米糠，关切地问道：“能不能吃饱？”秦银达的大女儿答道：“弟弟小，需要吃粥，我们就吃米糠。”说着，她忍不住低声哭泣起来。秦银达一脸悲伤地告诉吴栋材书记，家里没有米，都揭不开锅了，一小把米一家人要吃 3 顿，孩子们饿得实在受不了。听了秦银达的话，孩子们的哭声更大了……

3. 猴子拉犁乱顶牛

人们只羡慕永联村的“十里钢城”，没有多少人能看到这“十里钢城”的一砖一瓦搭建得有多难，仅列举几个实例。

> 永联村是一块大江边的低洼地，农田和村民居住的地方普遍比长江水面低。在这样的低洼地上挖鱼塘、修公路，甚至盖楼房还勉强可行，可是要创建规模较大的钢厂就成了问题。一

学习随笔

旦厂房被水淹没，机器泡在水里，那损失就大了！

建设永联轧钢厂的报告送给沙洲县冶金公司，得到的回复只有8个字：无米之炊，不予办理。待到建炼钢厂时，投资需要10亿元，方方面面的阻力更大：张家港已有了沙钢集团，所以领导的态度很明确，永联村不能再搞炼钢厂了；干部会和董事会一致反对，会上剑拔弩张，甚至有种大决战前夕惊心动魄的味道。

永联轧钢厂完成“点火”之后，因为缺技术、缺设备、缺人才、电力不稳，屡次出现熄火现象，根本生产不出像样的产品。永联轧钢厂“点火”当天，吴栋材书记为了答谢前来参加开工仪式的领导和几位工程师，便在生产线前面摆了3桌酒席。但“点火”之后的车间不争气，从中午一直折腾到晚上，现场的100多名工人，竟然只轧出了3根歪歪曲曲像油条一样的钢筋来。当时有人嘲笑道：农民搞钢厂，就像让猴子拉犁，你能一下子让它走起来吗？

永联轧钢厂员工好不容易学会了轧钢，原材料又成了问题，唯一的渠道就是购买别人的边角料。为了向无锡拆船厂购买船板边角料，永联村村民热情邀请对方到村里来，奈何人家看不上乡村小厂，怎么邀请就是不来。1个月的时间，永联村供销员就跑了18次无锡！

解决了原材料问题，本以为可以顺利生产了，但工人纪律问题又出现了。对于这些种地出身的庄稼汉或绣花女来说，纪律和规章都是新鲜玩意，上班能准时到车间就算不错了。在车间里，有的工人经常打打闹闹；有的工人带孩子上班，牵狗进厂；有的工人下班顺手牵羊弄走几块铁条钢坯也不以为意，其个人卫生更是一塌糊涂；有的工人想什么时候离开车间就什么时候溜之大吉。你要扣这些工人工资，他们就会带着老婆和孩子上你家、上你办公室闹。这些工人偷窃工厂材料，你抓住他们，他们满不在乎地笑着跟你说：“大家都是乡里乡亲的，你这么认真干什么？再说，我拿的东西反正都是厂里的边角料，别那么认真。”

学习随笔

内部的纪律问题刚得到解决，外部又出了问题。当 630 车间生产线施工 3 个月后，设计公司突然通知：630 车间生产线设计终止！经了解得知，设计公司被竞争对手收购了，为防止永联轧钢厂壮大，对方来了个釜底抽薪——终止设计合同。永联人欲哭无泪。一气之下，永联人与某省冶金设计院合作。双方签订合同后，永联人本以为总算有了个弥补的良计，哪知事与愿违，该付的钱付出去了，却始终不见设计图纸送来。三催四请之后，永联人才弄明白原因："只要不订购设备，他们就不愿意设计。"

永联轧钢厂壮大后，需要码头物流的配套支持，但一个小村庄申报建设长江码头难如登天：有关部门先是不相信一个村办企业也需要建码头，后来是不相信长江边还有这么个地方能建深水码头。为了向有关部门和专家们论证这些事，永联人不知遭了多少白眼、费了多少口舌……申报时仅盖章就盖了 138 个，还要花气力打通上上下下的各种行政关系。永联村所在地距离现在的码头有十几里远，码头等于建在别人的地盘上，"飞地"建设意味着中间跨过的每一步都需要协调和经济赔偿。

好不容易过了几天好日子，亚洲金融危机来了，国内市场严重萎缩，表现为钢材市场的混乱和低价倾销。这样的局面从 1998 年年初一直延续到 2000 年。只要看一看吴栋材书记在 1999 年一次生产会议上的讲话就知道当时情况多么严峻了："生产过剩，进口量过大，社会用量基本没有增加，导致市场价格一降再降，销售十分困难。到目前为止，我们厂的整个库存有 13 万吨，这是建厂以来从未有过的。我们已经到了生死存亡的时刻！"

2008 年，美国次贷金融危机爆发，也同样波及长江边的永联村。"最严重的时候是这一年的下半年，螺纹钢产品价格从 7 月的每吨 6 700 元，跌到 11 月的每吨 3 600 元……仅 11 月，我们就亏损了 2.4 亿多元！"这是吴耀芳总经理在苏州市召开的一次会上透露的。

二、永联村致富来源于信心

信心是成功的起点，它给予人们勇气和决心，能够让人保持镇定和乐观的心态，相信自己有能力克服困难，找到解决问题的办法。永联人

学习随笔

面对着各种各样“难啃的硬骨头”及其发展历程中的重重困难，若无对自身及国家政策环境的坚定信心，便无法持之以恒地奋斗，更不敢孤注一掷地冒险，永联村今日的辉煌成就也就无从谈起。

1970—1978年，面对永联村这个粮食收成少、社员吃不饱、偷盗成风、人心涣散、纠纷不断、社会环境复杂的“贫困村”“刺头村”“包袱村”，公社先后派去了6个工作组和4任大队书记，其中竟没有一任做得长久的。究其原因，皆因缺乏信心，以至于后来，很多领导心灰意冷，没人愿意到永联村任职了。事情直到第7任工作组组长、第5任党支部书记吴栋材到来后才有了改变。

> 吴栋材书记不信邪，有着“穷不会生根，富不是天生”的信心，他立志改变永联村的落后面貌。正是这份信心，让他向大家表态：“我不是‘飞鸽牌’的，我是‘永久牌’的书记。我来到这里不干出个样子来决不离开。”他坚信，只要大家一起努力，就一定能够拔掉穷根，闯出一条富路来。面对着因为孩子吃不饱饭而极度愧疚的父母，他承诺道：“放心，这个秋收一定会让大家分到实实在在的粮食，不会让你们饿肚子的。”面对因为没药治病而痛哭流涕的同事，他安慰道：“不要哭，放心吧，我们绝不会一直苦下去的！”这种信心，让吴栋材书记敢于喊出“学欧桥，赶欧桥，超欧桥”的奋斗目标，尽管欧桥当时已是附近有名的千元村，拥有一定规模的工厂、电影院、百货商场、小别墅，而永联村依然债务缠身，村民仍住着茅草房，哪怕这个目标被冷嘲热讽为“穿了短裤套袜子——相差一大截”“飞机上吊蟹——悬空八只脚”，也丝毫不能打击他们的信心。

砍掉红红火火的8个小厂，把“鸡蛋放到一个篮子里”，全力以赴发展永联轧钢厂；投资10亿元建设炼钢厂，并克服人才、技术、资金等重重困难，攻克530车间、630车间生产线……在永联村发展的关键时刻，这些看似冒险的重大转型决定，皆源于该村对国家政策与发展前景的坚定信心。在一次次危机中的大胆应对，甚至逆流而上，永联村依靠的是对国家政策导向的信心。

1989年，中国经济经历“倒春寒”。当包括钢铁企业在内的许多单位还在忙着“找饭吃”的时候，永钢集团则忙着“练内功”——加强企业自身制度建设。通过一次次有针对性的教育和不断灌输新观点、新思想、

学习随笔

新行为的方式，永钢集团让大多数进厂的农民渐渐变成了适应企业工作的新式工人，把那些过去只会进行简单体力劳动的穷兄弟姐妹们培养成合格的企业职工，把杰出人才培养成独当一面的管理者、销售者和工程技术人员，为永钢集团的持续发展提供了有力支撑。

在 2008 年金融危机中，永钢集团遭受了巨大压力，企业效益急转直下。当时很多企业选择裁员、降薪求得保全。广东省有 4 600 多家企业关门，令 50 多万名打工者丢了饭碗。苏南一带关门和减员的企业也相当多。然而，永钢集团却庄严承诺：不停产、不裁员、不降薪。这“三不”承诺犹如一颗定心丸，激发了全体员工“保增长”的信心与斗志。为了解决岗位不足、劳动力富余问题，永钢集团采取了一系列措施，比如在全公司范围内开展了房屋维修、道路整治、河道清理等一系列工程，还斥资数百万元，组织全体干部、职工进行体检，让青年员工在金属材料工程硕士班、冶金工程本科班、材料成型与控制技术大专班进修。永钢集团的几个重大项目，比如投资 8 000 万元的 2 号高炉扩容、投资 3 亿多元的宏泰码头建设分别是在金融危机最严重的2008年、2009年完成的。这些反向操作，让永钢集团的利润在金融危机中不降反升，还前所未有地赢得了北美洲、欧洲、非洲和亚洲等地的 40 多个国家和地区的市场，并于 2009 年跨入中国企业 500 强前 150 位，居于中国民营企业 500 强的第 9 位。

如果没有对政策的准确预期和对未来发展的坚定信心，永钢集团既不敢做出这种承诺，也不可能有胆量开展大手笔的逆势建设，更不会有之后的一次次奋进与成功。

永联经验

永联村并非拥有得天独厚的优势，甚至比大多数村有着更低的起点。永联村的今天，是一代代人“怀揣远大理想，直面残酷现实”“逢山开路，遇水架桥”拼搏来的。

学习永联村，不能看它拥有什么，而要看它的成就是怎么得来的。希望全国不管处于什么起点的村庄都能从永联村的发展历程中看到希望，重拾信心。

服务好一方百姓，要身在群众中，心贴群众心，全力为人民谋幸福。

——吴栋材

学习随笔

第二章　以民为本，确保政策惠及人民

治国有常，利民为本。以人民为中心是中国共产党治国理政的出发点和落脚点。自党的十八大以来，各方面推出两千多个改革方案，其逻辑起点和价值追求，都是为了不断实现人民对美好生活的向往。党的二十届三中全会进一步重申，在发展中保障和改善民生，是中国式现代化的重大任务，强调必须“以促进社会公平正义、增进人民福祉为出发点和落脚点”“以实绩实效和人民群众满意度检验改革”，致力解决好人民最关心、最直接、最现实的利益诉求，不断满足人民对美好生活的向往。

党的政策出台，最终落脚点就是为了让老百姓得到实惠。乡村在贯彻落实党的政策时，如果没有把“是否增进人民福祉”作为衡量标尺，不能从老百姓急难愁盼中找准发力点和突破口，就会偏离政策初衷，难以赢得民心。

回顾永联村数十载发展历程，其政策实施始终紧扣“让村子富起来，让农民兄弟过上好日子”这一核心目标。从确保村民“吃饱饭”“住好房”，到实现“学有所教”“病有所医”“老有所养”，再到“有工作”“能看戏”“自己的事情自己说了算”……永联村以人民利益为重、以人民期盼为念，为群众带来了实实在在的福祉。如此，不仅确保了政策的科学性与实践的有效性，还赢得了人民的衷心拥护与积极参与，激发了人民的无穷活力。

一、为了村民吃饭喝水

学习随笔

1978 年，永联村村民人均收入水平较低，甚至难以满足基本的温饱需求，就连腌菜搭粥都不能保障。一旦没粮吃了，村民只能向亲戚借粮，借不到粮，许多人被迫外出要饭。到 2023 年，村民人均纯收入达到 7.3 万元，全村建起 4 000 亩园林苗木基地、3 000 亩现代粮食生产基地、400 亩果蔬基地、100 亩特种水产养殖基地，农民不仅能吃得饱，还能吃得好、吃得安全。

围绕着吃饱饭、吃好饭的目标，永联人不仅冒着被“割资本主义尾巴”的风险挖塘养鱼，顶着上级批评，以实事求是的态度核产分粮，还始终坚持在吃饭喝水问题上加大投入。这里以两个小故事为例。

（1）钢铁名村“回归”农业的故事。

2006 年 7 月，吴栋材书记从电视新闻中得知，重庆发生了百年一遇的特大旱灾，田里土壤龟裂，庄稼枯死，水稻颗粒无收。这件事深深地触动了吴栋材书记的神经，他想：如果遇到大灾年份，有钱都买不到粮食，到时候永联村村民吃什么？思来想去，吴栋材书记还是觉得，手中有粮食，心中才不慌；自己种田，村民的肚子才有保障。想通了这个问题，他就召开党委会，宣布永联村要“回归务农”。当然，永联村“回归务农”的过程并不容易。首先是村民的反对，他们声称：“钢厂办得好好的，为什么要种田，种田能挣多少钱？”“钢厂发展都缺地，哪还有地种粮食？有土地，应该扩大钢厂规模，肯定比种粮赚钱。”当永联村克服万难从隔壁的东华村和东胜村并过来三四千亩土地之后，又面临谁来种地、如何高效种地、如何让没有田的村民也能吃到粮食的问题。于是，他们将两个村的宅基地和责任田全部流转到村集体，建立农业公司，像国外的农场一样搞规模化、机械化种植，收到的粮食归集体所有；只要集体有了粮食，全体村民就有了粮食。靠着对村民吃饭问题的深切关注，永联村不惜花费高昂成本，建设起了现代化的粮食生产基地，从根本上保障了村民的吃饭安全。

（2）农民挖井喝水的故事。

20 世纪 70 年代，由于经济困难，永联村村民喝的都是七干河里的水。七干河是一潭死水，容易滋生浮游生物，某些村民

学习随笔

又经常在河里洗拖把、倒脏水，再加上夏天天气炎热，每年这时七干河都会出现水质问题。为了解决村民的喝水问题，村里最初建了一个大蓄水池，用明矾净化水质。可明矾只能够吸附水中的微小杂质，不能做到彻底净化。随着时间的推移，七干河里的水越来越脏，特别是夏天，河水变成绿色，散发出一股鱼腥味。

1980年，村里办厂刚刚有了一点钱，立马为村民打了一口优质水井，让村民第一次吃上了井水。但由于水井靠近七干河，用了几年，随着七干河污染的加剧，井水越来越脏。1983年前后，村里先后有三个村民因为喝了不干净的水，患上了肝炎，村里意识到解决村民喝水问题事关村民生命。因此，当村里经营的七八个小厂刚开始赚钱，就请来了专业打井人员为永联村打了一口三百多米的深井。可两年过后，井里的水越来越少。尤其是碰上枯水期的时候，水源十分紧张，喝水问题又一次困扰了村民。

1985年，永联轧钢厂刚有盈利，吴栋材书记就打算再为村民打一口深水井。当时，一些领导提出了不同意见。他们认为，企业刚有盈利，还没站稳脚跟，应该把钱花在企业的发展上，不然企业就会被市场淘汰。吴栋材书记力排众议，对干部们说："钱没了可以再挣，企业垮了可以再建，还有什么比解决好百姓生命健康问题更重要的呢！"他力排众议，坚持打井。井刚打好没几天，就有村民反映，井里的水是咸的，烧出来的饭有味道，不好吃。吴栋材书记了解情况后，当即决定重新打井。这时，又有同志提出反对意见："虽然水是咸的，但是水质还可以，多打一口井，又要花费几千元，这不是白白把钱往水里扔吗？"吴栋材书记听后，专门组织干部召开了一个讨论会，语重心长地对大家说："千重要，万重要，只有群众的健康最重要。"不久，村里请来钻探部门，花了十几万元，为村民打了一口两百多米的深井，让全村村民喝上了甘甜可口的地下水。随后，村里又建了一座小型水厂，在全县农村中率先用上了自来水。村民家中接通水管后，自来水哗哗地流了出来，不仅流到了村民家中的水缸里，也流进了村民的心田里。

二、为了村民住有所居

学习随笔

“四面漏风”的“茅草盖屋”是永联人从一片江滩上搭起的第一批房子。一到下雨天，地面上就会有一大片的积水；遇上梅雨季节，接连下了几天大雨，不少茅草房都会漏水，甚至坍塌掉；遇上发洪水了，水田、房屋全部会淹没在洪流中。即使家里不淹水，也容易渗水，一年到头家里难有干的时候。为了解决地势低洼问题，永联人用轧钢时烧过的煤渣、土建产生的泥土和废料一点一点垫高，经过多年日积月累，将永联村原来仅有 1.4 米的黄海标高提升到 3.2 米，永联村从此彻底摆脱了低洼地的困境。

1986 年，通过办厂和“奖农补副”政策，村民手头渐渐宽裕起来，但住的仍是简陋的茅草房，按村民的话说是“睡在家中看见天”。自那时起，大家最起劲的事就是扒旧房盖楼房。如今来看，乡下人住楼房是件司空见怪的事情，可在 30 多年前的中国农民心目中绝对是件天大的事情，因为这是他们几代人的梦想。为了满足村民盖得起楼房的梦想，永联村实施了有针对性的扶持政策：自 1988 年起，给建楼房的每户村民补贴 10 万 ~15 万元，这笔钱有的是直接现金补贴，有的是提供相应价值的砖瓦等建房材料。此招一出，大家盖楼房的积极性都被调动起来了，原本准备盖平房的都盖了楼房，已经盖好平房的也都翻新建了楼房。

多数农民自己积攒了一部分钱，又有村里的补贴，基本上都能盖一座既满意又像样的楼房了。也有一部分子女多、家境困难的农户一下子盖不起楼房，村里为此提供了特别的帮助。

> 村民毛士祥家就是比较困难的一户，一直没有盖新房。有一天，吴栋材书记看到了，便问毛士祥为什么没建新房。毛士祥向吴栋材书记诉苦说钱不够。吴栋材书记帮毛士祥算了笔账，发现按村里的补贴标准，他想要建楼房仍有困难。于是，吴栋材书记对毛士祥说：“你先把今年上班的工资取了，再不够还可以来找我。”毛士祥乐开了怀，感激道：“吴书记你这么通融，我一定尽快把楼房盖好。”在建楼房的过程中，毛士祥缺砖 7 万多块。那时，各家各户加上附近村子都在盖楼，毛士祥要的砖很难买到。他又找到吴栋材书记。这事一下子把吴栋材书记难住了，他甚至叫大儿子吴耀芳出面跟窑厂的人说情，但都不管用。吴栋材书记急了，亲自找到乡政府领导，这才解决了毛士祥盖新房缺砖的问题。后来，毛士祥家的三上三下新房风风光光地

学习随笔

盖了起来。毛士祥说："只要看见自己家的楼房，我总会想起吴栋材书记的好。为了我家建房子，吴栋材书记没少操心。"

2006 年，永联村积极响应国家建设新农村政策，建设农民集中居住区。在动迁安置过程中，按标准核算估价，一次性补偿到位，分房的时候按"一户一套"（一张结婚证为一户），每套 140 平方米，并按每平方米 500 元均价出售，办理《房屋所有权证》《土地使用权证》。这样一来，不管村民原来是穷还是富，拆得多还是少，家家都能保证有房住。

三、为了村民学有所教

永联村里最初的小学叫跃进小学，1971 年由本大队民办教师曹和祥兴办，校舍最初是借 3 个农民的 3 间私房作为教室，第二年才开始招生，第三年上半年才由大队派劳动力修起 520 平方米的正式校舍。当年，在校学生共有 157 名。但不久，这所小学就停办了，所有孩子都要到邻村去上学。

永联村富起来以后，高度重视教育问题，先后于 1995 年、2005 年、2014 年投入巨资，支持政府对永联村的学校实施新建、改建、扩建工作，把村里的经济优势转化为孩子们读书学习的环境优势。目前，张家港市南丰小学（永联校区）是村里和镇上各掏一半的资金，一共 1.5 亿元，建起来的苏南的一流小学。为了解决优质教师资源不均衡问题，永联人还计划拿出 4 亿元资金，与镇里合建九年一贯制私立小学和初中，通过公办民营的方式提升教学质量和水平，让永联村的孩子们能享受到一流的教育资源。此外，为了让所有的孩子都读得起书，永联村还不断加大助学奖学力度。从小学到大学，每名学生每年都能获得 1 000~5 000 元助学金，优秀的学生还能获得 5 000~10 000 元的奖学金。

四、为了村民病有所医

永联村始终把村民健康放在首位，致力让村民病有所医。永联村积极宣传医保政策，引导村民参保，确保医保报销流程清晰、比例明确。对于因病致贫家庭，永联村党委提供临时救助和产业帮扶，助力他们走出困境。

1979 年夏的一天，村医苏红妹晚上出诊途中突遇暴雨，经历了流产、着凉，身体十分虚弱，回到家中便开始发热、拉肚子。当时，村医务室仅剩两片"痢特灵"，苏红妹吃了后未能见效。

学习随笔

因为断了药，她的病情很快便加重了。

一名医生竟然因为没药，连自己的病都治不了。这件事深深地刺痛了吴栋材书记的心，他下决心要建一所像模像样的乡村医院。

1984年，永联轧钢厂成立后，永联村重建了医务室。此后，永联村不断增加投入，提高医务室的医疗水平。1986年，医务室有了化验能力，可以给村民做常规化验了。1987年，医务人员增加到4人，病房也有了，能接纳患者住院了。

1995年，永联村合并了永新、永南2个行政村，人口超过5 300人，是此前的6倍。医务室规模太小，接待能力有限，无法满足这么多人就医需求；可到镇上或市里的医院路途又太遥远，村民看病十分不便。于是，村里决定，创建一所医院。

1996年10月，永联卫生院开业。该卫生院占地4 400平方米，拥有内科、外科、妇产科、五官科、化验室等较为齐全的科室，并能做透视、B超、心电图等常规检查，既是当时全市唯一的村办卫生院，也是市内条件最好的乡村卫生院。

有了自己的卫生院以后，村里为所有村民办理了合作医疗，所有费用均由村集体支付。当时，村里还出台了一项规定：凡是办理了合作医疗的村民，在永联卫生院就医买药的，可报销70%的医药费。这项政策一出，可谓是给村民带来了福音，全村村民当年报销的医药费就多达100万元。当时，村里有一个村民患了糖尿病，每年医药费高达4 000多元。自从他在永联卫生院拿药后，每年只需花费1 000多元即可。

自2010年起，张家港市开始实施城乡养老体系并轨政策，村里大多数村民都办理了城镇居民社会养老保险。然而，办理了城镇居民社会养老保险，村民就不能再参加农村合作医疗了；可永联卫生院是村办医院，一直没有纳入城镇居民社会养老保险体系，因此办理了城镇居民社会养老保险的村民在永联卫生院就医，就不能报销医药费了。很多村民哪怕是治疗普通的疾病，也要绕远路去镇上的医院治疗，永联卫生院就变得十分冷清了。

为了解决这一矛盾，永联人采取了一个惊人的举动，将永联卫生院转给南丰镇人民医院管理，使其成为南丰镇人民医院永联院区，资产供南丰镇人民医院免费使用。这样一来，永联村村民的医药费报销问题由此便解决了。

学习随笔

五、为了村民老有所养

永联人对老年人的关爱由来已久。1982 年，永联村刚刚脱贫，村里就开始给 65 周岁以上对老年人时补贴 40 元，1984 年增加到 50 元。到了 2022 年，年满 60 周岁的男性和年满 55 周岁的女性社员可享受到每户每月 1 000 元的居家养老补助费。

2006 年年底，永联人召开了村党委会，专门研究养老问题。从次年开始，永联村建立了一套包含养老金制度、老年人免费住房制度、老年人困难补助制度等在内的集体养老机制。其中一项规定是，村里凡住进社区的老年人，男性年满 60 周岁、女性年满 50 周岁，每人都能领到 400 元养老金，其中老党员每年还有 2 400 元的补助。村里还为老年人全额缴纳农村新型合作医疗补助费。2009 年 3 月，永联村成立居家养老服务站，安排专人为老年人放映戏剧、电影，让老年人心情舒畅。为了让老年人住得舒心，村里建设高标准老年公寓，规定女性年满 50 周岁、男性年满 60 周岁，可以缴纳 24 000 元押金，入住村里老年公寓，而且养老配套设施一应俱全。当老年人百年以后，押金退给子女，房子退给村里，让这个房子继续流转给需要的老年人使用。对于希望与子女一起居住、不租用老年公寓的老年人，永联村则给予其每人每月 300 元补助。为了改善对老年人的服务，村里还建设了功能完善、设施齐全的社区养老服务中心和惠民居家养老服务中心，成立了一支以老党员为主的邻里互助服务队，为老年人无偿提供服务。

进入数字时代，永联人积极引入数字技术，构建以人为本，精细化、数字化的养老服务新模式，基本实现了由传统养老向现代养老模式的转型，做到四个“化”：其一，定制服务个性化，即社区老年人可定制生活照料、健康理疗、心理疏导等 10 余项个性化服务。其二，医养结合精细化，即将老年人的生活料理、健康监测、医疗就诊融入健康管理。其三，生活服务便利化，即依托爱心互助街、老年公寓、永合社区居家养老服务中心、健康小屋等服务阵地，以数字化为纽带，方便老年人就近、就地养老的需求。其四，应用场景生活化，即在爱心互助街、老年公寓、数字生活馆等处，建设线上、线下不同的智慧养老应用场景。其独具特色的智慧养老体系包括以下几个组成部分。

学习随笔

（1）数字健康档案。

永联村打破传统的医生问诊等现状，建设数字健康小屋，对全村老年人的健康信息完成数字建档，实现一人一档，并与张家港市各大医院互通体检信息，并进行动态健康管理。例如，针对慢性病患者，进行实时监测，提供个性化的健康管理方案，满足不同老年人的健康需求，精准实施帮扶。现在，老年人不出家门就可以随时监测健康数据，这大大增强了老年人健康护理的意识，永联村老年人的数量明显增加，生活质量显著提升。

（2）数字康养平台。

永联村积极建设“一中心、七站点”，集居住、生活、服务、健康于一体的“银龄家园”，打造数字康养平台，通过工作人员入户探访、健康监测，对老年人基本信息、需求和服务情况实施数字化管理，根据老年人健康数据信息，实现分级、分类一体化管理。例如，将 60 周岁以上人员划分为三类人群：介护级、介助级、自理级，并开展不同频次的上门入户探访，开展不同形式的慰问活动。

（3）网格化管理平台。

永联小镇划分为五大网格，将党员、网格员、志愿者、物业服务人员、业主监督员五类人员下沉到网格，将养老服务纳入“一格五员、协同共治”网格化治理平台，通过网格员走访、永联一点通 APP、便民热线等，建立了集受理、处理、反馈于一体的协同共治机制，实时为老年人提供精细化服务。例如，有的居家老年人发现灯坏了，将其照片上传到永联一点通 APP，平台工作人员看到以后，就会第一时间派人上门服务。

（4）应急救援平台。

永联村引入海豚急救系统，通过常态化的急救普及培训，打造以社区为单位的应急救助平台，实现线上、线下相结合的社区急救系统。当老年人遇到紧急状况，可在手机 APP 上点击“一键呼叫”，系统马上向紧急联系人、社区物业等单位推送求助者位置，以便就近的急救人员赶赴现场，快速救援，为求助者争取院前“黄金 4 分钟”。针对空巢独居老年人实施智能电表和智能烟感安装项目，智能电表通过采集老年人日常用电数据，利用智能 AI 技术对老年人家庭用电情况进行安全评估，全方位监测老年人用电情况，并在老年人遇到异常情况时后台会第一时间报警。

学习随笔

（5）数字化应用场景。

永联村开发了丰富的数字应用场景，目的是让老年人的生活更加便利。例如，医疗互助系统主要面向小镇居民，以家庭为单位，个人支付50元，村集体为每人支付100元，共同形成一个医疗互助基金，用于补贴医保之外的医疗费用。老年人可以在系统内上传医疗凭证，报销一键生成，经工作人员核实后会直接将补贴汇至个人账户。此外，永联村还开设了“永联频道”，设置了永联播报、永联课堂，让老年人居家就能了解大事小情，学习各类新知识、新应用。同时，永联村还兴建了永联戏楼、永联文体馆，使老年人享受文化熏陶更方便、更高效。

六、为了村民业有所从

基本物质生活得到保障之后，老百姓的需求会如何升级呢？一般而言，老百姓吃饱穿暖之后，就业就会成为其需求的重点。

永联人也发现了老百姓的需求升级规律。老百姓吃饱穿暖后，出现了一个新的问题：没事做。没事做的人就会生事，于是对富裕起来的农村人来说，有事做竟然成了大事情！永联人渐渐意识到这是个必须解决和处理好的问题。

基于此认识，永联人特别注重增加就业机会。首先，持续不断投入巨资提高村民的就业创业能力。村企提供了多种多样的学习提升途径，每年投资超千万元开展计算机、电工电焊等技能的分层次、多级别培训，并且与高校合作开办各类学历和非学历教育班，力争让村民掌握在城镇就业的一技之长。其次，积极拓展就业渠道。永联村成立劳务公司，与周边企业开展劳务派遣合作；同时把永钢集团保安、保洁、保绿等岗位留给永联村村民，将企业劳务支出变成永联人劳务收入。最后，积极兴建创业平台。永联村投资建设配套齐全的农民创业园，以优惠价格出租给村民创业。在永联小镇配套了3条商业街，共有250余间门面店，优先出租给村民，鼓励村民自主创业。为吸纳那些只拥有传统农耕技能的村民就业，永联村还每年亏损数百万元运营苏州江南农耕文化园。如今，永联村村民的就业出路主要有三大块：其一，永钢集团的用工，诸如环保、维修等工种。其二，村“两委”直属的农业种植公司所提供的诸如苗木种植等工作。其三，永联小镇铺面出租等管理工作。由于这三大块的岗位用工量比较大，基本上能把村民的富余劳动力全部安排上，一部分退休后身体健康的村民还能重新就业，增加收入。所以，永联村基本可以做到“没有闲人”。

学习随笔

七、为了家园水清地绿

1. 厂村之间的永久隔离带

解决温饱和就业问题之后，村民自然而然就把目光放到居住质量上。不仅要住有所居，还要住优所居；不仅要关注住房的内部，还要关心小区的环境。而一个年产千万吨的钢厂竖在家门口，村民自然会担心环境质量。为了回应村民所忧，永联村用成片的花园、果林和庄稼地在钢厂和小区之间建造了一道道生态隔离区。这些隔离区在生态上可以阻隔工业区的部分粉尘和气味，同时本身又具有经济价值，还拥有数百个就业岗位。永联村规定，未来不管工业化和城镇化发展到何种程度，这一片农田隔离带必须保存下来，不得随意动它。

2. 钢厂的孕妇烟尘监控室

因为是自己的家园，永联人用尽一切办法保护环境，任何一点儿有损这个村子生态环境与村民健康的事情，他们都会极力去解决。永钢集团办公大楼设有一个孕妇烟尘监控室，内部常年架设一架长焦照相机对准厂区，这样可以清晰观察到全厂主要车间的烟尘或粉尘情况。说起这个孕妇烟尘监控室，有一个动人的故事。

有一天，厂里有个女职工找到吴栋材书记，说自己怀孕了，不能再到车间上班，因为怕厂里有粉尘或烟雾冒出来，会影响肚子里孩子的发育，希望调个岗位。吴栋材书记灵机一动：不如置办一间孕妇烟尘监控室，这样既可以让她们拥有舒适安全的工作环境，又可以让她们凭较强的责任心去监督全厂的烟尘事故，这不是一举两得吗？说干就干，一个可以俯视钢厂主要车间的孕妇烟尘监控室就在办公楼上建起，几位年轻孕妇白天轮流值班，晚上则有专职男工上班。就这样，一双双“侦察眼”每天 24 小时全程监控着钢厂每一个细微的冒烟飞尘之处……

在精心保护下，永联村的生态环境长期保持了很高的水准：永钢集团到目前为止基本见不到不符合标准的污水外排；永联村村民的患病

学习随笔

率基本上低于创办企业之前的水平，健康率、长寿率反而提高了；永钢集团的大量废气经过处理后被有序地通过密封的管道，或在地下，或在高架的空中廊道上排出……这也成为循环经济的一种形态——化废为宝。

永联经验

《孙子兵法》认为，决定仗能不能打赢的五件大事里，排第一位的就是“道”：“道者，令民与上同意也。”什么是“道”呢？简单来说，“道”就是让老百姓和领导心往一处想，劲往一处使，也可以理解为大家的共同价值观和根本追求。历史证明，无论是一个国家，还是一家企业、一个组织，长期的成功一定是价值观的和谐一致。作为佐证，商业巨著《基业长青》也指出，一个公司要想长久发展，就不能光盯着眼前的蝇头小利，得有长远的目标和愿景。

我国各项政策的出台，根本价值观和最终落脚点就是为了让老百姓获得实惠。对于一个村来说，学习永联经验，就是在落实国家政策的时候，将“老百姓是不是真的得到了实惠”作为衡量标尺。随着日子越过越好，老百姓的需求也在变，这把“尺子”也得跟着升级，内容、标准、重点都得与时俱进，确保始终对准老百姓对美好生活的向往。

党的政策都是针对当前的现实情况而制定的，但兵无常势，水无常形。现实情况会随着时代的发展而变化，党的政策也是具有一定时效性的。

——吴惠芳

第三章　抢抓机遇，尽享政策红利

学习随笔

回顾永联村几十年的发展变化，很容易发现一个令人惊叹的事实：地处偏远乡间的永联村，竟在每次关键时刻都能稳稳地站在时代潮头，精准预见趋势，巧妙捕捉机遇，有效规避风险。翻开永联村档案室珍藏的记录，人们会惊讶地发现，即便是这个小乡村的年度规划，开篇便是对国家宏观形势的精辟分析，每一项目标与举措，无不建立在对大局的深刻洞察之上。这是怎么做到的？这得益于永联人始终把形势判断放到极为重要的地位，胸怀两个大局，并在实践中形成了一套抢抓机遇的方法论，能够准确识变、科学应变，善于在危机中育先机、于变局中开新局。

一、从政策文件中抢抓机遇

1984 年春，中共中央一号文件里第一次正式出现了“乡镇企业”这个名词，并且明确了一条：各地政府部门要积极支持乡镇企业的发展。这意味着多年被议论为“资本主义产物”的农村诸多“地下工厂”现在有了正式的身份。中央文件的“学习迷”吴栋材书记立马意识到：“大展拳脚的机会来了！”他想：国家的政策开放了，乡镇企业有了“名分”，永联人还继续干下去吗？如果不干，那么永联人又能干什么呢？吴栋材

学习随笔

书记将目光转向远处无边无际的田野……突然，他似乎远远地看到了在那平展的水乡风景画中有几处农舍异乎寻常地高高崛起……那是楼房！他无比兴奋，并敏锐地意识到富裕起来的农民需要盖楼房，而盖房需要钢筋。所以，永联人需要干钢铁事业。从此，永联村开始与钢铁结缘。

1992 年，邓小平南方谈话的内容发表，永联人从邓小平所提到的“2000 年中国钢铁生产要达到 1.2 亿吨”等内容中，找到了大干快上的底气。“我们要抓住这个机遇，不干则已，干就得大干！钢铁事业是国家大事，我们小村子也可以干国家大事，至少可以参与干国家大事。”吴栋材书记在村民大会上定的调子比过去还要高，他已经认准了大干的目标：1993 年要实现 1 亿元以上的收入。他要做一件大事：办大厂，办大轧钢厂！

1995 年，《中华人民共和国劳动法》（以下简称《劳动法》）刚出台实施时，永钢集团就严格执行《劳动法》的各项条款，在很多企业没有为员工缴纳“五险一金”的年代，永钢集团就开始为员工全额缴纳。永联村党委认为：落实《劳动法》，维护员工权益，这既是企业发展的要求，也是维护企业形象的要求，更是增添发展后劲的要求。缴纳“五险一金”固然增加了成本，但提高了企业在市场上的竞争力。如果一个企业靠克扣员工的“五险一金”谋生存、谋发展，这样的企业是不可持续的。只有当员工得到了该得到的利益，企业仍有利润，这样的企业才有生命力。

2002 年，中国共产党召开了第十六次全国代表大会。这次继往开来的党代会提出了要把中国全面建设成小康社会的奋斗目标。从胡锦涛在会见中外记者会上说的那句“聚精会神搞建设，一心一意谋发展”，永联人意识到：“机会来了！发展的好时机到来了！我们不抓住机会就是失职，我们抓住了机会就是历史的功臣……”于是，投资 10 亿元的炼钢厂破土而出。

2006 年，国家提出社会主义新农村建设战略，国土资源部在全国推行“城乡建设用地增减挂钩”试点工作。永联村抓住这一政策机遇，把张家港市 1 100 亩挂钩指标全部勾画过来，用其中 600 亩土地建设了当时亚洲最大的农民集中区——永联小镇，剩余 500 亩用于发展工业，这样不仅提升了老百姓的生活水平，也为工业发展腾出了空间。

学习随笔

2009 年，国家鼓励发展乡村旅游，永联村建设了占地 500 亩的苏州江南农耕文化园。如今，园内每年接待游客 80 多万人，成了农民就业致富的重要载体。

2014 年前后，党和国家号召加大节能环保的力度，加强生态建设和美丽中国建设。对众多企业而言，当时讲环保还只是停留在社会责任的层面。但永联人敏锐地感觉到，针对未来企业的发展，环保不只是社会责任，还将成为门槛。所以，永联村决定投资 25 亿元，彻底改造永钢集团的环保设施。2015 年，宏观经济形势严峻，钢铁价格被压低，企业资金极其紧张，永钢集团果断停止了当时正在实施的 240 万吨产能焦化项目，而是将重点放在环保项目上，全额投资，加快运行。永钢集团经过一番努力，所有设施更新升级，部分环保设备还创造了中国钢铁行业的第一。2016 年 G20 杭州峰会召开期间，永钢集团通过了环境保护部（今生态环境部）的严格督查，被树立为环保企业的典型。正是由于响应了党的政策和号召，永钢集团提前做了准备，着眼了发展，所以在去产能的大形势之下，永钢人心里很踏实，因为他们的产能不落后，在环保节能方面成了企业的标杆。

二、从形势分析中抢抓机遇

作为一个小小的乡村，永联人在每年制订工作计划时，总会花费大量时间深入研究国内外形势。这些投入也给了永联人丰厚的回报，因为他们在每个发展阶段中总是能从形势变化中抓住发展机遇。以下仅举几个例子。

> 1994 年，吴栋材书记在村民大会讲话中，首先分析了国内的市场环境：“1994 年国内生产总值增长 10%，工业生产增长 17%，固定资产投资增长 25% 左右。全国钢材需求增长 15%，冶金生产能力增加 10%，供需缺口 1 800 万~2 000 万吨。在总量上相差如此之大，而具体规格品种上的差距就会更大……新一年的钢材供需紧张已经成为定局，预计 6—8 月最高价要突破每吨 4 000 元大关。据了解，长江三峡工程包下了几个大钢厂的产品。所以，这是一次相当难得的机遇，我们作为生产企业，绝对不能错过。”正是对宏观形势做到如此精准的把握，才能让

学习随笔

他们有胆量建造630车间生产线，向中国大钢铁企业进军！

2002年，永联人认定：中国将出现改革开放以来最兴盛的经济建设和社会建设发展时期。理由主要有四点：其一，2008年北京奥运会，基础设施总投入为1 800亿元。其二，2010年上海世博会，总投入约3 200亿元。其三，南水北调工程，工期8年，一、二期工程总投入约2 160亿元。其四，西部大开发虽没有总的具体投资数据公布，但从已公布的几个项目数据中，可以推算出来，总投入应该不低于3万亿元。为了吃到这一个更大的发展机遇期的红利，永联人下定决心，投资10亿元，创办炼钢厂！

2008年，百年罕见的金融危机持续蔓延，整个钢铁行业一片萧条。永联人早在七八月份钢材原材料的价格达到历史最高点时，就敏锐地意识到市场过热的背后必定隐藏着危机，所以立即减少了原材料的采购计划，有效地避免了金融危机带来的风险。

三、从问题导向中抢抓机遇

问题是时代的声音，坚持问题导向是马克思主义的鲜明特点。习近平总书记强调：问题是创新的起点，也是创新的动力源。我们党领导人民干革命、搞建设、抓改革，从来都是为了解决中国的现实问题。改革是由问题倒逼而产生，又在不断解决问题中得以深化。永联村的许多创新做法，就是奔着问题去、盯着问题改的，也正因为此，永联人往往能够倾听到时代的声音，把握好时代的大势。

永钢集团总能顺应技术升级大势、走在同行前列，很大程度上靠的就是问题导向。这里举两个典型例子。

（1）轰动国内冶金界的530车间改造。

1993年4月，永钢集团530车间（高刚度短应力流水线）建成投产。该车间是按照直径为25毫米以上规格的棒材设计的，终端线速为每秒5米，年产能只有12万吨。当时，沿海地区城市建设，以及高速公路等基础设施建设已经步入快车道，市场上直径为10～16毫米的小规格钢筋需求强劲。永钢集团接到的订单中，直径为20毫米以上的大规格钢筋较少，小规格钢筋

学习随笔

却源源不断，光靠老的350车间根本来不及生产。刚投产的新车间不饱和，产能小的老车间则来不及生产。面对这样的窘境，永联人积极推动技术改造，加轧机、调机位、移动飞剪、延伸冷床……通过技术人员的连日奋战，终于让530车间也能够成功生产出直径为12毫米、14毫米和16毫米的钢筋。接下来的几年里，他们反复对围盘进行改进，使其能够自动伸缩，进一步提高了生产的安全性。此外，他们还将线速提高至每秒15米，年产量达到40多万吨，轰动了国内冶金界。

（2）“一火成材”技术诞生历程。

1995年，永钢集团650车间型钢生产线改成大棒生产线后，不仅成本高，效益也不好，这让大家很苦恼。为此，吴栋材书记吃不好，睡不好，最终提出了“一火成材”的方案，希望通过将钢锭直接轧成螺纹钢来降低生产成本。当时在国内轧钢界，还没有“一火成材”的先例，这个想法太大胆了，大家心里也没底，说目前没有一家钢厂这么做过。最终，永联人经过反复论证，决定大胆尝试。经过一系列的改造、调试，“一火成材”成功了，开坯后直接轧制螺纹钢获得了成功！650车间一举成为永钢集团最挣钱的车间。消息轰动了国内轧钢界，各地钢厂掀起了学习永钢集团的热潮。

永联村在公共服务、社会治理等方面走在前、做示范，其秘诀也可以追溯到永联人见微知著的问题导向思维。这里仅举一个文明治赌的故事就可说明问题。

永联村的老张，老伴去世多年，几个儿女不在身边，就一个人住在老年公寓。闲来无事，他喜欢和老伙计们一起打麻将。小赌怡情，本也无可厚非，可老张赌博上了瘾，在牌桌上经常一坐就是一整天，不仅经常把几个儿女给的生活费输个精光，还让身体越来越差。2009年的一天下午，老张还像往常一样快乐地“砌长城”。那天，老张摸的牌特别不好，很快几百元就输没了，他的心情变得很糟糕。他越输越急，越急越输。到了天黑，突然“哎哟！”一声，老张捂住胸口躺在椅背上，脸色苍白。老张身边的人急坏了，立即把他送往医院。医生一检查才发现，原来老张是长期久坐，加上过度劳神，让他的心脏机

学习随笔

能受损严重。医生说："幸亏救治及时，否则就危及性命了……"

吴栋材书记听说此事后，十分担忧：老张虽然只是小赌，没出大问题，但村里喜欢赌博的人很多。这样下去，难保不会发生意外。而且前些年，有好几位村民因为赌博输得倾家荡产，妻离子散，再不想办法遏制赌博的歪风，村里肯定还会有悲剧发生。

可要纠正赌博的歪风，必须找到症结所在。永联村的土地现在都由集体管理，过去的农民一下子变得安逸了，不知道如何打发时间，必然会滋生赌博等恶习。因此，吴栋材书记决定继续帮助村民"富脑袋"。一方面，他召开反赌大会，让村民了解赌博的危害性；另一方面，邀请全国知名的剧团和优秀演员在文化活动中心排演节目供村民观看，以此来丰富村民的精神文化生活，引导他们离开赌桌。但这样的演出费用太高，不可能经常举办，而且文化活动中心离永联小镇太远，老年人嫌麻烦，极少去观看，所以对治赌没起到什么作用。了解了这一情况后，吴栋材书记建议，干脆在永联小镇上建一座戏楼，让演员天天演戏给老年人看，这样一来，他们的晚年生活就更加丰富了。于是，永联村投入300多万元建成了可容纳300人的永联戏楼。每周一至周五下午，永联戏楼都会有越剧、锡剧等戏曲表演，有时周六晚上还有精彩的综艺节目，周日晚上则放电影，为老年人服务的同时，也满足了年轻人的娱乐需求。这样一来，永联小镇的居民，特别是老年人，每天就有事干了，戏迷一下子增加了很多，赌徒自然也变少了。

由此，永联人进一步意识到了文化设施建设的重要意义，开始围绕老百姓的需求，持续不断加大投入，这才有了人们如今看到的永联村在公共服务和文化建设方面的处处领先。

四、从学习考察中抢抓机遇

坚持学习是永联村能够始终抓住机遇的一个重要经验。党的大政方针一出台，永联人总是能在第一时间组织学习。而到发达国家（地区）的相关领域去实地考察，通过对比、借鉴把握发展趋势，是永联人的另一个重要经验。每次做重大决策之前，永联人都会外出考察学习，他们

学习随笔

的足迹遍布世界各大洲。

乡镇企业转制时，永联人对苏南地区“彻底转、转彻底”的要求产生了疑虑，为了更加科学地做出决策，他们组团到乡镇企业“转制早、转彻底”的温州去考察。

永联人通过考察发现，温州的经济发展势头确实很猛，但温州市区和乡镇的公共设施、公共环境并不好，道路坑坑洼洼，桥梁年久失修，许多企业的厂房前后垃圾堆成山。这里有钱的人不少，但似乎都只管清扫自家门前雪而不管他人路头脏。当地人对现实生活的评价也总是摇头……吴栋材书记心想：企业真要彻底改制了，难道也要让百姓天天骂我们吗？难道我们辛苦干了一二十年、积累了那么多财富后又要让百姓过上不踏实的生活吗？经过考察，永联人下定了决心：“彻底转、转彻底”是有问题的！永联村不能走这样的路。

亚洲金融危机让钢铁业承受巨大打击，为了自救，永联人决定依靠独特的乡村优势，大搞多样化的农业和养殖业。为了更加科学地做决策，他们选择去考察农业和养殖业极具特色的日本和新西兰。

在日本，永联人看到了自己在社会发展许多方面的差距：“日本的社会风气比我们好，开放程度比我们高，环保水平更高出我们很多倍，而且不仅工业发展水平高，农民还十分富裕。”这些对比和反思，让他们明确了自己努力的方向。

在新西兰，永联人坚定了选择养殖业的信心：“新西兰人少地多，属于农业大国，遍地都是牛羊。中国地广人多，牛羊总数却不及新西兰，所以我们选择养殖业是大有前途、一本万利的事情。”因此，“明年（2001年），我们的养殖规模要达到2 500头牛、羊等，同时要鼓励农民私人养殖，并且向周边扩养……”这是吴栋材书记在2 000年年底村民大会上的讲话摘要。

通过学习和借鉴发达国家经验，抓好农业和副业项目，永联村这辆已经驶上快车道的“农村专列”不仅没有停顿和减速，相反依然保持持续稳定的增速。

学习随笔

2008—2009 年，经过金融危机洗礼后的永钢集团迫切需要加强管理和创新，永联人多次奔赴德国巴登钢厂考察学习。凭借学习总结，永联人在企业内部开展了一次次以“精细管理”“节支降本”为目标的“风暴里求生存”“困难中磨意志”等活动，从节约“一张纸、一滴水、一度电、一滴油”抓起，有效发扬了全体员工的节约精神，提升了企业的抗风险能力，最终使永钢集团在金融危机风暴中昂首挺立于不败之地。下面是他们考察后的感悟。

> “德国巴登钢厂走的就是‘小而专、小而精、小而优’的发展路线。他们把追求‘专、精、优’作为企业一切工作的导向和任务，并将它们分解给若干员工组成的项目团队，由此员工们都把追求技术精良和爱岗敬业作为要求，充分发挥团队精神，使员工拧成一股绳，大大提高劳动效率。”吴耀芳总经理从国外回来后向企业的干部、员工们介绍说。“精细贵在精”，而“精”的内涵可归纳为四个方面。其一，员工要精干。就是要建立一支作风顽强、态度端正、业务过硬、素质一流的干部、职工队伍。其二，管理要精明。管理人员的精明，体现在有自觉的责任心和担当意识。同时在管理过程中，管理人员要不断推陈出新，善于协调指挥，带领各自的部门员工不断追求和探索提高工作效率、压缩成本、增加生产效益的方法和措施，要有“一盘棋”的思维。其三，工作要精细。企业的每一个环节、每一个步骤、每一道程序，都要认真对待，仔细执行规定的任务和要求，拥有高度的责任心和使命感。其四，质量要过硬。质量是企业核心竞争力最基础的要素。市场竞争越激烈、产品价格越出现波动时，质量越要过硬。要达到产品质量过硬，就必须在生产全过程中加强工艺、设备、生产流程和技术能力上的先进性和完备性。

为了给老百姓提供一个舒适的居住环境，永联人到欧洲多个国家去考察学习。在那里，他们被那些有绿水青山或者田园风光包围着的小镇所吸引，渴望让自己的村民也住上这样的地方。考察后的思考，让他们对永联小镇的设计团队提出要求：不能低于欧洲那些风景如画、富

有特色的著名小镇水平，同时又要有中国江南风格的、比城市现代化程度更高的特点。永联小镇就是在这种条件下被建设成了“天堂里的精品”。

学习随笔

永联经验

习近平总书记多次强调，领导干部要胸怀两个大局，一个是中华民族伟大复兴的战略全局，一个是世界百年未有之大变局。他指出，要深刻认识我国社会主要矛盾发展变化带来的新特征、新要求，深刻认识错综复杂的国际环境带来的新矛盾、新挑战，增强机遇意识、风险意识，准确识变、科学应变、主动求变，勇于开顶风船，善于转危为机，努力实现更高质量、更有效率、更加公平、更可持续、更为安全的发展。要学习永联村抢抓政策机遇的经验，具体表现为以下四点：

第一，要重视对国家政策文件的深度学习。

第二，要关注对大局和形势的分析和判断。

第三，要从村庄日常生产生活所遇到的问题中把握发展规律，进而更加深刻理解政策意图。

第四，要抓住一切机会广泛学习考察，提升判断形势、抢抓机遇的能力。

党的政策是针对全国范围的，具有普遍的指导意义，但每个农村都有各自的具体情况。在贯彻落实党的方针政策时，要结合自身实际，进一步制定实事求是的发展目标和具体举措。

——吴惠芳

学习随笔

第四章　因地制宜，灵活运用政策

面对日新月异的变化，要坚持全国“一盘棋”，贯彻落实党的方针政策。不过每个村情况不一样，各有特色。在落实党的这些方针政策时，得结合自己村子的实际情况灵活变通，创新不同阶段发展目标和实施举措，就像种庄稼得按地力、气候来，这样才能让方针政策在村里生根发芽，开花结果。永联村发展的重要经验之一，就是清醒地立足自身条件，遵从市场规律，以百姓利益为导向，实事求是、灵活机动地贯彻落实党的方针政策，从不脱离自身发展实际僵化机械地执行政策。

一、实事求是，核产分粮

在“以粮为纲”的年代，许多村干部在向上级汇报粮食产量时，往往夸大产量以求升官发财，而农民因此少分很多粮食，顿顿挨饿。通常的做法是，将刚刚收割下来的粮食，打成稻子分给村民，但稻子刚打下来还是潮湿的，含有水分，一晒干，分量往往打个七五折。当时，永联村一年每人分480斤（1斤为0.5千克）的口粮，本来就难以维持温饱，如果再这样打折扣，粮食就更加不够吃了。许多人只能吃糠咽菜度日，甚至不时有人外出要饭。

吴栋材书记来到了村里之后，下定决心让大家分到实实在在的粮

学习随笔

食，不再饿肚子。到分粮的那天，吴栋材书记先安排称 10 斤粮食晒干后，再称一称粮食的实际重量，按干湿损耗比例将粮食分给村民。就这样，那年秋天，每个村民都实实在在地分到了 480 斤粮食，每家每户都比以往多分了 100 多斤。但这在当时是不被允许的，有人担心上级责问，吴栋材书记拍拍胸脯说：“天塌下来，我一个人扛着。”

那年秋收，他赴乡里开核产会议，如实汇报了当年的粮食产量，乡里领导对他的汇报产生怀疑：“你上报的产量怎么比以往少许多，你最好回去重新核实一遍！”这带有批评口气的话语没能吓住吴栋材书记，他镇定自若地回答：“事实就是这么多，我也没私分！”几番争论下来，乡里领导最终也没办法，只得按他上报的数字来统计了。正是因为核产分粮，吴栋材书记赢得了全村人的信任，涣散的人心被凝聚起来，为以后挖塘养鱼、办钢厂、建设社会主义新农村奠定了坚实的基础。

二、因地制宜，挖塘养鱼

永联村是在长江边上围垦建成的，因地势低洼，即便无灾无难，也仅够劳苦一年的村民糊口，何况长江口每年台风侵袭数次，每次台风都会让这片新滩地淹个精光，三年五淹，十涝九灾，此地常常是颗粒无收。1978 年，新上任的吴栋材书记认为，地势这么低洼种不出粮食来，“以粮为纲”，“纲”在哪里？与其让这些洼地拖了全大队的后腿，不如让它成为推动全大队增收的试验田——既然水多，干脆挖成鱼塘，挑出来的土，填高周围的土地种粮食，这样可以一举两得。

在当时，“以粮为纲”依然是农业生产的基本方针，搞副业是不允许的，要冒着被“割资本主义尾巴”的风险。

但是吴栋材书记讲，党的方针政策是让老百姓过上幸福的日子，让老百姓的日子好起来。他坚信，让老百姓过穷日子，不是党制定方针政策的初衷。这种对政策目标的精准把握，让他敢于因地制宜地打破约束，带领农民挖塘养鱼。第二年，鱼塘的鱼丰收了，每亩收成 500 多斤，村民每人分到了 5 斤鱼，在那个连饭都吃不饱的年代，那一年是永联村村民最幸福的一年。如今，80 周岁的陈桂娣仍清晰记得当年的快乐，她兴奋地说：“至今仍然没有忘记那年吃鱼的滋味，那是我吃过的最美味的鱼。”养鱼曾使永联人第一次尝到了赚钱的滋味，使党支部在老百姓的心目当中的威信大大提升了，也坚定了老百姓听书记的话，跟支部走的信念和信心。

学习随笔

三、按劳分配，打破“大锅饭”

1979年3月，永联村的鱼塘挖好了，大队部从8个生产队抽了10户人家，共39人成立副业队，负责养鱼。他们每天的工作就是捞水草、喂鱼、看鱼。后来，他们又开始养猪、种菜，但不需要从事粮食生产。

刚开始，大家指望养鱼年底能多挣点钱，所以积极性很高。可人们渐渐发现，虽然养鱼不用在生产队劳动，但要在生产队记工分，而且记工分的标准与生产队的完全一样，所以收入与生产队的收成有关，而与副业队的收成无关。这样一来，副业队队员的心思就都不放在如何养鱼上，而是放在如何偷奸耍滑上。一年下来，鱼儿长不大，死得多，产量大不如前了。

看着捕上来的鱼，一条条都精瘦精瘦的，吴栋材书记心想：我们吃了多少苦才挖出这50亩鱼塘。如果没有收成，这些苦不是白吃了吗？他了解到，渔业队远离生产队，队员每天干了多少活生产队看不到，评工分很难公平；而且由于队员来自各个生产队，纪律松散，很难管理，磨洋工的现象十分严重。吴栋材书记觉得，要提高副业队的收成，必须打破“大锅饭”，让副业队彻底脱离生产队，让“种田的靠田吃饭，养鱼的靠鱼吃饭”。

1985年，吴栋材书记决定将副业队的10户村民全部搬到养鱼塘附近居住，天天与鱼塘为伴，而且他们的劳动不再由生产队记工分，而是由副业队自己记。这样一来，副业队全年的收成就直接决定他们年底能拿多少钱。然而，这个决定遭到副业队队员的一致反对，他们担心离开了生产队，收入没有保障。吴栋材书记知道了大家的顾虑，就一家家地做动员：“你们放心，只要搬过去，我保证你们年底每家能挣1 000元，而且明年增加到2 000元，以后还会更多。”吴栋材书记是个说到做到的人。那时候，他已经在村民心目中树立了很高的威信。既然他做了保证，大家就放心地搬了。

正如吴栋材书记所料想的，副业队独立以后，队员的积极性大幅提高，白天忙活了一天，晚上还要接着干，生怕鱼儿吃不饱，猪儿长不大。经过一年忙碌，副业队在年底终于迎来了好收成，家家收入都在1 000元以上。第二年，副业队通过搞多种经营，更换鱼苗品种，收入迅速提高到每家2 000元。1994年是副业队存在的最后一年，这一年全队每家收入达到了2万多元。吴栋材书记说的话基本做到了。

学习随笔

永联村农业与副业相得益彰，靠的就是一切从实际出发，大锅满了，小碗也满了。

四、顶住压力，保留集体股份

1998 年，苏南地区要求农村集体企业学习温州模式，进行股份制改造。当时有两句话，第一句话叫“彻底转、转彻底”，第二句话叫“两年之后回头看”，就把农村的集体企业转化成股份制民营企业、个体私营企业，一大批书记、村长（今村委会主任）就成了企业主。永钢集团那个时候规模就不小了，上级给的方案就是由管理层持有 100% 的股份，其中吴栋材书记作为董事长持有 25% 的股份，总经理持有 12.5% 的股份。高层管理人员加起来总计 50% 的股份，中层 200 多名管理人员持有 50% 的股份。这个方案制订后，吴栋材书记的心里久久不能平静，夜不能寐，他认为：永钢集团是 1984 年永联村老百姓以 30 万元起家，建起来的共同致富的载体。如果通过转制，彻底割断了企业与老百姓的联系，企业还是共同致富的载体吗？转制以后会出现两个问题：其一，土地被征用的农民，后续生活来源从哪里来？如何实现他们的共同富裕？其二，作为村办企业，在小小的村庄里头，要征村民的地，钢筋进进出出，要走村里的河道，走村里的马路，怎么才能得到农民的支持呢？所以吴栋材书记萌生了一个想法：永钢集团的管理人员持有 75% 的股份，永联村老百姓持有 25% 的股份。

2002 年，新一轮的改制大潮席卷而来，张家港市 3 000 多家国有资本全部退出。永钢集团的转制问题成为社会关注和媒体议论的焦点。张家港市领导再次找到吴栋材书记，要求把企业股份全部转给私人。可吴栋材书记还是坚持自己的观点，对张家港市领导说：“村里至少保留企业一部分的股份。”张家港市领导知道吴栋材书记的个性，便答应了他的请求。可部分干部闹起了意见：公司留股份给村里，干部的股份不就少了，有必要给村里留资产吗？

吴栋材书记也知道给村里留股份会让部分干部产生思想波动，为了统一思想，他一次次苦口婆心给大家剖析利弊：“转制是大趋势，但我们不能‘彻底转、转彻底’。要是‘转彻底’了，我们永联村的公共建设怎么办，村民怎么办？村民就没有收入了。老百姓的土地都支持发展企业了，现在我们转制，把老百姓扔到一边，这样做对吗？”“我不仅仅是企业的董事长，还是永联村的党委书记。我要对村民负责，

要给村民一个交代。我再三考虑，决定把我一半的股份留给村里。我也恳请各位支持我的决定。”在吴栋材书记的带领下，总经理和几位副总也都拿出部分股份，为永联村保留了25%的股份。

直到今天，永钢集团的股权关系就没再变过，高层管理者持有25%的股份，中层管理人员持有50%的股份，永联村老百姓持有25%的股份。如今这25%的股份，被永联村老百姓亲切地称为“共产党栽下的摇钱树”，每年贡献集体可支配收入近2亿元。由于有这25%的股权，永联村老百姓不管土地性质、身份还是劳作方式如何变化，享受这片土地上发展成果的权利始终不变。也正因为此，永联村老百姓希望永钢集团越做越大，发展得越快越好，希望永钢集团征地越多越好。持有25%股份的村民和持有75%股份的永钢集团管理层，是合二为一的利益共同体，两者和谐相处，共谋发展。另外，永钢集团75%的股份由企业管理层持股，实现了效率优先，尊重了市场经济规律，由此也吸引了来自五湖四海的人才，为企业的长期可持续发展提供了不竭的人才资源。按此模式，不仅是永钢集团，永钢集团旗下的其他企业都采取的是股份制，通过股份制让企业管理层持股，把单位的效益和个人的利益捆绑在一起，捆绑得越紧，积极性调动得越充分。

从实际出发，给永联村带来了非常好的后续效应。永联村城镇化建设中的资金保障，离不开这25%的股份。

五、直面问题，推动“村改居”

到2010年后，永联村大部分村民已经动迁了，实现了集中居住，同时也有不少外来人员在村里买房、租房。在农民集中居住的永联小镇上共有2万多人，其中半数以上是外来人员。管理上的问题由此而生：一方面，少数外来人员认为自己不是村民，村委会管不了他们；另一方面，农民进入社区后，利益诉求也更加多元化，传统的村委会管理方式已经落伍。因此，2011年4月，在上级政府的支持下，永联村成立了永合社区，以此来强化服务和管理。

2013年10月，在村“两委”换届选举时，永联村提出永联村村民全部参加永合社区居委会的换届选举，永联村村委会不再进行换届选举。那么，村委会不进行换届选举后，会有怎样的组织来承担永联村集体经济经营发展的职责？之后，永联村修订了《永联村股份经济合

学习随笔

作社章程》，使股份经济合作社成为村民以集体土地、集体资本、集体资产为纽带的集体经济组织。社区的换届选举，永联村采用“一人一票”的选举方式，所有居民，无论户籍在哪里，都成为永合社区居民，都享有参加永合社区居委会选举的权利。

2013 年下半年，永联村选举产生了第一届永合社区居委会，永联村所有的村民作为永合社区居民，与居住在永联小镇上的外来人员形成生活共同体，实行居民自治，永联村村民的身份转化为永合社区居民和永联村股份经济合作社社员。

事实上，除了社区治理，永联村还有许多因地制宜的社会治理创新举措。

一是支部建在网格上。每个网格成立一个支部，每个园区成立一个党小组，每个楼道都有一个党员中心户，让党旗飘扬在社区的每个角落。

二是构建“一格五员、协同共治”新模式。每个网格内按照共建共治共享的原则，组建了党员、网格员、志愿者、物业服务人员、业主监督员五支队伍，采取“支部 + 网格 + 五员”治理模式，构建全方位、无死角的服务体系。

三是政府购买服务。引入两家社工机构，分别是张家港市永联惠民服务中心（全国百强社工服务机构）和张家港市惠邻社会工作服务中心（苏州市 4A 级社会组织），培育全科社工，为居民提供更加专业化的服务。

永联经验

因地制宜，是中国这样的大国治理智慧的体现。但要想把这招用好，借鉴永联经验，需要把握好以下三点：

第一，要公平守正，就是要坚持党的领导、以人为中心、坚持中国特色社会主义不动摇，尊重发展的基本规律，这样才不会偏了方向，变了颜色。

第二，要脚踏实地，深入基层，了解一地百姓所需所想，了解地域优势、短板和发展阶段。

第三，要有实事求是的勇气、担当和智慧，不盲目跟风，这样才能真正把因地制宜这招用好。

> 有人说我们这里穷，一般人认为这是坏事，但我认为它也有好的一面，就是穷则思变。
>
> ——吴栋材

学习随笔

第五章　挖掘基层优势，放大政策效能

乡村，尤其是贫困又偏远的乡村，资源少，话语权也小，无论哪个部门、哪级领导都能对其指手画脚，似乎很难找到优势。但实际上，这些乡村才是乡村振兴最前线的战场，是能直接“听得到炮火”的地方。他们没有自持身份的包袱，转身快，拥有“船小好调头”的灵活性。如果让这些乡村拥有了“呼唤政策炮火”的能力，必然能真正释放出政策的威力。正如吴栋材书记所说，“有人说我们这里穷，一般人认为这是坏事，但我认为它也有好的一面，就是穷则思变”[①]。不妄自菲薄，让永联人找到了乡村的优势，还把这些优势发挥得淋漓尽致，使永联之路越走越宽广。可喜的是，这些优势并非永联村一个地方独有，全国各地乡村都能找到，所以特别值得反复体会。

一、灵活应变带来先发优势

“别看当时我们的小厂子不大，也很杂，但我们基本能做到灵活多变。办得快，转得也快；关得快，开得也快；产品不压库，设备不搁浅，经济无损失；有赔有赚，总体是赚。”[②] 吴栋材书记的这番话，

① 何建明：《江边中国：何建明文集》，新世界出版社 2018 年版，第 105 页。
② 何建明：《江边中国：何建明文集》，新世界出版社 2018 年版，第 163 页。

学习随笔

可以充分概括出乡村“船小好调头”的灵活性优势。永联村发展历程中有许多故事可以证明这一优势的存在。

（1）以土办法轧钢的故事。

> 永联村最初创办永联轧钢厂时，完全采用的是土办法，工厂就像一个大作坊，管理混乱，材料单一，水平低下。永联人认为，只要能把钢筋轧出来，用什么方法都行。但在正规的钢厂，那样的产品肯定出不了厂，由于市场需求太旺，有时钢铁轧完后还没有来得及冷却，就用冷水一浇，客户就拉走了。①

（2）20分钟谈妥技术购买合同的故事。

> 购买530车间生产线技术时，吴栋材书记直接带上现金，只用了20分钟就谈妥了购买合同。这样的事情如果换成国有企业，光洽谈、讨论，再形成计划、方案和申报等，没有一年半载根本不可能。时间就是效率，时间就是金钱，时间就是生产力。后来，当国内市场需求新的螺纹钢产品时，不少同行也跟着上530车间生产线，而永钢集团已经投产了1年多时间。这一领先带来了两大好处：其一，产品优先占有了市场。其二，在同类产品中，永钢集团的生产质量和数量都居于别人之上。这就是永钢集团这样的小企业、村办企业为何最后敢同国有大企业比拼的原因所在。②

二、城乡互补带来融合优势

1. 以乡村劳动力优势换取城市资金和市场

1979年，永联村与县电机厂开展挂钩合作，由永联村派30名村民帮助电机厂做些零碎活及绕电机线圈之类的简单工作。去帮忙的人每天拿一点儿伙食补贴，由电机厂给村民们记工分。这样30个人干的工作，由电机厂每年支付给永联村2万~5万元的报酬，既算作对永联村30名村民的工作报酬，也算作电机厂对永联村的挂钩扶贫成果。这种模式充分利用了永联村的剩余劳动力创造了财富，弥补了电机厂劳动力不足的问题，还增加了产品数量，真正实现了“双赢”。这种“我

① 何建明：《江边中国：何建明文集》，新世界出版社2018年版，第186页。
② 何建明：《江边中国：何建明文集》，新世界出版社2018年版，第223页。

学习随笔

出劳动力，你做技术和市场”的双赢模式，成为永联村与南丰乡供销社、无锡市第二建筑工程总公司等合作的成功秘诀。

2. 以农副产品基地赢得合作机会

养鱼曾使永联人第一次尝到了赚钱的滋味，让这个偏远的穷村有了与外界谈判的资本。在农副产品凭票供应的计划经济时代，活蹦乱跳的新鲜鱼儿往往成为永联人与城市企业合作的“敲门砖”。20 世纪 80 年代，务工人员开始涌入城市，城市消费也迅速攀升，一时间城市的食品供应成了问题，尤其是副食品变得异常紧张，什么东西都要凭票供应，黑市猖獗，鱼肉鸡蛋价格飞涨，还不一定买得到。城市居民很为此伤脑筋。这个时候，永联人用在农村随处可见的“特产”——鸡鸭鱼肉，作为沟通那些原本很看不起乡下人的城里人和水泼不进的国有企业的“特殊武器”，而且这个方法一试就灵。例如，1985 年，永联村与中国拆船华东公司（今中国城建开发有限公司）的合作中，就包括为对方建副食基地，永联村供应副食，对方以货款抵销。[①]

3. 三次产业融合发展提高韧性

1998 年金融危机后，钢材价格一跌再跌，永钢集团遇到了从未有过的困难，甚至到了生死存亡关头！怎么办？永联人重新审视了自己独特的乡村优势，发现自己还有一处资源没有充分地利用，那就是农业！他们坚信：轧钢、卖钢可以发财致富，种地、搞副业同样也可以有金山银山。于是，他们开出了两个完全不同的“药方”：工业压缩调整，农业开足马力。通过大搞多样化的农业和养殖业，吸收工业调整富余出来的劳动力，永联村每年拿出 100 万 ~120 万元奖金，奖励那些搞家庭副业、养殖业和种粮的大户。2006 年，在村民自愿的基础上，永联村以每年每亩 1 300 元（现调整为 1 500 元）的土地流转费标准，将村民手中 8 000 亩耕地的承包经营权统一流转到村集体，建立了园林苗木基地、现代粮食生产基地、果蔬基地及特种水产养殖基地，实现规模化、集约化经营管理。以农业旅游公司龙头企业为牵引，以市场化机制为纽带，通过“加工厂 + 中央厨房 + 配送公司 + 生鲜门店 + 合作基地”等模式，做到种植养殖基地化，加工制作工厂化，销售配送网络化，产品质量标准化，实现一二三产业融合发展。2009 年，响应国家号召，

① 何建明：《江边中国：何建明文集》，新世界出版社 2018 年版，第 193 页。

学习随笔

永联村开始布局乡村旅游，历经10余年建设，建成了“AAAA国家级旅游景区”“中国最有魅力休闲乡村”“中国乡村旅游模范村”“全国乡村旅游重点村”。2015年，永联大米走出国门，亮相意大利米兰世博会，被认证为“2015年意大利米兰世博会中国馆的指定用米”。目前，永联村已基本形成了高效的现代农业产业体系，实现农业的内生循环发展，全域旅游发展格局也已经初步打开。在农旅融合的同时，工业也逐渐走向服务化、多元化、国际化发展道路，已形成了钢铁制造、新能源、智能制造、环保、建筑、金融贸易六个产业板块互相协调、共同发力的格局。永联村三次产业的融合发展，改变了永联村过去主要依赖制造业的单一性和脆弱性，丰富了产业生态，大大增强了经济发展的韧性。

三、没有包袱带来创新优势

1. 不拘一格用人才

乡村人才匮乏，小村庄办大钢厂更是缺乏人才。永联村在千方百计挖掘、吸引、留住、培养人才的过程中，因为没有条件“挑肥拣瘦”，不仅不能对人才设置任何学历、职称、出身等限制，还必须放手大胆使用人才，很多人才还必须能适应多个岗位的需求。这些无奈的选择，反倒让永联村丢掉了各种评价人才的“条条框框”，为人才提供了更有利的成长通道。几个小故事可以充分证明永联村用人的这一特点。

（1）小卖部店主做大钢厂会计的故事。

1984年，永联轧钢厂正式投产，可还缺一个会计，村里怎么也找不到合适的人选。经朋友介绍，吴栋材书记找到了当时正在街上开小卖部的陆文托，经过一番攀谈，认定这个人很善良、老实，比较稳妥，遂向他提出了要求：“厂里现在急需一个会计，我看你在家管账管得不错，不如也帮我管管账好了。”陆文托一听是要给厂子管账，吓得连连拒绝：“那不行，我只是个开小店的，哪会做什么会计啊！”陆文托的老婆朱秀兰还专门跑到吴栋材书记的办公室，坚决拒绝：“我家里连同店面一起才几百块钱，你竟然还让我老公管这几十万元，这万一厂子出了什么问题，我就是把全家贴进去也

学习随笔

不够啊……反正我就是不愿意。”为了能早点让陆文托来厂里上班，吴栋材书记想尽办法，还特意托人去他家里劝说。最终，陆文托被吴栋材书记的真诚打动，答应了做会计，结果这一干就是 16 年，直到 1999 年才退休，为永钢集团的发展付出了不少心血。

（2）几个钢铁工人的成长故事。

张先轶，1992 年来到永钢集团，他的第一份工作被分配到车间，由于是大学毕业生，大家一碰到问题就来问他，但生产实践中的问题与书本所学差别很大，因此每遇到一个回答不上来的问题，他就赶紧去寻找各种书籍进行钻研，一次次下来，车间里的工人和干部就把他当成“小工程师”。后来，厂里搞 530 车间、630 车间项目，吴栋材书记要求技术人员自己动手干，张先轶成了重要的技术骨干，没日没夜在计算机上一遍遍设计，直到搞出名堂来。一线的实践锻炼，让他很快就成长起来，担任了高层主管。他认为，这种成长速度在国有大型钢铁厂几乎是不可能的……因为在那样的厂里，一个专业人员也许终身只能在一个固定的岗位从事一项工作，不可能接触到所有环节，但在永联村就可以……因此，他的综合能力和实践能力比同龄人都要强。

杜显峰，原来在东北的一个大型钢铁厂工作，1998 年金融风波后来到了永联村。刚开始，他是永钢集团的普通工人，后来当了技术人员，再后来因为参与不同的技术项目的设计，成为技术管理人员，又升为技术科长，一直到后来永钢集团成立钢铁研究所就当了所长。一年半后，他出任永联轧钢厂副厂长，进而是永联轧钢总厂厂长。他的体会是：在永联村干一年，是原来单位十年都干不了的！实践成了他最大的研究场所。①

2. 没有条条框框

一个国家和一种制度发展到一定阶段后，各式各样的条条框框会越来越严重地束缚人们的思想观念与创造力，成为生产力发展的巨大障碍。同时在制度的约束下，人们的思维方式和行为方式也会出现某

① 何建明：《江边中国：何建明文集》，新世界出版社 2018 年版，第 264 页。

学习随笔

种消极倒退现象。原本一些富有激情的、创造性的、先进的东西，也可能变得平庸，人的知识是这样，人的能力也是这样。也正是看到了这一点，习近平总书记曾反复强调，要进一步解放思想，准确识变、科学应变、主动求变，坚决破除条条框框、思维定式的束缚。他还认为，解放思想是前提，是解放和发展社会生产力、解放和增强社会活力的总开关。永联村从一无所有走到今天，靠的恰恰是没有陈旧观念，没有任何条条框框。他们敢想敢干，在实干中迅速积累和摸索经验，同时又善于吸取别人已有的经验，并加以改造、提升与充实，从而服务于自己的事业。除了一群农民异想天开敢于建设现代化的大型钢铁厂、百万吨级的长江码头这种世人皆知的大创举，永联人突破条条框框约束的例子不胜枚举。

永钢集团530车间项目的大量配套设备都是厂里安装调试的，这在国有企业的建钢厂中是绝对不允许和不可能的。永钢集团530车间生产流水线改造后取得的惊人成果，让该生产线的设计者——北京科技大学教授钟廷珍感慨万千地说："只有在生产实践中才敢将轧制线速提高到永钢集团这个程度，像我们在办公室和实验室中连想都不敢想，更不敢改动它。"这就是后来由永钢集团研制成功、被全国钢铁行业推广的"一火成材"生产线。但当时，钢铁行业自有了轧钢技术之后，没有一个专业人士想过这个问题。

3. 放下面子，低下身子

李嘉诚说：当你放下面子赚钱的时候，说明你已经懂事了。当你用钱赚回面子的时候，说明你已经成功了。一个小小的村办企业，在与众多大型国有企业竞争中能够屡屡占据优势，与永联人始终能够放低姿态、放下面子的实用主义精神脱不开关系。

吴栋材书记时常说："我们是农民办厂，反正都是土法上马，成了最好，不成也没什么丢面子的。"这种清醒的认知，让他们不去贪大求洋，不怕失败，结果反而往往能以最低的成本实现自己的目标。例如，吴栋材书记一直认为所有生产螺纹钢产品的钢铁厂，不一定非得要花费高出近一倍甚至几倍的资金求取进口设备。永钢集团搞530车间项目，除主电机和高压控制部件由北京科技大学设计之外，其他如500立方米的油罐、加热炉、辊道、升降台，都是自制的。除冷床之外的其他设备也都是自己安装调试的。这在国有钢铁企业的建厂规范里是

绝对不允许和不可能的，但他们都做了，而且做得不错，完全符合设计要求，节约的成本不可估量。[1] 永钢集团在购买北京科技大学钟廷珍教授的生产流水线时，为了省时、省钱，直接购买了一套复制的图纸，节省了数十万元钱和半年左右的设计时间。曾经，永联人想请马鞍山钢厂设计院帮忙设计炼钢厂，一谈设计费，给吓回来了，人家开价1 200万元，说是行规，反复讲价也只答应降到800万元。后来永联人一合计，炼钢厂在中国已经有好几个大厂了，自己又不是建什么新式炼钢厂，有现成的旧图纸就行，于是只花5万元就把满满一卡车旧图纸运回村里……

正是因为清醒认识到农民办厂的不足与不易，永联人始终愿意放低姿态，靠优质服务赢取市场。他们说："大厂的销售人员往往对客户低不下头，而我们是农民，办的是乡村小厂，我们很容易低下头来为人家服务。而且我们是心甘情愿地低下头为人家服务的，所以我们的销售总让客户心满意足。"基于这一认识，永联人始终如一地举着一面为人民服务的旗帜，所有外销人员要做的事仅有一件：为客户服务。这句话的意思是：你要想把厂里的东西卖出去，你就得先把用户所想、所求全部摸透，然后一一为其解决并求得其满意。[2] 例如，为了满足浙江人建楼房的要求，永钢集团生产的产品紧紧跟着用户实际需要随时改进，甚至赶在下一拨用户需求下达之前就设计和生产新产品，做到全心全意地为客户服务，为其所要的钢材定尺寸、全包装，且夜间照常送货，不仅大小规格齐全，还有特殊要求。他们也出几吨、几十吨批量产品，而一般钢厂几个月都不换一个品种。[3]

四、贴近群众带来信息优势

习近平总书记指出，干部只有到人民群众中去，并且同人民群众保持血肉相连的关系，才能使党的方针政策得到更好的贯彻。回顾永联之路，之所以能够坚持实事求是、脚踏实地，少走弯路，工作越做越好、越来越兴旺发达，就是充分发挥了地处基层、了解群众、尊重群众的优势。

在"大跃进"中，作为"万斤大学"校长的吴栋材，因为身处生

① 何建明：《江边中国：何建明文集》，新世界出版社 2018 年版，第 230 页。
② 何建明：《江边中国：何建明文集》，新世界出版社 2018 年版，第 271 页。
③ 何建明：《江边中国：何建明文集》，新世界出版社 2018 年版，第 272 页。

产一线，清楚地知道再肥沃、再精耕的土地，也不可能一亩产出“万斤粮”。因此，他并没有僵化地落实，而是领着学员忙活养猪，让大家能够真正改善生活。在“以粮为纲”的年代，面对十涝九灾的现状，永联人冒着被“割资本主义尾巴”的风险，挖塘养鱼，让村里获得了第一桶金；因为密切联系群众，吴栋材书记知道了老百姓因为不认字而不敢乘电梯下楼，所以把电梯楼层的数字换成“十二生肖”；因为知道了村中老年人喜欢在走廊中聊天，永联村把老年公寓走廊设计为2米宽的通道；因为了解村民喜欢在广场上跳舞，永联村把已经订好的剧场设计方案进行一次大幅修改——扩大剧场前面广场面积、外墙上装上大显示屏，只为让更多的村民能在广场上跟着大显示屏上播放的广场舞教学片，学跳广场舞；因为深刻了解村企之间密不可分的关系，永联村坚持在企业转制中为村民留下25%的股份；因为及时了解到文明家庭奖金激励作用下降，永联村及时将文明家庭奖的奖励由奖金改为奖牌……所有这些都无法在办公室中设计出来，都只能在贴近群众时，以群众的问题为导向、目标为导向，才能自然而然地生长出来。

学习随笔

永联经验

“知己知彼，百战不殆。”谈起乡村，人们通常会关注其资金匮乏、人才短缺、信息闭塞、设施落后等各种劣势，很少能够全面评估其优势。通过学习永联经验，全国各地的村干部借此可以意识到乡村也拥有诸多不可替代的优势，主要包括灵活自由、贴近群众、条条框框限制少、产业回旋余地大等。要想实现中国式农业农村现代化目标，必须充分发掘和利用乡村的这些优势。

我们的厂在田头，但活路在外头。

——吴栋材

学习随笔

第六章 汇集八方资源，弥补自身不足

不论是哪个国家、地区，还是企业，资源总是有限的，不可能面面俱到，所以很难在价值链的每个环节都建立起持久的竞争优势。因此，我国始终坚持对外开放的基本国策，与外部资源产生链接，配置好资源。

对于自身资源的匮乏，永联人心知肚明，吴栋材书记在很多场合都讲过，永联村是个小村子，人才少，光靠自己发展不起来。他常说：“我们的厂在田头，但活路在外头。”因此，永联村始终将开放合作作为重中之重，不断提高自己对外部资源的链接能力和整合管理能力。吴栋材书记为永联村题写的对联“永传千秋业，联结四海友”，正是这一思想的鲜活写照。

一、联营办厂，补齐短板

对于既无资金，又缺技术，还无市场、信息，甚至连办厂资格都不被批复的永联村而言，最初起步的各个小厂子，皆是靠各种各样的合作、联合甚至帮扶的形式办起来的。其中，永联轧钢厂与南丰供销社的联营最能说明问题。

1984 年，永联人分析形势发现，农村刚刚发展，农民盖楼房肯定需要大量钢材。为此，他们下定决心，办一个轧钢厂，

学习随笔

带领全村人共同致富。然而，一行动才发现，除了决心，万事欠缺：永联人到县冶金工业局申报厂名，得到8个字批复：无米之炊，不予办理；永联人去银行办贷款，工作人员当场拒绝，说他们在吹牛皮，借钱就是打水漂；永联人到附近工厂学技术，人家连厂门都不让进；工人好不容易培训好可以上岗了，但由于相关知识匮乏，村民中哪里能找到合适的管理人员、销售人员呢？

接二连三地碰壁后，永联人并没有放弃，而是向外整合资源，通过与南丰供销社联营，整合自己没有的资源为己所用：利用南丰供销社的30万元启动资金，化解了资金难题；以供销社的名义，绕开冶金局，找县供销总社审批，让永钢集团得到了“名分”；利用南丰供销社派来的19名供销员，作为永钢集团的第一批管理员；利用各类来自大城市的“星期天工程师”，缓解了人才难题。

二、敞开大门，延揽人才

永联人很早就意识到，人才队伍是村企发展的关键。但是，永联村在建村初期，只有254户、700多人，创办永联轧钢厂后，村里的劳动力有限，人才资源更是匮乏。在这种形势下，他们敞开大门，眼睛向外，广纳人才。永联轧钢厂开办之初，缺少各类人才，村里就从镇上的机关、供销社、农机厂及周边村，招聘了一大批人到厂里当厂长、会计、技术员、销售员等。刚开始，村里有老百姓反对外村人来到永联村工作，认为此举侵犯了自己的权益。吴栋材书记在各种场合反复向大家灌输“外村人是来给永联村创造价值”的理念，并严厉禁止“给外村人穿小鞋”的行为。从此，永联村不分本村人与外村人，谁有能力，谁就上岗。

为了延揽紧缺的专业技术人才，开发高端产品，永联人可谓是求贤若渴，曾开出300万元年薪来吸引人才。为了拓宽高端人才招揽渠道，同时解决人才社保和落户问题，永联村专门在上海等大城市开办公司。某日，黑龙江一家钢厂的厂长李廷夫来到永联轧钢厂考察，与生产现场的干部交流时提出了几条改进意见，之后就赶往了无锡火车站。吴栋材书记知道这件事后，立马派了2名副厂长追到无锡火车站，

恳请李廷夫到永联村来工作。李廷夫被吴栋材书记的真诚打动，顺利留在了村里，永联轧钢厂的工艺技术水平也因此得到了快速提升。

当永联村村域面积越来越大、人员组成越来越复杂，系统、科学的社会治理要求也随之提高。吴栋材书记亲赴杭州，用亲情打动了在部队做到师级干部的二儿子吴惠芳回村工作，使永联村的社会治理水平直接跨上了新台阶，确保了社会和谐与经济发展的可持续性。

2006年，吴惠芳书记回到永联村时，发现永钢集团员工中本科生只有37人，便提出每年招收300多名大学生的计划。谁知招生小组到上海后，一天下来一个人也没招到。一方面，因为地处农村吸引不到人才；另一方面，因为每月1 300元的工资缺乏吸引力。于是，他们就将工资提到1 600元，高出了当时市场价格100元。标准提高后，吴惠芳书记亲自带人到北京、武汉等地招生，一下子招收到300多名大学生。之后，永钢集团每年都要招300多名大学生。在认识到钢铁企业一线员工要有严格的纪律、吃苦的精神，而退伍兵有这方面的优势后，吴惠芳书记还利用自己的资源一个星期招收了300名退伍兵。

在延揽人才的基础上，永联人还“软硬兼施”，优化人才发展环境，千方百计激发人才活力。例如，他们先后投入近7亿元，建设6幢2 300套公租房，配以良好的服务设施，为人才队伍提供生活保障。为了用好人才，他们坚持阶段性优化人员，为各路人才腾出岗位。近5年来，每年结合年终考核，进行一次人员优化，先后有140多名专业不对口的干部和已经落后的技术人员被降职或免职，400多名干部和技术人员通过竞聘得到晋升。永钢集团虽然是民营企业，主要领导在企业内任职可以不受年龄限制，但他们也认识到，当今社会知识技术迭代更新的速度越来越快，领导班子成员年龄太大，其知识结构难以跟上时代步伐，便决定从总裁开始，领导班子成员年满60周岁必须辞去行政职务，现在永钢集团领导班子成员都是专业对口的“70后”“80后”。

目前，永钢集团拥有员工1万余名，其中永联村籍员工只占约十分之一，其余皆来自全国各地，我国34个省、自治区、直辖市，除了台湾、澳门地区，其他地区都有永钢集团员工。在永联图书馆，永联人还专门为这些员工订阅了家乡的报纸。在永联村党委的9名委员中，有7名来自其他镇村和省外地区。在永钢集团15名班子成员中，仅有

学习随笔

2 名是永联籍。在中层以上的管理人员、技术人员、股东中，外地人占比超过 90%。正是由于永联村广纳人才的用人机制，确保了村企经营管理的专业化，从而使村企始终保持了稳健的发展势头。

三、规划土地，建设码头

当人们来永联村参观时，永联人都会向他们介绍投资 3 亿多元的永泰码头。该码头通过 1 200 多米的引桥与江岸相连，甚是宏伟。永联人凭借勤奋实干、开拓争先的精神，建设了长江流域第一个万吨级码头，该码头也是中国乡村第一个设边防检查站的码头。然而，永泰码头的这片区域原本并不属于永联村，而是原乐余渔业队的地盘，是永联人克服阻力整合而来的。

2002 年，永钢集团百万吨炼钢项目投产，矿粉、铁粉、焦炭等原辅材料需求量猛增。要想解决物流效率低和成本高的问题，必须建造码头。永钢集团距离长江边不远，具有建设码头的天然优势。可建造码头的适宜位置，却不在永联村辖区，而在乐余渔业队辖区。要建造码头，不仅要克服自然难题，还要对乐余渔业队的人员进行安置。可要整合乐余渔业队，永钢集团受到了来自各方的舆论压力。不少人说："兼并乐余渔业队对我们村有什么作用？他们又没有土地，对我们村的发展没有什么贡献。""他们什么都没有，并过来还享受永联村的福利，这不是白白给他们送钱吗？"吴栋材书记却不这么想，他说：这是一支专业的渔业队，队里的成员祖祖辈辈都在长江边上捕鱼，经验非常丰富，对各种鱼类的习性非常了解。当时的永联村也在发展水产养殖业，如果将水产养殖和长江捕捞结合起来，不仅可以促进养殖业的发展，同时也有利于永联村江鲜美食的发展。在吴栋材书记高瞻远瞩的计划中，乐余渔业队顺利并入。

经过各方利益的兼顾和一年半的紧张施工，永泰码头于 2006 年 6 月正式对外运营。一个小乡村拥有了万吨级码头，掀开了中国海运历史的崭新一页。

四、村庄合并，获取空间

永联村原先只有 644 亩土地、700 多人，随着永钢集团的快速发展，土地、劳动力限制日益凸显。1995 年，为抢抓政府并村政策机遇，永联村并入永南村、永兴村，这在很大程度上打破了土地和劳动力的

学习随笔

限制。但并村的过程并非一帆风顺，许多村民曾对此进行强烈反对：“我们家的饭，为什么要分给别人吃？”“原来分给我们700多人的钱，现在要拿来分给多出来的5 000多人，凭什么？我们才不愿意呢！”经过召开村民大会反复研讨，永联村村民认识到并村后，外村人确实分享了他们的好处，但也给他们带来了更大的发展空间。永联村的土地已经没有多少发展余地，并进这些村是一件互利共赢的事情。最终，村民们统一了思想认识，永南村、永兴村也顺利并了进来。

2006年，永联村决定“回归务农”后，遇到的第一个问题就是：无地可种。村里的土地都已开发完了，到哪里去种粮？永联人又一次把眼光放到了村外，主动申请富村带动穷村，从永联村东边的东华村和东胜村并进来十几个村民小组、数千亩土地，这一想法得到了政府和两村村民的同意。针对整合而来的农田，永联人制定了一套永联村现代农业建设发展规划，即建造了具有3 000亩高标准农田的现代粮食生产基地，将播种插秧、灌溉施肥和收割烘干全部实现自动化或机械化，建造了400亩的鲜切花大棚，还建造了100亩江鲜水产养殖场，生产高附加值的农副产品。

五、向外拓展，整合原料

20世纪80年代，钢材十分紧俏，苏南地区一下子冒出许多小轧钢厂，仅沙洲县就有四五十家。轧钢厂多了，原料争夺自然很激烈。永联人深知，尽管钢材销路好，但是不解决好原料问题，想在偏僻的乡村发展轧钢厂，只能是一句空话。因此，原料采购问题，必须向外整合。

办厂初期，由于原料实在难买，永联轧钢厂的供销人员就成天穿梭于各个拆船厂，采购船板铁，但皆是小批量采购。当时，沙洲县的大河港拆船厂想谋取更多利益，便不愿意将船板铁卖给永联轧钢厂，只想付加工费让其加工。这摆明了是要乘人之危，但为了能够继续生产，永钢集团员工还是忍痛答应了。

1985年，为了向无锡拆船厂购买船板边角料，永联人热情邀请无锡方面的人员到村里来，但无论怎么邀请，他们就是不肯来。仅一个月时间，永联轧钢厂的供销员就跑了18次无锡，终于感动对方过来供货。

学习随笔

自那以后，永联轧钢厂只要需要船板，就派人前往无锡拆船厂提货。一来二往，两家公司就建立了高度的信任感。后来，永联轧钢厂成立集团后，只要遇到资金紧张问题，就先去提货，等轧出钢筋卖了钱再付货款。对方如此仗义，永联人也不含糊，将每笔货款赶在结账日期到来前几天送到。永联人诚信正派、豪爽大气的作风打动了对方，对方就牵线使永钢集团与江阴的拆船厂、中国拆船华东公司建立了联系，助其成为中国拆船华东公司的定点加工单位。此后，永钢集团从而获得更丰富、更稳定的原料供应。

六、面向全球，开拓市场

钢铁产品的市场既不可能在一个小小的村子，也不可能在本县甚至本市，必须向外开拓。因此，永钢集团对开拓型的销售人才高度重视。为了开拓市场，吴栋材书记软硬兼施地把在南丰供销社即将升任“一把手”的大儿子吴耀芳拉回村里做销售。吴耀芳带领销售团队，怀揣一张地图，穿梭于长江三角洲的苏、沪、杭三地。为了打开局面和稳固阵地，他们选择将杭州作为起点，渐渐辐射长江三角洲地区，到后来则以长江三角洲地区为原点，向中国的中、西、南、北四面拓展业务，直至基本覆盖整个国内市场，进军国际市场。

金融危机时，针对国际市场快速萎缩和原辅材料转为买方市场的现状，永钢集团及时调整营销策略，收缩外贸经营和原辅材料采购战线，将在外从事采购的人员抽调回厂，重新组织开拓中东，以及福建、广东、安徽等新兴市场。另外对华东五省即将上马的大型项目进行排查摸底，主动参与这些项目的投标工作，从而实现了市场不减反增、产销平衡的目标。

经过多年的努力，永钢集团及其产品已经享有较高的知名度和美誉度。在国内，在苏、浙、沪等地的市场占有率名列前茅。永钢集团生产的产品也运用到港珠澳大桥、上海世博会中国馆等重点工程上。在国外，永钢集团是中国对外贸易前 500 强企业，产品市场覆盖全球 111 个国家和地区，其中共建“一带一路”国家和地区有 34 个。永钢集团还在上海、香港等地注册了公司，并将产品远销海外。

永联经验

对于一个个小小村庄而言，资源匮乏是普遍特征。更麻烦的是，资源通常是变化的，今天的关键资源到了明天可能一文不值。进入信息时代，消费者需求升级，对资源整合提出了更高要求，需要对多种产品和服务进行灵活组合，通常会跨越多个行业、区域和领域。在这种形势下，那些能整合外部资源、管理好自己没有的资源，迅速形成生态优势的企业和个人，往往能抢先一步，占据有利位置。

因此，对于基层村庄而言，在做任何发展决策时，不要仅局限于自身条件，绝不能因缺乏资金、技术、人才、土地、信息等资源，就裹足不前。而是始终需要眼光向外，孜孜追问：怎么能充分利用自身条件，向外整合，管理好各类资源，广泛借力，蹚出发展新路来。

现在经济好起来了，农民们自身的文化和素质没跟上，这跟我们几十年来搞创业、办钢厂一样，得花代价、花力气才会有所收获、有所提高。谁听说过一个知识分子不经过刻苦学习、埋头钻研就能满腹经纶、成名成家？

——吴栋材

第七章　倡导人文观照，积极落实政策

学习随笔

在永联村，一个个看似微不足道的小故事，却都蕴含着浓厚的人情味儿。这种人情味儿，最显著的表现就是永联人千方百计“不让一个村民掉队”。这一举动也让永联村成为党和国家人文观照理念的生动实践地。所谓人文观照，就是用一颗温暖的心去看世界。它不仅是对人类文化深邃内涵的洞察，也是对人性本质、情感世界与价值追求的细腻关切。在人文观照的光芒照耀下，要珍视每个个体的独特风采，认同并尊重每个人的价值，也更加关注并尊重那些源自人性本质的精神文化需求、情感的真实流露、个人的成长进步及自我完善等多方面的追求。在当今这个物质与技术飞速发展的时代，践行人文观照有助于协调物质追求、技术发展与人的全面发展之间的关系，激发人们的主动性、积极性与创造力，推动实现人的自由而全面的发展，为构建和谐社会添砖加瓦，促进社会文明的持续进步。

永联村的人文观照，不仅为其树立了良好的社会形象，还大大增强了永联村党委在广大群众中的凝聚力和号召力。它让各项工作的群众基础更加牢固，让各个领域都充满了温暖、和谐与活力。同时，这种人文观照也为每个领域的政策落实提供了强大的动力。

一、尊重包容，引导村民生活转型

在永联村，村民集中居住后，硬件设施虽然实现了更新换代，但思想观念和生活方式还停留在传统农村，这给村民生活带来了种种困扰。诸如绿化带里种小葱，公共厕所杀鱼，景观河里洗拖把，楼上扔烟头点着楼下晒的被子，高层扔垃圾砸到路上行人，公共楼道电灯泡被拧……这些不文明的现象层出不穷。这里列举以下几个例子。

一位老爷爷住在三楼，白天喜欢在楼下闲逛。但他酷爱喝茶，于是他想到了一个绝佳的创意：在周边捡些树枝碎木后，在楼下墙根处支了一个炉灶，放上一口锅，便悠闲自在地点火烧水煮起茶来。小区邻居见状后忙上前制止，老爷爷却说："为什么不能烧？我又没妨碍谁？"

楼上抛垃圾的事情也是屡禁不止。有一天，吴栋材书记经过一幢楼，突然一堆垃圾从天而降，落在他跟前，吓了他一跳。他抬头一看，原来是三楼的一位村民从窗口扔的东西——小囡的屎球蛋！吴栋材书记不能不火，怒斥道："你为什么从楼上随便扔屎球蛋？"那位妇女理直气壮地说："我扔时看好了，又没扔着你，你有什么好发火的？"吴栋材书记一下子被问噎住了。

面对这些现象，永联人并没有简单地采用制度禁止，而是充分理解、尊重村民一时难以改变的生活习惯，努力降低村民在市民化进程中的转型难度，同时想尽一切办法提升村民的适应能力和文明素养，久久为功地将村民培养成合格市民。试看下面这些充满人文观照的小故事。

（1）电梯里的狗层、兔层。

搬到永联小镇后，一对老夫妻始终待在家里不下楼。工作人员跑去一问才知道，他们是不敢下去！原来，这对老夫妻家住 7 楼，可电梯上 7 这个数字他们不认识，担心下楼以后找不到自己的家！面对这种情况，永联村的管理者们并没有置之不理，而是积极想办法帮助这对老夫妻去适应。当时，居民楼一共有 11 层，永联人将电梯楼层的数字改成了生肖图像，诸如狗层、兔层等。这样，不识字的村民都能认识，都

学习随笔

能记住楼层，也就敢下楼了。

（2）坏了再换的感应式水龙头。

永联文化活动中心启用不久，洗手间的感应式水龙头就坏了一大半。工作人员一查才发现，感应式水龙头是被村民们玩坏的！原来，村民们听说感应式水龙头是智能的，只要把手伸过去，水就出来了，而一缩回手，水就没有了。质朴的村民哪见过这个东西！消息一传十，十传百，村民们都跑过来试着玩儿。而感应式水龙头的使用寿命是有限的，一万多名村民都跑去看，见识是长了，感应式水龙头也被玩坏了。当时，有人建议把感应式水龙头换成老式的手拧龙头，吴栋材书记摆摆手，说：“感应式水龙头坏了，再换新的就是。那些被弄坏的感应式水龙头，就是因为大家见得少，不会用。以后，大家见多了，用惯了，感应式水龙头就不会再坏了。”果不其然，之后的几年里，所有感应式水龙头全部完好如初。

（3）村民用上垃圾袋。

由于村民刚搬进高楼居住，不少人觉得上下楼倒垃圾不方便，于是就直接从楼上将垃圾往下倒，街道上被搞得乱糟糟的，一到夏天，就臭气熏天。村干部对村民的思想工作没少做，但要改变村民的习惯绝不是一时之功。村干部集体商讨后，认为不管是罚款还是发钱，都是治标不治本。最终他们决定，通过给村民发放免费垃圾袋，让他们逐渐养成良好的卫生习惯。于是，村里给每户家庭每个季度发放100只垃圾袋。同时，小区里面设了专门堆放垃圾的站点，并派了专人负责处理这些垃圾。考虑到住在社区的村民比散居在独门独院宅居时生活成本增加的实际情况，村里又给住在社区的村民每人每月增发100元补贴。通过有的放矢的教育和多措并举的推动，村民都渐渐变得自觉起来，村容村貌也改善了很多。

（4）自动扶梯保安全。

在张家港市南丰小学（永联校区）与钢村嘉园居民区之间，有一条长长的地下通道，并安装有6部自动扶梯。这是永联村为了小学生的生命安全，投资数百万元建立起的地下通道，

学习随笔

充分展现了永联村对下一代的重视与关心。有了这条通道，孩子们就可以高高兴兴上学，平平安安放学，不用冒风险横穿马路。建设这条安全通道，比起增设红绿灯、增派交警执勤等措施，所耗费的成本更高，但永联人认为："建造地下人行通道的确要花不少钱，可我们不能只算经济账，还要考虑孩子们的安全，因为孩子们受到的伤害可不是用金钱能够衡量的。""孩子们的可持续发展，就是每个家庭的可持续发展，也就是永联村的可持续发展。如果连孩子们的安全都保证不了，那么建再多的高楼大厦，建再多的学校，又有何用？"

二、精准帮扶，推动人人充分就业

在高速工业化、城镇化的过程中，永联村村民身份也有了变化，原本擅长的务农技能再也没有用武之地，劳动对象由农田变成了大工厂里的机器。村民不仅要加快学习进度、更新就业技能，还要努力调整思想观念、角色意识和生活节奏等，以适应外界环境的变化。这对于年轻人来说尚属不易，学习适应能力变慢的老年人就更为艰难。在这个过程中，永联村并没有袖手旁观，而是结合村民特点，想尽办法帮助村民提升就业技能，提供适合村民特点的就业岗位，使村民能够顺利实现市民化。

1. 学会用计算机奖励 1 000 元

智慧永联建成以后，永联村要求村民"家家有计算机、户户能上网、人人会点击"，在社员专区输入密码，就能够查到后台的所有内容。但村民文化水平低，不会使用计算机。针对这一难题，村里先是动员村民学习计算机，但响应者甚少。于是，村里就采取措施，家家户户只要能达成有计算机并能上网这个条件，每人可拿到 1 000 元的奖励。工作人员经常拿着信封到村民家里测试，在现场进行考核，并对掌握这一技能的村民进行奖励。此外，村民还可以到村里的爱心互助街电子阅览室里免费学习，直到学会为止。一时间，村民学习计算机的热情高涨，没过多久村里的老年人也都学会使用计算机了。

2. 全覆盖的奖学、助学体系

永联人认为，孩子不仅是家庭和永联村的未来，还是永联村可持续发展的保证，一定要采取措施确保每个孩子上得起学、上好学。因

学习随笔

此，永联村加大助学、奖学力度：从小学到大学，每名学生每年都能获得 1 000~5 000 元助学金，优秀的学生还能获得 5 000~10 000 元的奖学金。为了拓宽村民知识面，提升就业创业能力，村企还提供了多种多样的技能培训、学历教育等能力提升途径。

3. 特殊安排的就业岗位

在永联村，村里为特殊困难家庭提供了保洁和保绿的工作岗位。这些工作既能让他们在家门口就业，又能让他们方便照顾家庭。村民们通过辛勤劳动，不仅为村庄的整洁、美丽贡献力量，还能获得稳定的收入，改善生活，感受村里的关怀与温暖。

> 一天，一位 40 多岁的村民找到村里，要求给她安排一份工作。她恳求着说，她的癌症手术很成功，身体也基本恢复了，但是公公婆婆还在住院，丈夫身体也不大好，女儿正在读高中，希望自己能有一份工作，拿点工资贴补家庭。村里根据她的情况，安排她在永钢大道上做保洁和保绿工作，至于她如何做，则由她自己决定。劳务公司会定期进行检查，按月为其发放工资。

4. 苏州江南农耕文化园亏钱保就业

苏州江南农耕文化园建好以后，每年亏损达 400 万元。既然该园亏损如此严重，永联村为什么还要建造它呢？原来，永联人算的是笔“大账”：苏州江南农耕文化园建好以后，带来了人气，人气带来了财气。小镇上的门面店租金提高了，有人来消费了，也就有人来经营了。有人经营了，房子就出租出去了，每年租金可达 1 400 万元。同时，苏州江南农耕文化园吸纳了 110 个劳动力从事纺纱、织布、做酒、牵牛、磨豆腐、放羊等传统工作，其中 80% 以上是永联人。这些人文化程度低，但农活儿干得好，如果不到苏州江南农耕文化园工作，他们只能赋闲在家。因此，苏州江南农耕文化园每年亏损 400 万元，实际上是为了支付人均 3 万多元的劳务支出。通过这些劳务支出，永联村让村民得到充分就业，相当于通过就业岗位的分配，在一定意义上实现共建共享。

三、既要“富口袋”，也要“富脑袋”

根据马斯洛的需求理论，当人的物质需求得到满足后，人就会追求精神需求的满足。中国式现代化是物质文明和精神文明相协调的现

代化。习近平总书记在党的二十大报告中明确指出，物质富足、精神富有是社会主义现代化的根本要求。

自从村民富裕以后，永联村出现了赌博泛滥、富贵病多发、各种思想冲突等现象，永联人也早就发现，要让富裕起来的村民过得充实、过得愉快，并非易事，甚至比加快经济发展、创造财富要难得多。有钱不等于幸福，金山银山可以创造。如果老百姓的心愿没能满足，金山银山照样会垮塌。为了让村民能够不做口袋鼓、脑袋空的富贵农民，而是做有追求、有理想的新一代农民，永联村除了通过文明家庭奖等举措提升村民自身的精神文明水平，还结合老百姓的接受能力，投资文化设施和举办文化活动，多渠道开阔村民视野，从引导、学习、熏陶入手，润物无声地推动村民的精神富足，践行吴栋材书记提倡的帮扶。经过多年的努力，如今的永联村已不见牌桌上的赌局，而是多了很多戏迷、体育迷等。正是这些健康的文娱活动，让永联村村民的精神生活更加富足。

1. 文化投入熏陶人

创业刚刚起步时，为丰富村民的业余生活，永联人将一处破仓库改为舞厅，让村民跳迪斯科、交际舞，这可以看作永联村文化设施建设的开端。后来，永联村经济水平提升后，永联人便投资建设了一个大型文化广场。自 2005 年起，永联村先后投入近亿元，不遗余力地推动文化设施提档升级。比如永联村投入巨资建设的多功能文化活动中心，其中配备有硬件设施过硬的现代化大戏院。这里每天都有戏剧表演，其表演类别包括村民喜闻乐见的越剧、锡剧、黄梅戏等戏剧。安徽、浙江的名剧团和名角都曾到这里演出过，而戏楼的运营成本基本依靠村里补贴。除了戏楼，永联图书馆、文化广场等公共文化设施也在不断进行完善和改造，基本具备了现代化城镇公共文化设施的功能。例如，永联图书馆的藏书量达 3 万多册，报纸杂志多达 100 余种。除了硬件的投入，永联村还大力培育文化队伍，组建管弦乐队、舞蹈队、锣鼓队、龙狮队、折扇队、篮球队等多支文体队伍，每年组织近百场文化活动，引导村民积极参与，不断提升村民的文化素养。张家港市永联为民基金会还投入 200 万元成立了永联荷风管弦乐团，共吸纳了 250 余名学生，还配备了一支由 28 人组成的专业教师队伍。永联荷风管弦乐团参加各类公益演出近 30 场，先后登上张家港市保利剧院、上

学习随笔

海大剧院、北京天桥艺术中心等艺术舞台，与著名音乐家们同台献艺，深受好评。

2. 外出学习塑造人

2010 年 5 月 1 日—10 月 31 日，第 41 届世博会在上海举办。永联村被批准在世博会上举办为期 1 周的主题展，成为全国仅有的 2 个在此次盛会上参展的村庄之一。为了让永联村村民把握机会接触世界、了解世界，永联村集体出资，举办“农民看世博”活动，让村民在世博会上长见识。这个活动一直持续到 10 月底才结束。其间，永联村几乎所有的村民都去了上海，一睹世博会的风采。由于世博会门票售价 400 元，费用较高，村里有些人提出了反对全村村民去世博会的意见。吴栋材书记反驳道：“见多识广，才会懂礼明智。村民出去长长见识，对他们是有好处的。”

四、软硬并重，温情脉脉留贤才

永联人依靠高于市场价的工资吸引了大量人才后，如何让这些人才心甘情愿地以永联村为家，为永联村和永钢集团的建设贡献聪明才智，就不是单单靠经济手段能够做到的了。永联人的做法，就是以人性最深层的需求为导向，从软硬两个方面精准提供温情服务。

1. 瞄准人才需求建设“硬环境”

为了让城市大学生能够在乡村感受到都市生活，永联村在永联小镇建设时，高标准建设了永联文化活动中心、商业街、水幕电影、垂钓中心、苏州江南农耕文化园等配套设施，满足他们业余生活需求。同时，永联村邀请国家京剧院、中国曲艺家协会等团体来永联村演出，满足村民的文化需求。为了改善村企员工的居住环境，永联村投资 6 亿元建设高品质酒店式公寓，共有 2 200 多套小户型公寓，不仅有单身公寓、夫妻房，还有专家公寓。这些公寓配套设施齐全，装修精致，配有职工餐厅、洗衣房、健身房、自动售卖机等设施；管理智能，设有智能门禁系统、智能安防系统和智能停车系统；服务贴心，村企员工可拎包入住。

2. 为人才提供温馨“软环境”

永联村每年为村企员工提供免费体检，关爱村企员工身体健康；每年组织单身村企员工开展相亲活动，为村企员工操办集体婚礼，解决单身村企员工的恋爱婚姻问题，村企员工结婚可领取新婚礼物一份；每年通过开展假期子女照看、发放伙食补助、开设通勤班车等活动，为村企员工解决生活难题。

余加军原本在上海一家外贸企业工作，因工作关系，与吴栋材书记有了接触，吴栋材书记欣赏余加军的能力，于是在余加军所在企业转制时真诚邀请他加入永钢集团，并一开始就给予了他副科级干部的待遇，这一待遇还遭到了很多干部的质疑和不满，闲言碎语满天飞。为此，吴栋材书记主动跑去安慰余加军，让他大胆地干，告诉他只要做出成绩来，闲言碎语自然会消失。3个月后，余加军凭借自己出色的工作实绩升职为正科级干部。2007年，得知31岁的余加军在上海买房结婚缺钱，吴栋材书记立即向公司借款300万元，亲自递到余加军手里，并主动提出为其证婚。这些事虽然在公司里掀起了不小风波，并让吴栋材书记备受质疑，但温暖了余加军的心，为永联村留住了来自上海的稀缺的外贸型人才。

五、村民议事，大小事情自己管

当村民衣食无忧、工作有保障、精神文化生活需求得到满足之后，尊重和自我实现的需求便升级为主要需求。在这种形势下，永联人适时加快了自治的进程，建设了村民议事厅，建立了议事制度，形成了“代表大会议大事、议事团体议难事、楼道小组议琐事、媒体平台议冒尖事”的村民议事新机制。通过村民自治，保障了村民的民主权利，增强了村民的民主法治观念，调动了农民的积极性、主动性和创造性，密切了干群关系，维护了社会稳定，促进了农村经济发展，增强了农民的获得感、幸福感和安全感。现在永合社区秩序井然，永联小镇2万多位居民、150万平方米的建筑群、近6 000户人家，没有一堵围墙。那么多的单元没有一个门禁，宠物中没有一只恶犬。新形势下，永联村的夜不闭户，就是靠村民自治得来的。

永联经验

永联村“不让一个村民掉队”的实践，是人文观照的鲜活诠释。在这里，通过尊重和理解村民的生活习惯，有针对性地提升村民的适应能力和文明素养，有效减轻了村民在社会转型中的不适感。正因为如此，永联村不仅在物质层面实现了现代化，还在精神层面实现了人的全面发展。

借鉴永联经验，乡村在推进政策落实和社会发展的过程中，必须始终坚持以人民为中心，关注人民的需求和感受，充分激发人民的主动性、积极性和创造性，为每个人的自由、全面的发展创造条件，进而共同构建一个和谐的社会，推动社会文明不断向前发展。

我们要用考核把村民的素质“提”上去，用环境把村里的文化“熏”出来。

——吴栋材

学习随笔

第八章　重视制度建设，保障政策落实

社会基本矛盾的运动规律，决定了生产关系要与生产力相适应，上层建筑要与经济基础相适应。而制度，作为上层建筑的集中体现，其优势构成了一个国家或地区最坚实的竞争力基石——制度强则国家强，制度竞争是国家之间最根本的竞争。制度稳，则国家稳。古人说：“凡将立国，制度不可不察也。”从制度与政策的关系来看，制度为政策的实施提供了框架和规则。

改革开放以来，中国特色社会主义制度在革除旧有体制机制弊端中日益成熟完善。党的二十届三中全会强调，要推动生产关系和生产力、上层建筑和经济基础、国家治理和社会发展更好相适应，并提出“以制度建设为主线”，充分显示出我国国家制度强大的自我革新与完善能力。在该全会的决议中共提出300多项重要的改革举措，无一不聚焦于体制、机制与制度层面的优化，旨在构建系统完备、科学规范、运行有效的制度体系，以确保凭借显著制度优势和强大制度效能，中国式现代化能够行稳致远。

回顾永联村的发展历程，重视制度建设无疑是其成功的一大法宝。永联村的建章立制工作起步早、推进快、覆盖面广，更重要的是，它广泛吸收了群众智慧，并结合了经济社会领域的最新理论成果与前沿科技，使制度在永联村发展过程中起到了不可估量的作用。

学习随笔

一、全域覆盖：构建全面规范体系

永联村从很早就开始重视制度建设，最早的制度主要关注集体劳动纪律和收益分配。随着各个领域突飞猛进的发展，永联村更加重视各个领域的制度建设。从经济方面来看，有村企分离、政经分离、现代企业制度、股份制经营、股份经济合作社社员资格确权、土地流转等相关制度系列。从社会民生方面来看，涉及教育、医疗、就业创业、养老、动迁安置、文化、住房分配、公共服务配置等方方面面的福利保障政策。从文明创建方面来看，有文明家庭奖制度、文明单位创建制度、志愿者服务制度。从党建和政治参与方面来看，有村民自治制度、社区党建制度等。每一项制度，基本形成了全面覆盖、相互衔接的制度体系，系统性强，精细化程度高。

1. 充分反映永联村建章立制工作系统性的村民自治制度

永联村先后通过了《永合社区自治章程》《永合社区基层民主听证制度》《永合社区居民道德建设评议工作实施办法》等十多项居民自治规章条例，从五个层面形成了一套完善的制度体系：其一，村民议事厅制度，通过建设村民议事厅，提供平台让村民代表讨论和决策村集体的重要事务，增强基层民主。其二，代表大会议事制度，通过永联村股份经济合作社社员代表大会和永合社区居民代表大会，让村民参与村集体经济和社区治理。其三，议事团体议事制度，针对疑难问题，成立议事团体，召集社员代表、居民代表和当事人家庭进行讨论和决议。其四，楼道小组议事制度，通过在每个楼道内设议事小组，实现楼道自我管理和自我教育。其五，媒体平台议事制度，利用数字化平台，诸如 APP、微信公众号等，让村民参与社区事务的讨论和监督。

2. 充分反映永联村建章立制精细化的安全生产制度

出于对安全生产的高度重视，永钢集团建立起了一整套安全生产管理体系。整个集团公司，每一个车间都有完善的安全生产管理制度，每一个工种都有详细的安全操作规程，每一个员工都受到严格的安全生产教育，公司还专门成立由 100 多名安全员组成的安全监管队伍，全天候地巡逻在各个生产现场……这一条条坚固的安全防线，有力地保障了公司的安全生产与和谐发展，公司的安全生产工作也一直处于同行业中的领先水平。

学习随笔

3. 充分反映永联村建章立制人性化的利益分配制度

永联村的 20 多项利益分配制度，覆盖了永联人生老病死的每一个环节，反映出了永联村对人无微不至的关怀。例如，为了能使离退休党员继续发光发热，提升他们生活质量，永联人制定了《离退休党员百分考核细则》，对离退休党员在带头学习、思想进步，带头参加组织生活，带头推进农业现代化、勤劳致富，带头创建优美环境，带头热心参与公益事业，带头遵纪守法等方面提出了具体要求，并明确了处罚和奖励措施。每名离退休党员的考核得分，与离退休党员补助费直接挂钩。上述细则出台后，自 2006 年 4 月 23 日起，永联村所有离退休党员每人每年能得到 2 400 元的生活补贴。

二、群众为本：制度建设的服务导向

群众的事由群众来办，就要让群众参与进来，让群众来说、群众来议、群众来决定。永联村党委作为基层党组织，其制定的各类规章制度均与村内居民的生产生活密切相关。因此，在制定制度过程中，公众参与受到了高度重视。事实上，永联村大量规章制度条款都是由群众自己通过自治程序商定、修订的。

在永联村，主要是通过在村民议事厅里开会，由村民代表来审议决定村里的各项制度。通过村民议事厅里的实时直播大屏和村民旁听通道，每一项制度的制定和修订都能做到公开、透明，充分吸收群众的意见。通过每年两次的永联村股份经济合作社社员代表大会和永合社区居民代表大会，永联村先后通过了《永联村集体经济分配实施办法》《永联村安置房管理暂行规定》等 20 多项与社员利益相关的规章制度，确保集体资产分配公平公正、有法可依。永联村先后由永合社区居民代表大会制定和修改社区自治章程和居民公约等重要制度，并通过基层民主听证制度等 10 多项相关制度，不断健全人民民主制度体系。

此外，永联村还采取“代表大会议大事、议事团体议难事、楼道小组议琐事、媒体平台议冒尖事”的村民议事新机制来进行民主管理，实行自主自治，商定自己层级和职责范围内的建章立制工作。例如，楼道文明公约就是由各楼栋的楼道小组自行商议制定的。

学习随笔

永瑞园 15 幢楼栋文明公约

为构建文明和谐楼道，增强邻里和睦，提升居民文明素质，我们承诺：

① 不向窗外吐痰。

② 不向窗外扔杂物，诸如烟头、果皮瓜壳等。

③ 不在窗台上晾滴水的衣服、湿拖把，晾前脱水。

④ 不大声喧哗、制造噪声，不扰民。

⑤ 不在电梯、楼道等公共空间随地大小便。

⑥ 不在电梯内抽烟、乱扔垃圾。

⑦ 不在公共空间堆放杂物，要维护楼道整洁卫生。

⑧ 随意停放车辆，不堵塞楼道。

⑧ 不搬弄是非、破坏团结，要相互尊重、相互帮助。

⑩ 不乱放宠物，宠物户外排泄粪便要及时清除。

如果违反以上承诺，本户居民将扣文明家庭奖。扣分规则：违反 1 次扣 10 分，出租户则扣除房主积分，房主从押金中扣除相应金额，情节严重者按《中华人民共和国侵权责任法》（已于 2021 年废止）及相关法律处罚。本公约自即日起实施。

2017 年 2 月 15 日

三、创新驱动：制度创新的与时俱进

没有一成不变的制度，随着社会环境变化、技术进步和人民生活需求的升级，制度修订必须与时俱进、灵活调整。永联村的建章立制工作充分体现了这一特点。这里以文明家庭奖制度和政经分离制度的适时创新为例来说明。

1. 灵活创新的文明家庭奖制度

最初，永联村文明家庭奖是与物质利益挂钩的，村里按每人每年最高 1 000 元的标准进行奖励，将考核结果与奖励金额挂钩。这一举措刚开始实施时效果明显，村民一下子变得很自觉、很服管，永联村也成为首批全国文明村镇。但是，随着村民越来越富裕，这 1 000 元的约束作用就越来越小了。再加上外来人员的增加、村民文明程度的提升，以物质利益为驱动的考核方式对进一步提升文明程度已达不到预期效果。

因此，永联村决定在文明家庭奖实施办法的基础上进行创新，制定了新的文明家庭评比实施办法。其一，转变考核对象，由永联村股份经济合作社社员转变为住在永合社区的居民，不住在永联村的居民将不再参与考核。所有的居民都要遵守永联村的村规民约，做到进了“永联门”就要做好“永联人”。其二，转变考核机制，由主体单一、自上而下的考核机制转变为居民参与、自下而上的考核机制，让居民成为文明家庭考核主体，通过积分量化文明行为，激发群众比学赶超的热情，让“文明分”催生“文明风”。其三，转变奖励措施，由形式单一、福利分配式发放文明奖转变为评优标榜先进典型、文明积分兑换礼品等多样化奖励措施，引导社区居民见贤思齐。新的文明家庭奖分为文明家庭标兵户、金质文明家庭户、银质文明家庭户三种，分别授予相应的奖牌，将家庭成员名字刻在奖牌上，并挂在家门口，小小的奖牌就成了家风的标志。有了钱的农民可能不在乎 1 000 元奖励，但每个人都很在乎面子，一块小小的奖牌，变成了一股引人向上、向善的强大力量。就这样，永联村不断根据形势变化和群众需求变化，与时俱进，不断调整优化文明家庭奖的制度条款，以最优方式引导居民的文明行为。至今，永联村文明家庭奖条例和实施办法，已先后修订过 4 次，共涉及综合治理、社区管理、医疗卫生、计划生育、公共事业等类别，共计 57 项条款。这些条款涉及村容村貌、交通规则、动迁问题、家庭关系等。文明家庭奖如同一面镜子，对永联人来说，每天可以用它来检查自己的行为，尤其是让那些不文明的人和事暴露在众目睽睽之下，对提高个人素养，倡导乡风文明的社会主义新农村建设起到了助推作用。

2. 与时俱进的政经分离制度

行政村有两大抓手，一手抓集体经济，一手抓乡村治理，采用“两块牌子、一套班子”，实行的是“政经合一”的模式。但是，集体经济比较发达的村，特别是随着市场经济的不断发展，“政经合一”的模式给农村的治理与经济发展带来一些问题。例如，人口多元化问题。随着市场化、城市化的推进，越来越多的乡村人口结构被打破，外来人员增多，但是其身份得不到认同，往往难以融入乡村。又如，领导的能力、精力问题。现代农村发展集体经济，需要更多的现代知识、现代经营理念，所以村

学习随笔

级领导既要有搞好社会治理的能力，又要有发展壮大集体经济的能力，这是比较困难的，一般来说，难以同时兼顾两者。再如，领导班子成员薪酬问题。永联村领导班子成员在带领集体经济发展壮大的过程中，贡献突出，但薪酬没有跟上市场步伐。为了解决这些问题，永联村加快推进“政经分离”，实现各司其职。经过多轮改革，永联村实现了由“村企合一”向“村企合作、村企合伙”转变，由“政经合一”向“政经分离”转变，由“小村庄、大社会”向“公共管理和公共服务城乡均等化”转变，由“村民自治”向“居民自治”转变，同时构建“党建引领、区域协同、群众参与、依法办事”的治理机制。永联村股份的多元共治，主要由永联景区管理办公室、永合社区、永联村股份经济合作社、永钢集团、社会组织五个治理主体联手承担。永联景区管理办公室，隶属于南丰镇人民政府，负责统筹协调南丰镇在永联村派驻的公安、交通、消防、司法、城管、卫监和工商等行政机构和人员，履行永联村区域内公共事务管理和服务职能。永合社区，以永联小镇的居民为主体设立，是一个社会自治组织，承担计划生育、民事调解、征兵服役等职能，同样隶属于南丰镇人民政府。永联村股份经济合作社，是以集体土地、集体资产、集体资本为纽带的经济联合体，主要职能是实现集体经济组织成员利益最大化。永钢集团，是永联村区域内的民营企业，为股份制企业，采用现代企业管理制度，独立经营，自负盈亏。经过整合、优化、改革后的永钢集团，实行股份经济合作社控股、总经理班子负责制，由四个职能部门、十二个事业部组成，涵盖生鲜配送、食品加工、农业科技、文化旅游、社区服务、安保物业、劳务服务等行业板块，实现了集团化经营、扁平化管理，进一步提升了发展效率。社会组织，主要有张家港市惠邻社会工作服务中心、张家港市永联惠民服务中心、张家港市南丰镇永联爱心互助志愿者联合会、张家港市永联为民基金会、张家港市南丰镇永联社会文明建设联合会等，是政府公共服务供给体系和基层民主治理体系的有益补充。

四、科技赋能：制度建设的前沿探索

虽然人们生活在同一个年代里，但未必所有人都生活在同一个时代里。乡村现代化最显著的标志是科技，让科技赋能乡村，才能让乡村跟上时代的步伐。随着数字化科技的发展，数字乡村建设代表着乡村未来

发展的方向。永联人认为，要让永联村村民跟上时代的步伐，过上更加美好的生活，就必须加快乡村数字化改造，用数字赋能永联村的发展，这是率先实现乡村现代化的必由之路。

早在 2012 年，永联村就全面启动了信息化建设。永联村投资 2 000 万元购置计算机设备，想方设法激励村民学习计算机，全面接入了 100 兆光纤宽带，让村民通过网络自学。一年时间，全村形成了“家家有计算机、户户能上网、人人会点击”的风尚。自 2013 年“智慧永联”目标提出以来，永联村先后开发了三精农业信息系统、消防报警装置、永联菜篮电子商务等应用，开通了张家港市首个 5G 基站，进而成为苏州市率先实现双千兆 +5G 专网全覆盖的乡村，基本实现了村域管理智能化、农业生产自动化、农产品销售电子商务化、信息发布网络化。

在此基础上，永联村的建章立制工作，也插上了数字化的翅膀。这突出表现在数字治理上。永联村通过整合网格化综合管理和智慧安防等平台，构建全方位、全覆盖的数字乡村管控体系，开发应用多个数字化应用场景，让许多在传统技术手段下无法实现的管理和服务工作得以轻松落地，进一步助推了制度的精细化、精准化和人性化。数字积分制赋能的乡村治理就是典型案例。前文提到过，在推进乡村治理中，永联村创新运用积分制，将乡村治理具体事项细化分类、赋值量化、打分考核，以潜移默化之势营造良好氛围，以制度细化之能促进共建共享。在引入数字化手段之后，永联村以数字量化之效助力乡村善治，聚焦垃圾分类、文明家庭、金融信用、数字党建等方面，打造多个数字化应用场景，系统化运用“大数据 + 信用体系 + 数字货币”等新技术，把“永联分”和人民群众的生产生活实践相结合，实现金融和非金融场景的运用，使“永联分”成为永联村实现乡村治理体系和治理能力现代化的强大助推器。永联村的典型创新实践如下。

1.“永联分”+ 垃圾分类积分兑换制度

永联村给每户居民发放绿色积分卡、二维码垃圾袋，居民可以通过刷卡、扫描垃圾袋上的二维码进行垃圾分类投放。智能垃圾分类箱配备满溢报警装置，一接到报警，清运员立刻将垃圾清运至分拣中心进行二次分拣，巡检员扫描垃圾袋上的二维码，便可以追根溯源。永联村出台

学习随笔

积分兑换制度，对居民垃圾分类情况进行月度评比，公布“红黑榜”，稳固提升垃圾分类长效管理水平。永联村这些做法大幅度提高了全村垃圾分类的群众知晓率、参与率和分类准确率。

2.“永联分”+文明家庭奖制度

永联村将积分制与文明家庭奖制度相融合，研究修订了《文明家庭奖实施考核办法》，将涉及社会主义核心价值观的日常文明行为转化为百分比考核条款，并将其纳入永联村新时代文明实践站工作的重要内容，广泛开展文明家庭奖的创建评比，充分发挥“五联”挂钩考核机制，把村民的日常行为量化成具体考核分数，营造“人人参与、处处在乎”的比学赶超氛围，极大地推动了永联村的精神文明建设。目前，永联村获奖农户数已稳定在95%以上，村民文明素养得到普遍提升。

3.“永联分”+信用体系

永联村打造积分+金融属性应用场景，通过银行向“信用积分体系”升级过渡，将“永联分”作为考核依据，衡量村民的出勤、诚信、奉献与爱心等方面的行为，解决年终收益分配的问题。与中国建设银行合作，推出“永联村联名卡”，通过客户授权，以“永联分”为基础，接通行内数据和政府激励制度信息，新增资金结算等金融服务功能，为村民生产生活提供“增信+金融信用评分”及相关权益。

4.“永联分”+基层党建制度

永联村研究出台党支部和党员个人积分制管理制度，围绕“书记有能力、班子有活力、制度有落实、工作有特色”等“堡垒指数”考核，形成“党支部积分”，切实增强党支部创造力、凝聚力。围绕“学习在先、服务在先、攻关在先”等“先锋指数”考核，形成“党员个人积分”，并将考核积分内容与红星闪耀APP相结合，形成线上+线下的双重考核机制，推进精准“划分”、规范“记分”、灵活“用分”，实现“以制度管人、凭分数说话”，激发党员队伍活力。

永联经验

习近平总书记多次强调，要建立健全科学完备、有效管用的制度体系。他指出，必须加强系统集成，面向实践需要，及时将好经验、好做法上升为制度，着力提高制度执行力。回望永联村几十年的发展历程，它始终面向实践，依靠群众，以人为本，不断总结提炼，将行之有效的经验和做法固化为制度，与时俱进地推动各领域制度的科学化、完备化和有效化。这些做法，正是一个乡村自觉践行党的二十届三中全会提出的“以制度建设为主线”的改革原则，以及深刻领会并贯彻落实习近平总书记重要讲话精神的生动体现。借鉴永联经验，乡村在推进现代化建设过程中，要从以下四个方面推进建章立制工作：

第一，要重视制度建设的全领域广覆盖，使生产、生活、生态等各个领域都能制度管事、制度管人，推进制度建设的系统化。

第二，要重视制度建设的“群众为本、服务导向”，关乎群众切身利益的制度建设要由群众商议决定，并借由群众的力量推动监督与落实。

第三，要重视制度建设的与时俱进，使各项制度随着时代发展和群众需求的升级而相应升级。

第四，要重视科技赋能制度，将制度建设与现代数智技术深度融合，提升制度的科学性和操作性。

进了永联门，就是永联人；凡是永联人，待遇都平等。

——吴栋材

第九章　共享政策红利，激发社会活力

学习随笔

共建共享、共同富裕，既是实现农业农村现代化的目标，也是推动其进程的不竭动力。“永远联合起来，共同进步”，这是永联村为自己命名时就确立的行动指南。几十年来，永联村始终坚持共建共享、共同富裕的理念，千方百计在释放政策红利、共同做大发展“蛋糕”的基础上，努力“切好蛋糕”、分好政策红利，并以此作为纽带，紧密团结群众，汇聚人心，共同探索发展之路。

一、共享发展成果

永联村在共享经济发展成果、先富帮后富、共同奔富路上有着自己的一套做法，主要表现在以下四个方面：

第一，富村帮助穷村。在并村扩队、带动周边村庄共同发展中，永联村通过厘清资产， 实行一次性补偿，做到新旧村民在发展中一视同仁，利益共享。永联村先后五次并村，都遵从“富村帮穷村，共同富裕”的理念，坚持“进了永联门，就是永联人；凡是永联人，待遇都平等”的原则，让各村共享永联经济发展成果。

第二，村企共享发展果实。在村企分离、企业改制中，永联村坚持维护集体经济，发展集体经济，壮大集体经济，并以股份制的形式确保集体经济在发展中受益。依托 25% 的股权，村集体每年可以从永

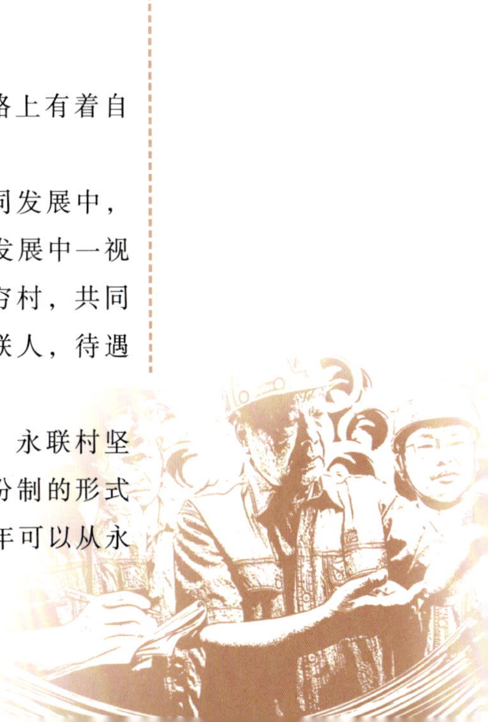

学习随笔

钢集团中分得红利近 2 亿元，这就可以开展许多有利于村民和村镇建设发展的社会事业，这是走共同富裕发展道路中不可缺少的经济支柱。

第三，均等共享公共服务。在发展建设中始终坚持民生至上的原则，注重办好各类公益事业，做到两个文明同时抓，努力做到公共服务均等化。依托雄厚的集体经济，永联村建起了涵盖养老优抚、助学奖金、生活补助等多项福利的公益体系，并对村民进行二次分配，每人每年可分配红利约 1 万元。在住房分配中，采用“拆归拆”“分归分”的方式，使村民不论收入多寡，都能确保“家家有房住，品质皆相同”，在住房上缩小了贫富之间的差距。除此以外，在村办福利上，所有永联人的待遇都是一样的，没有厚薄之分。

第四，拿出资金和技术对外实行帮扶。在脱贫攻坚中，永联村对口帮扶贵州沿河土家族自治县两个行政村，将沿河的特色农产品运到苏州，通过永联生鲜超市来销售。对口帮扶新疆巩留县，在永联村举办新疆风情节，推介和销售新疆特色农产品。对口帮扶江苏盱眙县，在盱眙县成立江苏永谊现代农业发展有限公司，通过土地流转、规模经营，建设了 5 000 亩稻虾共生基地，通过技术和管理帮扶，带动当地农民增收。永联村还成立了培训中心，并被主管部门命名为永联干部学院，聘请一批有经验、有成就的基层干部、专家学者、科研工作者和省、市有关部门的领导同志，来为乡村基层干部讲课，以提高他们的素质和能力。在抗疫斗争中，永联村在第一时间就从日本采购了 14 万只口罩和 1 万套防护服，运送到湖北，并又向湖北捐款 2 000 万元，村企党员也自发捐款 230 多万元，充分展现了永联人大爱无疆的精神。

二、共享就业机会

就业既是民生之本，也是共同致富的根本途径。永联村发挥永钢集团大企业优势，录用员工在同等条件下以永联人优先，共有 2 000 多位永联人到永钢集团上班。考虑到还有许多人因为学历低、年龄大、身体弱被挡在了企业大门之外，永联村成立了劳务公司、保安物业公司，与周边企业签订保洁、保绿、保安服务协议，为低技能劳动力提供就业岗位。现在，永联村的劳务公司和保安物业公司共吸纳了近 1 500 名低技能劳动力。自 2010 年 7 月开园以来，永联村建设的苏州江南农耕文化园每年亏损 400 万元，引起不少质疑，但永联人坚信，该园能为 100 多位村民提供就业岗位，亏损的 400 万元实际上是村民

学习随笔

们的劳动收入，虽然经济账是亏本的，但民生账是盈利的。

三、共享创业平台

集体经济壮大之后，共享创业平台是效率最高的共同富裕方式。2006 年，永联村投资 1 500 万元建设了农民创业园，共有 8 幢 12 000 平方米厂房，村里把水、电、气通到厂房门口，村里按每年每平方米 40 元的价格，租赁给有能力创业的村民。现在，农民创业园内共有 18 家小企业，平均每家企业每年盈利达 50 万元，同时，以创业带动就业，农民创业园共吸纳劳动力 600 余人。2006 年，在永联小镇建设过程中，配套建设了 3 条商业街，共有 250 余间门面店，这些门面店均由村集体持有，统一对外租赁，在同等条件下，优先出租给村民，鼓励村民自主创业。现在，3 条商业街上门面店生意红火，共有 49 户村民家庭开店经营，每个店家的年收入在 30 万元以上。同时，村集体每年的门面店租金收入在 1 200 万元以上。

四、共享文化资源

共建共享、共同富裕，帮助村民实现精神富裕才是最根本的。为了提升村民家庭中孩子们的艺术素养，永联村与北京荷风艺术基金会合作，成立了永联荷风管弦乐团，并从上海请来一流的教师对孩子们进行教学。孩子们先后到上海大剧院、北京天桥艺术中心演出过。为了对村民实施常态化的艺术熏陶，永联村投资了近 1 亿元建设永联文化活动中心和永联戏楼，并经常邀请各类文艺团体前来演出。在永联小镇的爱心互助街上，建有一家农家书屋，并且 24 小时无人值守、对外开放，供村民自由阅读。此外，永联村还为孩子们创建了智力加油站，并花费近百万元购买各类玩具，供孩子们训练智力。

五、共享志愿服务

物质富裕、精神富足的永联人，拥有了更高的自我实现目标，更愿意通过各类志愿服务，为社会贡献自己的力量。为了响应这种需求，2013 年 12 月，永钢集团、永合社区、永联村股份经济合作社共同发起成立了张家港市南丰镇永联爱心互助志愿者联合会。该联合会设置了学习知识、保障服务、关爱帮扶和文化艺术四大服务板块，设置环境卫生、便民利民、绿化护理、文明交通等 22 个专业志愿服务项目。

学习随笔

从 2013 年到 2023 年，张家港市南丰镇永联爱心互助志愿者联合会共举办各类活动 6 000 余场，提供志愿服务超 5 万次，累计服务时长达 43 万余小时，参与志愿者达 12 万余人次。其中，银巢联盟志愿服务队由 116 名平均年龄超过 66 周岁的志愿者组成，主要服务项目包括在健康颐养中心（老年活动室）值班及排演健康养生操等。爱心帮扶志愿者服务队，对永联村域内的老年人、贫困人士、残障人士、困难儿童、单亲母亲等弱势群体进行关爱帮扶。橄榄绿志愿服务队，以“让军人成为全社会尊崇的职业”为目标，累计开展志愿服务达 65 000 小时。此外，永联村还开展“关爱空巢老人”活动，通过邀请专家为老年人开展健康知识讲座，进一步提升老年人的生活质量。

永联村的志愿服务工作不仅在组织架构、项目设置、志愿者培训等方面具有系统性和专业性，而且在具体实施过程中取得了显著成效，获得了社会认可。截至 2024 年年末，已有 47 名志愿者获得了“张家港市志愿服务终身成就奖”。该联合会的橄榄绿志愿服务队入选了 2020 年度全国学雷锋志愿服务“四个 100”先进典型，并荣获“最佳志愿服务组织奖”。同时，多名志愿者被苏州市志愿者总会认定为星级志愿者。

永联经验

永联村坚持用共建共享的理念来团结群众、凝聚人心、谋求发展，不仅让村民共享了经济发展的成果，还为村民提供了均等的就业机会和创业平台，帮助村民实现了“富脑袋”，从而从根本上提升了村民的生活质量，增强了村民的幸福感。各地学习和借鉴永联经验，要重视以下领域的共建共享：

第一，共享经济成果，将其作为激活社会活力的金钥匙。

第二，重视提供均等的就业机会，筑牢共同富裕的基石。

第三，重视搭建共享创业平台，探索效率最高、效果最好的共同致富之道。

第四，共享文化资源，实现物质文化和精神文化共同富裕。

第五，充分整合社会力量，通过体系化、制度化、常态化、融合化的志愿服务，实现全社会资源的共建共享。

永联之路

共同富裕乡村振兴的实践样本

下

侯爱敏　尚正永　柳玉梅　翟　青　苏　仁／编著

课题组成员　苏州市人大常委会研究室
张家港市人大常委会
南丰镇人大　永联村党委
苏州科技大学

苏州大学出版社
Soochow University Press

图书在版编目(CIP)数据
永联之路：共同富裕乡村振兴的实践样本. 下 / 侯爱敏等编著. -- 苏州：苏州大学出版社，2025. 3.
ISBN 978-7-5672-5179-3
Ⅰ. F327.534
中国国家版本馆 CIP 数据核字第 2025KS3850 号

书　　名：永联之路——共同富裕乡村振兴的实践样本(下)
Yonglian zhi Lu——Gongtong Fuyu Xiangcun Zhenxing de Shijian Yangben(Xia)
编　　著：侯爱敏　尚正永　柳玉梅　翟　青　苏　仁
责任编辑：冯　云　严瑶婷
出版发行：苏州大学出版社(Soochow University Press)
社　　址：苏州市十梓街 1 号　邮编：215006
印　　刷：苏州工业园区美柯乐制版印务有限责任公司
邮购热线：0512-67480030
销售热线：0512-67481020
开　　本：787 mm × 1 092 mm　1/16　印张：18(全 2 册)　字数：364 千
版　　次：2025 年 3 月第 1 版
印　　次：2025 年 3 月第 1 次印刷
书　　号：ISBN 978-7-5672-5179-3
定　　价：98.00 元(全 2 册)
若有印装错误，本社负责调换
苏州大学出版社营销部　电话：0512-67481020
苏州大学出版社网址　http://www.sudapress.com
苏州大学出版社邮箱　sdcbs@suda.edu.cn

目录

第三篇　把党的基层书记选配好

第三篇

把党的基层书记选配好

“务农重本，国之大纲。”农业、农村和农民问题是关系党和国家荣辱兴衰，关系我国社会主义现代化远景目标能否实现的根本问题，始终是全党工作的重中之重 。村干部尤其是村级带头人，扮演着双重关键角色：他们既是国家各项惠农政策精准落地的直接执行者，也是推动乡村治理现代化的“先锋队”。“功以才成，业由才广”，党和国家政策方针的落实以及村一级基层事务的有效治理，无不依赖于村干部，特别是村级带头人的智慧与能力 。

村干部，特别是村级带头人，承担着双重关键使命，他们既是国家各项惠农政策精准实施的直接操作者，也是推动乡村治理现代化的“先遣队”。永联村两任书记通过发展集体经济，带领村民将永联村从一个由长江滩涂围垦而成的贫穷村，建设成如今的富裕村。

▲ 永联村干部公开竞聘现场

◀ 2016 年 12 月 2 日，永联村股份经济合作社一届五次社员代表大会召开

▲ 1970 年，永联村由长江滩涂围垦而成

▲ 2019 年，永联景区改造升级

◀ 建村初期永联村的老房子

▲ 现代化永联小镇

在两任书记的带领下，永联村积极发掘并弘扬正能量，确立并践行共同价值观，经济建设取得显著成效，村民共享发展成果。

▲ 永联村村民领取“年终分配”

▲ 永谐园 11 幢陆玉祥、汤连荣展示房产证

▲ 2000 年 7 月，全国乡镇企业思想政治工作经验交流会在永联村召开

▲ 2003 年 9 月，江苏永钢集团有限公司炼钢项目一期工程建设先进合照

▲ 2012 年 8 月，中国钢铁工业科技与竞争战略论坛合影留念

永联村两任书记带领村民找到共同使命，坚定共同富裕的信念，以身示范，携手永联村村民实现共同愿景，带领永联村村民走向共同富裕。

▲ 2013 年 2 月，永钢集团 200 万吨精品棒材项目开工奠基仪式举行

▲ 2017 年 1 月，苏州永联天天鲜配送股份有限公司新三板挂牌敲钟仪式在北京举行

永联村两任书记采取了一系列前瞻性的策略与实践去探索乡村的可持续发展。尤其在发展集体经济，建设永钢集团方面，谋求发展的干劲十足。

▲ 2003 年 6 月，吴栋材为 1 号高炉点火，标志永钢集团实现自主炼钢

▲ 吴栋材在线材厂查看产品质量

▲ 吴栋材向吴耀芳颁发永钢集团的聘书

▶ 高炉建设工地

▶ 炼钢二厂生产现场

永联村两任书记扎根农村，不仅对经济发展命脉精准把握，还通过开展研讨会、庆祝活动等，对村民贡献予以充分认可与激励。

▲ 2015 年全国球团技术研讨会暨烧结球团节能环保技术现场研讨会合影留念

▲ 2016 年 7 月，永联村吴耀芳参加“时代精英 苏州骄傲”2016 苏州十大科技创新创业人物评选颁奖典礼，荣获“创业精英奖”

◀“善行无疆，德耀永联”首届“最美永联人”颁奖典礼现场

永联村两任书记以卓越的领导才能和无私的奉献精神，引领永联村走向繁荣。

中华全国总工会
决定授予 吴栋材
同志全国五一劳动
奖章
第 0333 号
中华全国总工会
二〇〇四年四月

▲ 2004 年 4 月，吴栋材被授予全国五一劳动奖章

▼ 2012 年 6 月，吴栋材被授予“全国创先争优优秀共产党员”称号

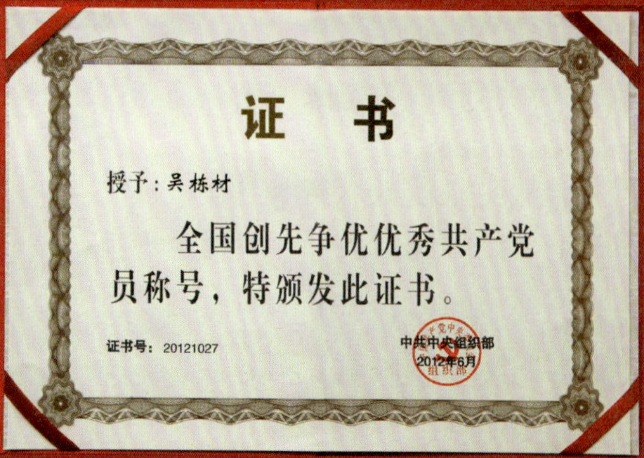
证　书
授予：吴栋材
全国创先争优优秀共产党员称号，特颁发此证书。
证书号：20121027
中共中央组织部
2012年6月

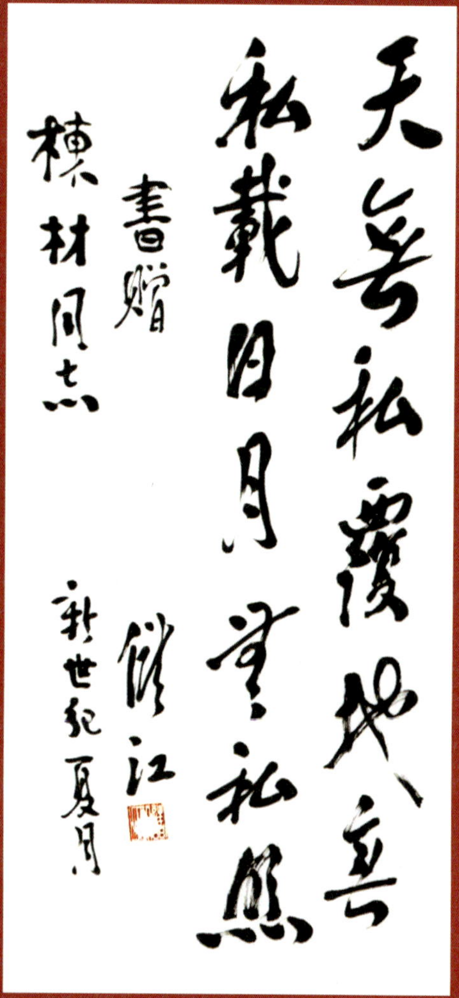

▲ 江苏省人大常委会原主任储江题词赠吴栋材书记：天无私覆，地无私载，日月无私照。

▲ 20 世纪 80 年代，永联村办起了水产养殖业

▲ 2003 年，吴栋材与村民在一起

我们村的建设发展，靠的是上级党委选准了一个好书记，我们建设了一个好班子，落实了党的好政策，这既是我们的经验和体会，也是对我们党委班子一代接着一代干，带领全村在乡村振兴道路上走在前列、当好标杆所提出的要求。

——吴惠芳

第一章　时代呼唤好书记

学习随笔

“农业是立国之本，强国之基。”农业、农村和农民问题，关乎党和国家的兴衰成败，关系我国社会主义现代化长远目标能否达成，始终是全党工作的重心和焦点。村干部，特别是村级带头人，往往承担着双重关键使命：他们既是国家各项惠农政策精准实施的直接操作者，也是推动乡村治理现代化的“先遣队”。“功以才成，业由才广”，党和国家政策方针的有效落实，关键在于村干部及其对村一级基层事务的高效管理，尤其依赖那些兼具卓越智慧与强大能力的村级带头人。因此，选准一个好书记，对于确保党在基层始终发挥总揽全局的核心领导作用，以及维护基层社会的长期稳定和持续发展，具有不可估量的战略价值。

一、推动全面从严治党向基层延伸

全面从严治党这一宏伟战略的提出，实乃党中央深谋远虑、高瞻远瞩之举，它根植于对世情、国情、党情复杂而深刻变化的精准把握，是对如何切实加强党的建设这一时代课题的深刻回应与战略部署，为铸就中国特色社会主义现代化强国的坚实基石提供了根本性、全局性的政治保障。基础不牢，地动山摇。全面从严治党既需要全党的大气候，也需要基层党组织的小气候，必须坚持上下同步一体施治、整体推进。农村基层党组织的领头人，在全面从严治党过程中扮演着村级层面的“前线

学习随笔

指挥官”角色，其角色之重，责任之大，不言而喻。他们的一言一行，一举一动、直接关系到全面从严治党战略在广袤乡村落地生根，在基层构建起坚不可摧的战斗堡垒。

二、坚持和加强党对农村工作的全面领导

坚持和加强党的全面领导，是确保中国共产党在政治体系中占最高领导地位的关键。在农村地区，农村基层党组织作为农村经济社会发展的领导核心，其带头人队伍的作用尤为关键。他们不仅是党的路线、方针、政策的执行者，也是党联系群众的桥梁和纽带，其素质直接影响到农村经济发展、社会稳定及党对农村工作的领导成效。因此，高度重视农村基层党组织带头人队伍建设也是加强党对农村工作全面领导的必然要求。当前，该队伍整体状况良好，但仍存在理想信念不坚定、服务意识淡薄、业务本领不足等问题，这些问题若长期存在，将削弱党在农村的号召力和领导力，阻碍农村工作的有效推进。为此，必须从“选、育、管”等环节入手，严格选拔标准，加强教育培训，完善管理机制，确保农村基层党组织带头人队伍始终是一支经得起考验、能够担当重任的骨干力量，为党在农村工作中发挥领导核心作用提供坚实保障。

三、全面实施乡村振兴战略

乡村振兴战略是我国提升综合国力、破解“三农”问题的重大系统工程，关乎亿万农民福祉。此战略由党中央基于大历史观和我国国情精心部署，其挑战性不亚于脱贫攻坚，关乎脱贫攻坚成果的巩固及社会主义现代化国家的建设全局。乡村振兴，人才是关键。农村基层党组织作为战略实施的“主心骨”，其带头人队伍扮演着引领农村高质量发展、推动农业农村现代化的核心角色，是乡村振兴的第一责任人。他们需要在强村富民、精神文明建设、生态文明建设及农村改革等方面发挥引领作用，成为乡村振兴的坚强战斗堡垒。中央政策在基层的落地效果，直接取决于基层干部的能力与素养。因此，农村基层党组织带头人必须具备出色的工作能力，坚定人民立场，紧密结合农村实际，关心村民利益，以饱满的热情和决心推进工作，拓宽农村发展路径。

然而，当前农村基层党组织带头人队伍在思想认知和实际能力方面仍存在不足，无法完全适应乡村振兴战略的发展要求，面临一定的角色困境，与上级党委、政府及农民群众的期待存在差距。鉴于此，必须着

力加强农村基层党组织带头人队伍建设，提升其能力与素质，为乡村振兴战略的顺利实施提供坚实的组织保障。

学习随笔

党的十八大以来，在习近平总书记的领导下，高度重视村党组织带头人队伍建设，致力完善农村基层干部选拔任用制度。从全国范围来看，60 万名村党组织书记引领着 60 万个村庄，覆盖近 5 亿人口，其影响力与责任感不言而喻。然而，调研数据显示，部分村党组织书记存在履职不力、个人私利凌驾于集体利益之上等问题，村党组织书记及党员队伍的先锋模范作用亟待加强，其领导核心地位面临挑战，提升村党组织书记领导力已成为当务之急。

习近平总书记强调，各级都要重视基层、关心基层、支持基层，加大投入力度，加强带头人队伍建设，确保基层党组织有资源、有能力为群众服务。当前，我国村干部队伍来源广泛，包括驻村干部、大学生村官、致富能人、乡贤、离退休干部等，为村级带头人队伍提供了丰富的人才资源。尽管村干部未纳入公务员体系，但他们在乡村社会关系网络中占据关键位置，承担着促进村民增收与乡村经济发展的重任。

国内外研究表明，村干部，特别是村级带头人的个体素质、治理能力等因素，对提升村级政策执行效果、改善乡村治理质量、促进经济发展具有显著影响。村干部的专业化、年轻化等因素对农民家庭收入提升作用明显，其队伍结构优化与能力素质提升为乡村振兴战略实施提供了坚实的人才支撑。村干部的人力资本含量，包括知识储备与综合能力等，对农村经济发展具有深远影响。

本书选取国内第一钢村——永联村的村级带头人为研究样本，通过生动案例，深入剖析卓越村党支部书记的领导才能，旨在为全国 60 万个村级党组织的“领航者”培养提供宝贵经验，为推动我国乡村振兴与整体现代化进程贡献力量。

永联经验

在村民需求日益多元化与乡村社会快速转型的背景下，村干部，特别是村级带头人，必须具备卓越的工作能力与坚定的政治素养，方能有效应对乡村振兴过程中的复杂挑战。

厂有厂规，我作为董事长，要是今天念亲情，不退货，底下都像我一样，这个厂还能办得好吗？

——吴栋材

学习随笔

第二章　践行共同价值观

在新时代乡村振兴的征程中，村党组织书记作为基层治理的带头人，承担着举足轻重的职责。永联村的两位书记，他们坚定信念，率先垂范，秉持廉洁自律的原则，以公道正派的品质赢得村民的深切敬仰与信任，成为村民心中的榜样。他们不仅坚决贯彻落实党中央的决策部署，更是乡村发展的战略家与实践者，用实实在在的行动诠释了公道正派的精神实质。

在两位书记的带领下，永联村积极发掘并弘扬正能量，树立起了道德榜样。通过广泛宣传好人好事，有效激发了村民的荣誉感和进取心。与此同时，永联村还不断完善村规民约，将社会主义核心价值观巧妙融入其中，使之成为村民们共同遵守的行为规范。在村民的积极参与下，不仅增强了归属感和责任心，还显著提升了自治能力，为乡村的和谐与稳定筑牢了根基。

作为党员，两位书记始终坚守公道正派的原则，率先垂范，积极践行社会主义核心价值观，主动投身党员联系群众、志愿服务等活动中，充分发挥了党员的先锋模范作用。在他们的带领下，永联村不断加强法治宣传教育力度，着力提高村民的法律意识和法治观念，为法治乡村建设贡献力量。他们坚信，只要全村上下齐心协力，共同秉持公道正派的原则，就一定能取得显著的成效。

学习随笔

一、明确共同价值观

吴栋材书记的职业生涯如同一场心灵的探索之旅，从起初的迷茫与孤独，逐渐走向坚定，与村民心连心。初任村党支部书记时，吴栋材满怀激情，但也面临着诸多挑战。面对乡村的复杂情况，他有时感到力不从心。

为了找到答案，吴栋材书记开始深入田间地头，与村民们拉家常、聊生活，倾听他们的心声，理解他们的需求。在这个过程中，他逐渐找到了与村民们共鸣的点，他们共同关心村庄的经济发展、社会稳定、文化传承和生态环境，渴望拥有一个和谐、美丽、宜居的家园。此外，吴栋材书记还深知传承的重要性。他手把手将治村致富的智慧与经验传授给吴惠芳书记，同时也将自己的工作方法与心得传授给年轻的村干部，为村庄的持续发展培养了一批责任感强、勇于担当、有共同价值观的接班人。

在吴栋材书记与吴惠芳书记的引领下，永联村村民共同树立了诚信为本、勤劳致富、团结互助、勇于创新的价值观。这些价值观不仅在日常生活中得到了体现，更融入了村庄的规划与建设之中，共同书写了乡村发展的新篇章，铸就了乡村的新辉煌。

1. 找到自己内心的声音

作为一位深具洞察力的领导者，吴栋材书记深刻理解倾听内心声音对个人成长与领导力的重要性。过往带领村民共赴富裕之路的宝贵经验也让他深刻认识到，成为杰出领导者的首要条件是深入自我认知。他明白，稳定的情绪是做出明智决策的基石，因此，在面对工作重压与挑战时，他学会了倾听内心的声音，以此平复情绪波澜。通过这一内在对话，他能迅速识别并调整情绪，保持冷静与理智，从而在复杂多变的环境中，能够迅速而准确地做出决策。

除此之外，吴栋材书记十分注重与村民的沟通和交流，通过倾听村民的声音来更好地理解他们的需求和期望。他深知，村民是村庄的主体，他们的声音是村庄发展的真实反映。在关注村民生活的同时，他也注重引导村民积极参与村庄建设和发展。他鼓励村民提出自己的意见和建议，共同为村庄的未来出谋划策。这样的互动不仅增强了村民的归属感和参与感，也让他更加深入地了解了村民的真实想法和需求。

学习随笔

在即将卸任之际，吴栋材书记更是将传承与发展视为己任。他深知，村庄的发展不是一朝一夕之功，需要一代又一代人的共同努力。因此，他积极培养继任的村党委书记吴惠芳，将自己的经验和智慧传授给他，让他能够更好地接过这份重任，继续引领村庄走向繁荣和富强。

1992 年，吴栋材书记秉持着任人唯贤的理念，面对公司的用人难题，未有丝毫偏袒之心。彼时，公司缺少技术人员，他将目光投向了远在苏州①上班的堂弟吴才明，诚恳地邀请他回乡来助自己一臂之力。在吴栋材书记的盛情之下，吴才明回到永联村，进入轧钢二厂，在基层维修工的岗位开启了新征程。两年间，他凭借出色的表现，被提拔为 430 车间的设备主管。

1994 年，永联轧钢厂在开展产量大比拼活动时遭遇了一场意外。当时，工人一心追求高产量与高工资，设备维护意识尚未完全扎根。在这种风气下，吴才明管理的 430 车间的某位员工为赶产量，将低温钢坯送进了连铸机，致使连铸机齿轮损坏，引发停产。事故发生后，吴栋材书记迅速赶到车间，一眼便洞察了事故根源。面对吴才明的求情，吴栋材书记严肃要求其进行检讨。在吴才明检讨完毕后，吴栋材书记才动之以情晓之以理地与之分析利弊。

吴栋材书记一丝不苟地坚守厂规厂纪，举亲不避嫌，执法不徇私，赢得了群众的由衷钦佩，也为工厂迈向现代管理筑牢了根基，成为工厂发展历程中的一座精神丰碑，引领着全体员工在正确的道路上奋勇前行，为永钢集团的长远稳定发展注入了源源不断的动力与活力，使得永钢集团在市场的浪潮中凭借严谨的管理和过硬的品质稳稳立足，并向着更高的目标不断迈进，书写着属于自己的辉煌篇章。

吴惠芳书记上任后，首先进行了深入的调研，了解了村庄的现状和村民的需求。他发现，虽然村庄在前任书记的带领下取得了不少成就，但仍存在一些问题。于是，他制订了更加具体和实用的发展计划，并动员全体村民共同参与，共同为村庄的发展贡献力量。

在吴惠芳书记的领导下，永联村的基础设施得到了进一步

① 此处的苏州指不包括县级市的市区。

学习随笔

的改善，道路更加宽敞平坦，水电供应更加稳定可靠。同时，他也注重发展村庄的特色产业，鼓励村民种植高效益的农作物和养殖优质的畜禽产品，提高村民的收入水平。除了物质层面的发展，他还非常注重村民的精神文化生活。他组织了各种文化活动，如文艺演出、体育比赛等，不仅丰富了村民的业余生活，也增强了村民之间的凝聚力和向心力。

2. 确立共同价值观

在乡村振兴战略中，吴栋材书记深知确立共同价值观的重要性。面对时代的变迁和乡村所面临的挑战，他召开了村民大会，邀请了老中青三代村民，共同探讨村庄的未来发展和核心价值。会议涵盖了传统文化、现代科技、生态保护等多个议题。吴栋材书记在会上强调，乡村振兴不仅是经济的发展，还是文化的传承、生态的和谐与社会的全面进步。他提出，村庄的共同价值观应建立在爱护土地、邻里和睦、尊重传统文化及对未来发展的美好憧憬之上。吴栋材书记所倡导的共同价值观，不仅体现了村民对美好生活的热切向往，更成了引领村庄不断前行的精神灯塔和动力源泉。这些价值观在新时代背景下焕发出璀璨光芒，引领村庄走向繁荣。

吴栋材书记身体力行，率先在日常生活中践行这些价值观，使它们成为村庄发展的精神支柱和灵魂所在。他深知这些价值观对于村庄传承的重要性，因此，将自己的实践经验、深刻理解无私传授给吴惠芳书记。吴惠芳书记继承并发扬光大这些价值观，确保它们能够代代相传，源源不断地为村庄的持续发展注入新的活力和动力。在共同价值观的引领下，乡村振兴不再是一句空话，而是全体村民共同努力的成果。

1984年以前，永联村仍未通电，只能依靠柴油机发电，然而其发电量远远无法满足村民的需求。煤油灯成了当时大多数家庭的主要照明工具，但它既暗淡又不便。在这样的环境下，村民无法享受电视、电话等现代通信设施，就连日常的交流也因光线不足而显得单调乏味。尤其到了夏天，天气炎热且蚊虫众多，由于缺少空调、电扇及有效的灭蚊手段，村民们只能无奈地光着脚在外乘凉，抬头仰望满天繁星，以此度过漫长而闷热的夜晚。

学习随笔

1984年年初，吴栋材书记与村干部商讨永联村通电计划，决定从邻近已通电的东沙乡拉线。他向电力局局长的申请获准后，就带领村干部和工人克服道路泥泞等困难，从东沙乡拉设线路并安装变压器。吴栋材书记身先士卒，不顾蚊虫叮咬和劳累，与大家一起奋战，鼓舞士气。在吴栋材书记的带领下，30多名干部职工连续工作数日夜，成功完成架线通电任务，得到了附近村民的敬佩。

乡村振兴是国家发展的重要战略，是实现农业强、农村美、农民富的必由之路。在吴栋材书记的指导下，吴惠芳书记严格保持廉洁自律的个人作风，坚决抵制任何形式的腐败行为，确保村务处理过程公正无私、透明公开。他以身作则，在深入贯彻落实中央关于乡村振兴的各项决策和政策上，展现了极强的责任感和卓越的执行力，获得了村民的广泛信赖和支持，为村庄的发展奠定了坚实的群众基础。

同时，他也从前辈们身上汲取了务实创新、团结协作的工作智慧，无论在政策制定、执行，还是监督环节，他都力求精确无误，确保每一项政策红利都能实实在在地惠及广大村民。吴惠芳书记为了更好地了解村民的真实需求，将政策与村庄实际情况紧密结合，制定出一系列具有当地特色的发展规划，这些宝贵的实践经验成了他推动村庄发展的重要支撑。

20世纪90年代，永联村通过村办企业，让部分村民得以进厂工作，从而增加了工资性收入；采取“奖农补副”措施，使工业利润能够公平地提升家家户户农副业生产的收入；实施“并队扩村”策略，坚守“进了永联门，就是永联人；凡是永联人，待遇都平等”的理念，将“共富”的福祉辐射至周边村庄；还进行企业股份制改造，为村集体保留25%的股权，宛如为村民种下了“摇钱树”，让村民持续共享发展成果。

进入21世纪，永联村采用“拆归拆、分归分”的方式，让村民住进了大产权房，成功地将货币形态的集体资产公平地转化为家家户户实实在在的房产；建设农民创业园，为有能力的农民创造创业机遇；组建劳务公司，给低技能的农民提供就业岗位；注册成立张家港市永联为民基金会，拓展慈善救助的途径和方式，确保在致富的道路上不让任何一

学习随笔

个人被落下。

发展的核心宗旨在于全心全意为人民服务，这不仅是国家推动改革开放和社会主义现代化建设的基本遵循，也是永联村历代村党组织书记始终坚守、毫不动摇的发展信念。吴惠芳书记积极倡导并亲身践行先富带后富的理念，致力与村民并肩作战，共同开辟一条通往全体共同富裕的光明大道。坚守“人民至上、共建共享”的深厚情怀，以此作为实现农村现代化初心使命与价值追求的基石。

二、带头践行共同价值观

吴栋材书记依靠牢固的群众基础和丰富的管理经验，为永联村的发展奠定了坚实的基础。他以身作则，廉洁自律，树立了崇高的道德典范，带领村民一同制定并遵循行为规范，构建了一个和谐共荣的发展氛围。这一优良传统被吴惠芳书记继承并发扬光大，他通过多种方式深入浅出地阐释社会主义核心价值观，激励村民积极践行，共同参与村庄发展，使得永联村村民在共同价值观的引领下紧密相连，凝聚形成了强大的合力。

在两任书记的接力传承与弘扬下，永联村村民深切体会到共同价值观的核心意义，全村团结一心，携手并进，朝着构建和谐、美丽、宜居家园的宏伟目标稳步前进，成为践行社会主义核心价值观的鲜活典范。吴惠芳书记对乡村振兴战略有着深远的洞察，他精准把握国家政策的导向信号，积极推动现代农业转型升级，大力发展乡村旅游产业，成功实现了经济结构的多元化和可持续发展，为永联村的长远发展注入了新活力。

此外，吴惠芳书记对个人品德作风十分重视，他始终坚守廉洁奉公、勤政为民的底线原则，与村民保持着紧密的联系。他积极组织丰富多彩的文化活动，大力弘扬社会正能量，有效提升了村民的道德素养，营造良好的社会风尚。这些举措极大地激发了村民参与乡村振兴的积极性和热情，为永联村的繁荣兴盛注入了强大的精神动力。

1. 带头践行，树立榜样

在乡村振兴的宏伟蓝图下，村党组织书记与村民们携手并进，共同铸就他们一致认同的价值观体系。吴栋材书记深刻领悟到，乡村振兴的精髓在于人心的凝聚与文化的赓续。为此，他首先引领村民们深入挖掘村庄的历史文化内涵，让那些承载着浓浓乡愁与美好记忆的古老习俗、传统手工艺和节日庆典重新焕发勃勃生机。通过这些丰富多彩的活动，

学习随笔

村民们不仅加深了对本土文化的归属感和认同感，更在潜移默化中培养起了对家园的深厚情谊，为共同价值观的形成奠定了坚实的基础。这一过程，既是传统与现代的交融创新，也为子孙后代留下了一份厚重的文化遗产。

吴惠芳书记在结合父辈们耕耘的基础上，进一步引导村民们将共同价值观融入日常的生产生活。他倡导大家采取环保的耕作方式，珍视这片祖祖辈辈赖以生存的土地；提倡邻里互助，共同营造和谐的社区环境，让传统美德在新时代继续发挥作用；同时，他还大力推动教育与科技的普及工作，激励年轻人返乡创业，借助互联网和现代农业技术的力量，为村庄的经济发展增添新的活力。

2002 年，村民苏菊芬的丈夫在苏州[1]被诊断出肝腹水，治疗 4 年未见好转，就连主治医生都建议其放弃治疗。苏菊芬变卖家产并借款为丈夫治病，家中一贫如洗，无奈之下，只好求助于村党委书记吴栋材。吴栋材知晓情况后将苏菊芬一家定为低保户进行救助，并亲自送救济款。村里每年给予苏菊芬一家补助金和生活用品。苏菊芬的儿子郭斌非常懂事，经常勤工俭学并照顾父亲，他因家庭贫困和父亲病重想放弃学业，但在母亲的鼓励下参加了高考。郭斌被大学录取后，全村人自发捐款供他上大学。2008 年汶川大地震时，郭斌从伙食费中省出钱来和母亲一起参加捐款。现在，苏菊芬的丈夫奇迹般地活下来了，郭斌大学毕业后回到家乡工作，践行自己“成为像吴爷爷（吴栋材）那样的人”的誓言。

吴惠芳书记上任后，立即着手将这些价值观融入村庄的各项规划与实践，从基础设施的改善到生态环境的保护，从文化活动的丰富到乡村旅游的推广，每一步都凝聚着村民们的智慧与汗水，展现了共同价值观的强大生命力。

1978 年改革开放以来，农村发展集体经济便怀揣着让老百姓得实惠、共享经济发展成果的初心，这 40 年间，始终将共建共享、共同富裕当作前行的不竭动力和源泉。

1998—2002 年，苏南向温州取经“温州模式”，倡导“彻底转、转彻底”。然而，永联村却有着自己的坚守与抉择，坚

① 此处的苏州指不包括县级市的市区。

学习随笔

> 持为全体村民保留了25%的股份，其余75%由管理层持有。这般举措意义非凡：一方面，市场机制所带来的活力得以留存，企业能够在灵活的经营模式下蓬勃发展；另一方面，村民共享发展成果的权利也稳稳地握在了自己的手中。如此一来，村民和股民紧密相连，形成了休戚与共的利益共同体，大家内心都满怀期待，盼望着企业蒸蒸日上、规模不断扩大，毕竟企业这块“蛋糕”越大，每个人所能分得的份额也就越多。时至今日，得益于那25%的股份，每年村集体都能收获分红达1亿多元。凭借着雄厚的集体经济实力，村里精心构建起完善的福利保障机制，让11 000多位村民从中受益，每年人均获益约1万。

永联村的发展历程带来的启示是在市场经济的大环境下，集体主义绝非明日黄花，真正过时的是其传统单一的实现形式。唯有坚定不移地在共建中谋求共享，持续推陈出新，不断探索集体主义的多元实现形式，才能够牢牢凝聚人心，为经济的持续发展注入源源不断的动力，推动农村集体经济朝着更加繁荣昌盛的方向大步迈进，让老百姓在共享发展成果的道路上越走越稳、越走越幸福。这段历程，不仅是对永联村历任书记智慧与奉献的肯定，更是村干部及全村人民共同奋斗的见证。在共同价值观的引领下，永联村正以一种前所未有的姿态，迎接着更加美好的明天。2020年9月，时任张家港市委书记的潘国强在张家港市农村发展大会上肯定了永联村的经验，并将它立为榜样。

> 前段时间，我们对照苏州“对标找差、再攀新高”的要求，建立了“三标杆一率先”常态化机制。就农村发展来说，我们的榜样就在身边、标杆就在眼前，永联村50年的干事创业历程，不仅是一篇筚路蓝缕、励精图治的“奋斗史诗”，也是一部示范引领、可学可鉴的“生动教材”，在全省乃至全国都具有广泛影响力，吸引了国内各个地方前来学习取经，永联干部学院已累计培训25万人次，覆盖全国各个省（包括港澳台地区）。实事求是地讲，永联村的发展模式很难被模仿，但是永联村在实施乡村振兴战略中形成的经验、做法和理念是可以被借鉴和推广的。不少地方的村干部千里迢迢来到张家港学习永联经验，作为张家港自身而言，更是要用好身边的“生动教材”。只要每一

位村干部都能把永联村的发展理念和工作思路学懂弄通、灵活运用，全市村域发展就必定能再攀新高、再谱新篇，率先基本实现农业农村现代化的步伐也必将更加坚实、更加有力。

…………

典型是有形的标杆，榜样是无穷的力量。张家港市上下要始终坚持以习近平新时代中国特色社会主义思想为指导，把永联村作为学习的标杆、追赶的榜样，见贤思齐、砥砺奋进，坚定投身港城乡村振兴的“火热实践”，为争当率先基本实现农业农村现代化排头兵做出新的、更大的贡献！

2. 引领村民同守价值观

乡村振兴不仅仅是经济上的提升，还是文化、生态、社会等多方面的全面发展。在吴栋材书记看来，永联村之所以能够保持这份宁静与和谐，很大程度上得益于村民们对传统文化的坚守与传承。为了更好地守护村内的传统文化，永联村积极挖掘和传承当地的民俗风情，举办一系列的民俗活动，让村民们感受传统文化的魅力，增强他们对家乡的归属感和自豪感。

2008 年，永联文化活动中心建成后，吴栋材书记重视村民看戏的文化活动，邀请了国内外知名演出团体和名家来演出，亲自监督并坚持到场。在一次演出中，他制止了一名光膀子、叼烟的年轻人进入会场，这一行为得到了观众和演员的赞许。吴栋材书记在事后加强了安保，以防止类似情况发生。此后，会场秩序得到了改善，村民更加支持永联村的文化事业发展。

吴惠芳书记在与永联村传统文化接触的过程中，意识到传统文化在经济增长中的巨大潜力。他修复了村里的古戏楼，邀请当地的戏曲团队前来演出，让村民们在家门口就能欣赏到精彩的戏曲表演，并且鼓励村民们发展乡村旅游，利用永联戏楼等文化资源，打造具有地方特色的旅游线路，吸引了大量游客前来旅游，为桃源自然村带来了可观的经济收入。他还鼓励村民们将传统文化元素融入现代农业生产中，创作出具有永联风格的“特色名片”。

2012 年，党的十八大胜利召开，永联村踏上了新的征程，将精神富足视作共同富裕的关键构成部分并全力推进。以文明

学习随笔

创建为有力切入点，选定文明家庭奖作为突破口，大胆创新文明家庭奖评比活动形式，开启了永联村在精神文明建设道路上的探索之旅。

2015 年，永联村积极行动，成立了张家港市南丰镇永联社会文明建设联合会，将目光聚焦于修建公厕、铺设公路等看似细微却意义重大的具体事务，从这些小事抓起，逐步培养村民的公民意识，让文明的种子在村庄的各个角落生根发芽。

2019 年，永联村继续在文明创建的道路上精耕细作，创新文明家庭奖评比办法，依据科学合理的考核积分排名体系，郑重颁发文明家庭标兵户、金质文明家庭户等极具分量的荣誉奖牌，进一步激发了村民们追求文明、践行文明的热情与积极性。

2021 年，在文明家庭奖评分机制的坚实基础上，永联村与时俱进，开发了永联家庭数字信用系统。该系统巧妙地将信用等级与成员享有的权益待遇相结合，进一步推动了文明创建工作的深化与提升，为村庄的治理和发展增添了新的动力与智慧元素。

2022 年，永联村在乡村文化、文明建设方面持续发力，大力推进永联文体生活馆的建设。这座建筑面积为 6 000 多平方米的场馆，篮球馆、游泳馆、台球馆、拔河馆、舞蹈房等各类设施一应俱全，为村民们提供了丰富多样的休闲娱乐和健身场所；积极建设暨阳书画社，为村里热爱书画的孩子们搭建了一个更为优质的学习交流平台，助力他们在艺术的海洋中畅游；与幸福蓝海影视文化集团股份有限公司携手合作，将城市里的电影院线引入村庄，让村民们在家门口就能同步欣赏到最新的精彩影片；精心打造永联戏楼，小戏楼天天都有精彩演出，让村民们尽情沉浸在优秀传统文化的熏陶之中，感受传统文化的独特魅力。

在吴栋材书记和吴惠芳书记的接力领导下，村民们更加紧密地团结在一起，共同价值观的坚守与践行，不仅让村庄焕发了新的生机与活力，还为后代子孙留下了一笔宝贵的精神财富，激励着他们在未来的日子里，继续携手前行。

永联经验

村党组织书记的一言一行代表着党的形象，只有做到公道正派、不谋私利，才能真正赢得民心。永联村的成功，正是得益于其公道正派的带头人。吴栋材、吴惠芳两任书记以身作则，与村民共同树立了诚信为本、勤劳致富、团结互助、勇于创新的价值观，并将其融入村庄建设的方方面面，激发了村民的荣誉感和进取心。他们始终坚守原则，廉洁自律，带领村民践行社会主义核心价值观，同时注重传承中华优秀传统文化，通过举办民俗活动等方式，增强了村民的归属感和凝聚力。在发展过程中，他们积极推动特色产业建设，改善基础设施，提升村民生活水平，实现了物质与精神的双丰收，让全体村民共享发展成果。

永联经验表明，村干部明确并践行共同价值观、发挥领导干部的示范引领作用、挖掘和传承传统文化以提升村民归属感，是推动农村发展的关键。这些经验不仅为永联村带来了繁荣，也可为其他地区的农村发展提供借鉴。

从军营到农村，变的是岗位，但不变的是使命、责任和初心。作为基层农村的组织书记，我的使命责任就是带着乡亲们实现共同富裕。

——吴惠芳

第三章　坚定共同富裕的信念

学习随笔

改革开放40多年来，永联村在党的坚强领导下，从昔日贫困落后移民村，华丽转身为乡村振兴道路上的一颗璀璨明珠，这既是永联人不懈奋斗的生动写照，也是历任村党组织书记智慧与勇气的结晶。在改革开放初期，永联村面临因地势低洼自然灾害频发的严峻挑战。吴栋材书记勇于开拓创新，带领村民们大力发展工业，实现工业化、城镇化、农业现代化协同发展。他致力经济发展与民生改善，推行公平住房政策，大力建设文化设施，不断提升村民文明素质，为永联村的发展注入了新的活力。

随着党的十六届五中全会明确提出建设社会主义新农村的重大任务，永联村迎来了前所未有的发展机遇。吴惠芳书记接过发展的接力棒，提出了“六个化”标准，全力推动新农村建设迈上新台阶。他带领团队精心规划合作项目，与众多知名企业携手合作，共同推动永联村现代化建设，为村民提供更多就业机会和发展空间。同时，永联村乘全面数字时代之势，推动数字永联发展。

在历任书记的不懈努力和全体村民的齐心协力奋斗下，永联村逐渐从贫困落后走向繁荣发展。永联人勇于直面挑战，敢于探索新路径，为打造乡村振兴的“永联样本”奠定了坚实基础。如今，永联村已蜕变成一个富裕美丽、文明和谐的社会主义现代化新农村，成为乡村振兴的典范。

学习随笔

展望未来，永联村将继续推动数字永联发展，为打造新乡村的样板贡献力量。相信在党和政府的领导下，永联村必将迎来更加辉煌的明天。这一发展历程不仅彰显了永联村的独特魅力，而且深刻地揭示了中国农村集体经济发展的广阔道路和无限可能。

一、带领村民找到共同使命

习近平总书记提出的伟大建党精神，是中国共产党的精神基石，历经百年，铸就了中国共产党人的精神谱系与政治品格。以史为鉴，不忘初心，方能引领全党在新征程上开创未来。吴栋材书记任职永联村期间，实施公平住房政策，改善村民居住与经济条件，改善精神面貌，提升乡村治理水平，投入巨资建设文化设施，组织文艺活动，提升村民文明素质。

如今，吴惠芳书记接过接力棒，永联村携手银行与中国移动通信集团有限公司，助推现代化建设，启动合作项目。各方将共同努力，确保项目顺利实施，永联村全员支持，期待丰硕成果。同时，永联村将乘数字时代之势，推动数字永联发展，打造新乡村样板。永联村将继续弘扬伟大建党精神，牢记初心，以坚定的态度开创未来。在党的领导下，永联村必将迎来更加辉煌的明天，为打造新乡村样板贡献力量。

1. 科学规划村庄未来

在面对现实挑战与未来机遇的双重考验下，两任书记展现了卓越的领导力和颇具前瞻性的视野格局。吴栋材书记在目睹小学放学时段交通混乱的状况后，意识到其潜在的危险，深感忧虑并迅速采取行动。村民代表会议表决并通过了他投资修建地下人行通道，以保障学生的安全的提案。尽管这一决策在当时未能得到村民们的充分理解，但吴栋材书记力排众议，凭借远见卓识使永联村成为全国首个拥有此类设施的农村，此举不仅赢得了广泛赞誉，也彰显了永联村对下一代生命健康的高度重视。与此同时，随着全面数字时代的到来，吴惠芳书记带领永联村牢牢把握时代机遇，奋力推进数字永联的建设。他们致力构建一个集全域感知、互联协同、高效便捷与数字运营于一体的新型智慧乡村，通过科技赋能，不仅显著提升了乡村治理的智能化水平，还引领了乡村生活方式与生产模式的深刻变革。面对现实挑战与未来机遇，吴栋材与吴惠芳两任书记共同展现了永联村对下一代生命健康的坚定承诺与前瞻布局。

永联村在改革开放后富裕起来了。面对村民身上仍存在的传统陋习，

学习随笔

吴栋材书记开始思考如何提升村民文明素质。于是，永联村投入巨资建设文化设施，组织文艺演出，丰富村民精神生活。永联村还设立文明家庭奖，通过百分制考核评比，加强村民对文明行为的重视，村里组建多支文体队伍，开展村民培训，提升综合素质。此外，永联村还与高校合作，为村民提供高等教育资源，拓宽发展空间。吴栋材书记用先进的思想文化、健康的文化活动和文化元素推动农村现代化，使永联村文明风貌焕然一新，并因此荣获多项称号。吴栋材书记不仅是实干家，还是理想家，他引领永联村不断前行，书写辉煌篇章。

吴惠芳书记深刻铭记“初心易得，始终难守”的道理，以史为鉴，从历史中汲取力量，坚定牢记初心使命。面对未知的全面数字时代，永联村在吴惠芳的带领下，不仅奋力推进数字永联的建设，致力打造一个集全域感知、互联协同、高效便捷与数字运营于一体的新型智慧乡村，还通过科技提升治理智能化，引领乡村生活与生产模式变革。

> 2021 年，“数字永联、智慧乡村”启动签约仪式在永联议事厅举行。吴惠芳书记指出，今天的签约仅仅是永联村发展迈出的第一步，如何确保项目的总规划更加科学、实用且具备前瞻性，如何更有效地组织并实施既定的合作内容，让纸上的蓝图真正转化为美好生活的现实，才是永联村村民共同追求的目标。为此，永联村、永钢集团、永合社区将围绕项目的推进，提供一切必要的便利条件，全力支持、服务并保障好项目的建设。他期望项目各方能够建立联席会议制度，加强彼此之间的联系，确保信息的及时沟通，以保障签约项目能够如期实现。他坚信有了村企的大力支持以及签约各方的精诚合作，这个项目必将取得丰硕的成果，也必将迎来一个更加美好的未来。同时，他认为全面数字时代正以前所未有的速度到来，永联村将抓住这一机遇，促进数字永联的蓄势崛起，绘制一幅集全域感知、互联协同、高效便捷、数字运营于一体的新型智慧乡村的发展图景，为打造贯彻新发展理念的新乡村样板贡献出应有的力量。

永联村的发展历程，是中国农村改革开放和现代化建设的生动缩影。从吴栋材书记到吴惠芳书记，他们接力奋斗，不断探索适合永联村的发展道路，将一个小村庄打造成了乡村振兴的典范。未来永联村将继续深化农业现代化建设，不断推进产业升级和结构调整，努力实

学习随笔

现更高质量的发展。同时也将更加注重民生改善和社会事业发展，让永联村的每一位村民都能享受到改革发展的成果，共同创造更加美好的未来。

2. 精准解决现实问题

永联村的两位村党组织书记，承前启后，携手并进，共同引领乡村走向繁荣。吴栋材书记着眼于基础设施建设，倡导并资助修建了现代化的学校、医疗站和文体中心，为孩子们创造了更好的学习环境，也让村民们在家门口就能享受到便捷的医疗服务。在产业发展上，他通过提供资金设备支持、技术培训、质检服务等全方位帮助，成功引领永联村走上了致富之路，与永联村共同实现了持续繁荣，深得村民赞誉。而吴惠芳书记则坚守“让村民过上城里人一样的日子”的初心和使命，在新时代积极推进公共管理和服务均等化，推动永联村居住条件城镇化，并率先享受数字化便利，村民生活品质大幅提升。两任书记的共同努力，使得永联村在经济发展、基础设施建设、公共管理和服务等方面均取得了显著成就。他们的无私奉献和卓越领导，不仅为乡村的繁荣与发展注入了强大动力，也为其他乡村提供了宝贵的经验和启示。

> 2006 年，在永联村这片充满希望的土地上，村党委怀着“让村民过上城里人一样的日子”这一坚定不移的初心和使命，开启了具有里程碑意义的建设征程。这一年，永联小镇的建设规划正式落地实施，村党委精心规划、全力投入，致力为村民打造一个功能齐全、配套完善的居住环境。学校的落成，让孩子们在家门口就能接受优质的教育；医院的设立，为村民的健康保驾护航；电影院的建成，丰富了村民的精神文化生活；农贸市场的运营，保障了村民的日常生活需求。这些基础设施的逐步完善，让永联村的城镇化居住方式扩散到村里的每一个角落，村民们的生活也开始悄然发生变化，朝着城里人的生活逐步靠近。

吴栋材与吴惠芳两位带头人，通过一系列决策和部署，极大地推动了永联村的全面发展。他们不仅致力深化基础设施建设，确保道路、水电等基础设施的完善，还强化了当地的产业发展，通过引入新技术、优化产业结构，让永联村的经济持续繁荣。此外，他们非常注重提升村民的生活质量，通过实现公共管理和服务的均等化与现代化，大大改善了村民的居住条件，并引入了数字化生活设施，确保每位村民都能享受到

学习随笔

便捷、高效且高质量的生活。吴栋材与吴惠芳两任书记的这些成功实践，不仅为永联村带来了实实在在的福祉，也树立了一个典范，为全国其他乡村提供了可复制、可借鉴的发展模式和宝贵的实践经验。

二、以身示范，携手实现共同愿景

改革开放 40 多年来，永联村从贫困落后的移民村，凭借改革开放的机遇与自身努力，通过工业化、城镇化与农业现代化的融合，实现了集体经济的持续高质量发展，成为乡村振兴的典范。历任村党组织书记带领村民勇于探索，不屈不挠。吴栋材书记敢于突破传统，以工业化牵引发展，打造乡村振兴的“永联样本”。党的十六届五中全会后，吴惠芳书记立下壮志，带领团队绘制永联村发展蓝图，制定《关于建设社会主义现代化新永联的决议》，提出“六个化”标准，全面推进新农村建设。从吴栋材书记的勇于探索到吴惠芳书记的精准规划，永联村始终保持着奋斗精神，成为乡村振兴的璀璨明珠，为打造“永联样本”奠定了坚实基础。

1. 明确村民共同理想

接任初始，面对复杂局势与艰苦环境，吴栋材书记毅然许下成为“永久牌”书记的誓言，他通过细致的调研工作、严谨的管理措施及持续的士气鼓舞，逐步引领村民走出贫困，迈向富裕，这一过程彰显了他坚韧不拔的毅力与无私忘我的奉献精神。自吴栋材书记接掌永联村以来，面对重重困难，他未曾有过丝毫退缩，而是毅然决然地选择了勇往直前。在他的精心规划与不懈奋斗下，永联村逐步培育出独具特色和竞争优势的产业体系。

在推动新农村与美丽乡村建设的征途上，吴惠芳书记尤为重视村民的教育与培养，致力提升他们的文化素养与专业技能，使他们能够更加顺畅地融入现代生产与生活节奏。与此同时，他还大力促进乡村文化的继承与创新，精心保护与合理利用乡村的文化遗产，确保村民在享受现代生活便捷的同时，也能深刻体会到乡村文化的独特韵味与深厚底蕴。

在两任书记的带领下，永联村的新农村与美丽乡村建设取得了令人瞩目的成就。今日的永联村，早已蜕变成为一个富裕繁荣、景色宜人、文明祥和的社会主义现代化新农村典范。村民们的生活质量实现了质的飞跃，他们的脸上无不洋溢着幸福满足的灿烂笑容。

1995 年 10 月，永钢集团的 650 车间正式宣告投产，其初

学习随笔

始规划是专注于型钢的生产制造。吴栋材经过细致调研，决定将型钢生产线改成大棒材生产线，但因市场竞争激烈，效益不佳。在巡视650车间时，他观察到生产流程中的浪费，突发奇想提出“一火成材”的设想，即将开坯线和轧制线合并，直接轧制螺纹钢以减少浪费。尽管当时国内无此先例，他仍鼓励团队尝试。经过改造和调试，成功实现“一火成材”，大幅降低生产成本，使650车间成为永钢集团最盈利的车间。这一创举不仅推动了永钢集团的发展，也轰动了国内轧钢界，成为轧钢史上的一大事件。

吴惠芳书记接过历史的接力棒后，继续带领永联村走向更加繁荣的未来。他深刻认识到，要实现永联村的长远发展，必须紧跟时代步伐，把握发展机遇。因此，他带领团队绘制了永联村第一张完整地图，制定了《关于建设社会主义现代化新永联的决议》，并提出了“六个化”标准，全面推进新农村建设。这些举措不仅推动了永联村的现代化建设，也提升了村民的生活质量和幸福感。

2005年，面对家乡建设急需人才的召唤，怀着“让乡亲们跟上时代步伐，过上美好日子”的梦想与追求，吴惠芳书记舍弃城市优越生活环境，从部队师级军官自主择业回到家乡，投身新农村建设，从一名军官变成了村干部。“在部队当军官，是为人民服务；到永联村当好一名村干部，建设新农村，也是为人民服务，同样光荣。更何况，我是农民的儿子，我的根在农村，与家乡父老有着血浓于水的情感。”卸下戎装，穿上农装，变的是战场，不变的是使命。作为一名党员，吴惠芳书记心中装着人民，工作为了人民，一心一意为百姓造福。

2006年，吴惠芳书记牵头制定《关于建设社会主义现代化新永联的决议》，提出“以新的居住方式、生产方式、生活方式、管理方式、就业方式、收入方式，实现农业农村农民发展方式的转变”，永联村的发展从此驶上了快车道。吴惠芳书记对村民们进行广泛动员，用了不到3年时间，将分散在田间地头的3 600户农户集中居住，永联小镇自此拔地而起，并陆续修建了现代化的农贸市场、商业街区、医院、学校，村民们足不出村就能享受一切便利配套设施。

学习随笔

农民的集中居住为农田的规模化经营管理、发展现代农业提供了条件。吴惠芳书记把农民手中的土地承包经营权统一流转到村经济合作社，注册成立了江苏永联现代农业发展有限公司，真正把农民从土地上解放了出来。

在张家港市南丰镇人民政府的支持下，永联村还成立社会管理协调小组，把公安、交警等机构和执法人员派驻到永联村，实现了城乡公共管理、公共服务的均等化，使永联人享受到了城里人才有的公共服务，促使永联小镇变得井然有序。

永联村已经成为一个美丽富饶、和谐宜居的社会主义新农村。村民们的脸上洋溢着幸福的笑容，大家都非常感谢吴栋材书记和吴惠芳书记为他们带来了美好生活。两任书记也用自己的实际行动诠释了什么是真正的共产党员和领导干部，他们的事迹和精神将永远激励人们前行。

2. 带领大家一起致富

在永钢集团的宏伟蓝图中，吴栋材以其非凡的洞察力，精心识别并培育每一位员工的独特才能与潜力，将永钢集团构建成一个汇聚精英、充满活力的大家庭。他不仅是一位领导者，还是每一位员工成长道路上的引路人，通过资助无法上学的员工子女，吴栋材不仅解决了员工的后顾之忧，还在全社会树立了企业关怀员工、回馈社会的正面形象，共同绘制了一幅企业与员工、社会和谐共生的美好画卷。

而在吴惠芳的引领下，永联村则踏上了一条以工业化为核心，突破传统农业桎梏，迈向多元化发展的振兴之路。他描绘了一幅集体经济蓬勃发展、乡村振兴的美丽画卷，通过不断探索与实践，永联村成功实现了从贫穷落后到繁荣振兴的蜕变，成为集体经济可持续发展与高质量发展的典范——“永联样本”。这一过程中，产业振兴作为乡村振兴的核心动力，被生动诠释，激励着更多人共同参与到这一宏伟愿景的实现中来。

1978 年，乘着改革开放的东风，永联村突破“以粮为纲”的禁锢，因地制宜，挖塘养鱼，大搞农副业生产，由此获得第一桶金，以此为基础，永联村发挥能工巧匠的作用，先后办起了枕套厂、玉石厂、水泥制品厂等 10 多个小厂，继而创办轧钢厂，进入了以工兴村的发展阶段。在发展工业的同时，永联村始终坚持多条腿走路，依靠永钢集团的优势，推进工业反哺农

学习随笔

业、带动服务业，一二三产业齐头并进，翻开了集体经济可持续、高质量发展的新篇章。

2023年3月5日，习近平总书记在参加他所在的十四届全国人大一次会议江苏代表团审议时强调，要把产业振兴作为乡村振兴的重中之重。集体经济是农村事业发展的物质基础，基础不牢，地动山摇。回顾永联村的发展历程，它始终把发展壮大集体经济作为工作重心，坚持“五抓五强”发展模式，做大做强集体经济，带领群众共同富裕，打造乡村振兴的“永联样本”。

永联村将继续深化文化振兴战略，推动乡村文化与产业、生态、旅游等多领域的融合发展。相信在吴栋材与吴惠芳两任书记所奠定的坚实基础上，永联村必将迎来更加美好的明天，成为乡村振兴道路上的璀璨明珠。

永联经验

村干部，尤其是村党支部书记，是引领乡村发展的舵手，也是连接村民与外部世界的纽带。永联村的成功之道可以总结为以下三条：

第一，科学规划乡村发展蓝图，通过广泛宣传和召开村民大会，点燃村民的参与激情和对未来的美好憧憬。同时，紧跟时代步伐，运用现代科技拓宽村民的视野。

第二，重视回顾过去，从历史智慧中汲取养分，总结乡村发展过程中的经验教训，深入挖掘乡村文化底蕴，将其巧妙融入发展规划，增强村民的文化自信和归属感，并组织外出参观学习，汲取外部先进经验。

第三，聚焦当下，永联村的带头人准确把握村民需求，及时有效解决民生问题。

此外，为了乡村的可持续发展，永联村的带头人不仅不断提升自身能力，还加强对村民的专业培训，优化沟通交流技巧，培养创新思维方式，为村庄的全面发展与繁荣奠定了坚实基础。

我们不是要放慢速度，而是要更好地发展，发展是硬道理，我们就是要又好又快地发展。

——吴栋材

第四章　谋求发展的十足干劲

学习随笔

永联村采取了一系列颇具前瞻性的策略与实践去探索村庄的可持续发展。两任书记深知要实现乡村振兴，就必须强化社会治理，构建和谐乡村，而其关键在于激活村民自治的活力。通过建立健全村民议事制度，永联村确保了村民在村庄治理中的核心地位，使他们能够积极参与决策过程，为村庄的发展贡献智慧与力量。

在经济发展方面，永联村始终秉持绿色发展理念，将生态环境保护视为头等大事。通过科学规划与合理布局，成功实现了经济发展与环境保护的和谐共生。推广绿色农业，发展循环经济，不仅守护了绿水青山，也为村民创造了更加宜居、健康的生活环境，从而提升了村民的生活质量，为乡村的可持续发展奠定了坚实基础。

为了进一步增强村民的参与感和归属感，永联村定期召开村民大会，广泛讨论村庄发展大事，及时解决村民关心的热点难点问题。同时，加强法治宣传教育，增强村民的法律意识，营造良好的法治氛围，确保乡村社会的和谐稳定。

此外，永联村还深刻认识到文化是乡村的灵魂。深入挖掘和传承本地传统文化，举办丰富多彩的文化活动，如传统节日庆典、手工艺展示等，既丰富了村民的精神文化生活，又增强了村民的文化自信。同时，注重培养村民的文明习惯，倡导社会主义核心价值观，提升乡村的整体文明程度。

学习随笔

永联村的成功经验，不仅在于其自主开发资源、发展产业、实现经济增长，更在于其探索共建共享的分配机制、注重生态与可持续发展、强化社会治理、弘扬传统文化等多方面的综合努力。这些宝贵的经验，为其他乡村提供了可借鉴的模板，激励着更多的乡村走向繁荣与振兴。

一、“我先去找找机会”

永联村的发展历程，是改革开放与乡村振兴战略融合的鲜活典范。自党的十一届三中全会起，永联村在吴栋材书记带领下，紧抓时代机遇，借助改革开放的东风，开启了乡村振兴的新篇章。吴栋材书记带领永钢集团迅速崛起，不断提升技术水平，最终使之成为全国黑色金属压延加工业领军乡镇企业，并培养了一支强大的人才队伍。随着时代的变迁，吴惠芳书记接过接力棒，引领永联村迈入新发展阶段。两任书记敢于突破常规，带领村民打破传统束缚，开创新的未来。

从昔日的江边小村到如今社会主义新农村典范，永联村不仅实现了经济的飞速发展，还在社会治理、生态保护等方面取得了显著成效，村民的生活水平也得到了大幅提升。永联村的发展模式是两任书记与村民共同探索、共同努力的结果，它展示了乡村振兴的无限潜力。

1. 抢抓机遇，主动带头先试

党的十一届三中全会的胜利召开为永联村带来了勃勃生机与无限活力。在这样的历史背景下，吴栋材书记毅然来到永联村，担起了领导的重任。他紧抓改革开放这一难得的历史机遇，引领着永联村踏上了乡村振兴的伟大征程。当时，钢铁行业正处于蓬勃发展的黄金时期，吴栋材书记凭借敏锐的洞察力，带领永钢集团果断出手，迅速扩建了多个生产车间。这一举措不仅极大地提升了永钢集团的产能，更使其技术竞争力得到了显著提升，最终使永钢集团脱颖而出，成为全国黑色金属压延加工业中规模领先的乡镇企业。

如今，在吴惠芳书记的领导下，永钢集团已迈入一个机遇与挑战并存的新发展阶段。在供给侧结构性改革的大潮中，永钢集团的钢铁业务正加速推进产品结构的优化与升级，不断实现从普通产品向优质产品、特色产品乃至精品产品的不断跨越。在这一过程中，对专业技术人才的需求日益凸显。为此，吴惠芳书记积极谋划并推动永钢集团发展，实施了一系列重大项目，包括东沙物流园项目、华电 LNG 综合能源项目、预

学习随笔

制混凝土建筑项目，以及南丰镇航空医疗产业园项目等。这些项目的成功落地与推进，对于提升企业的可持续发展能力、加速企业转型升级，具有重大战略意义。

> 1984年8月，沙洲县永联轧钢厂建成。吴栋材筹备的钢厂面临命名难题，他提交的命名申请被县冶金工业局拒绝。不甘心的吴栋材通过打听得知县供销总社有权批准厂名，于是与县供销总社合作，以合资厂名义获得了“永联五金建材厂压延分厂”的合法厂名。然而，钢厂又面临管理人员和资金短缺的问题。吴栋材找到供销社主任王文龙，请求支援。王文龙同意调派供销员到钢厂工作，并出资30万元作为入股资金。这一合作解决了钢厂的人才和资金问题，为钢厂的崛起奠定了基础。

永联村的发展之路是两任书记与村民协同并肩，共同开辟的一条非凡之路。在这条既布满荆棘又充满希望的道路上，他们不畏艰难，勇于突破传统农村的局限，以超凡的胆识与睿智，开创了一系列前所未有的辉煌成就。

> 2005年下半年，党的十六届五中全会胜利召开，明确提出建设社会主义新农村这一重大历史任务。当时吴惠芳书记立下了“要让农民过上好日子，让永联尽快实现基本现代化”的誓言。他深知现代化建设离不开规划，而规划没有详尽的地图可不行。于是，炮兵出身的吴惠芳书记带领一行人，用双脚走遍了永联村10.5平方千米的每一寸土地，亲手绘制了第一张完整详尽的永联村地图，并精心地在地图上进行了空间布局与规划。他结合永联村的实际情况，研究制定了《关于建设社会主义现代化新永联的决议》，该决议勾勒出了永联村现代化建设的宏伟蓝图，并明确了新农村中“新”的内涵和方向，提出了新农村建设“六个化”标准，这一决议全面推进了永联村的发展。其中，“六个化”标准包括居住方式城镇化、生产方式产业化、就业方式多元化、生活方式市民化、管理方式规范化、收入方式多样化，相关内容刊登在了《永钢报》上。2013年，吴惠芳从产业美、生活美、生态美、素质美等四个方面全面提出了美丽乡村建设“四美”标准，标

> 准化推进永联村美丽乡村建设。
>
> 2006 年，国土资源部开展“城乡建设用地增减挂钩”试点工作，吴惠芳书记抓住了这一机遇，为永联村争取到了宝贵的 120 亩建设用地指标，为了更高效地利用土地，永联村的领导班子决定进行一批房屋的动迁，并凭借永联村雄厚的集体经济实力，成功从隔壁乡镇协调获得了额外的 480 亩指标。当时动迁和建设需要 10 多个亿，而永钢集团也正处于资金需求旺盛的发展阶段。对于动迁与发展企业的优先级，村内存在不同意见，永联村努力寻找一个既能推进动迁工作，又能促进企业发展的双赢方案，力求在两者之间实现和谐共赢。最后，考虑到永钢集团发展离不开土地的支持，吴惠芳书记毅然选择带领村民先行推进新农村建设，为永钢集团的发展扫除障碍。随后，永联村投资 15 亿元建设了占地 600 亩的集中居住区——永联小镇，并配套建设了医院、农贸市场、商业街等一系列现代化公共设施。在短短 3 年内，将散落在田间地头的 3 600 多户人家搬迁至永联小镇，实现了农民的集中居住。

永联村已经从昔日江边围垦的贫瘠小村，蜕变成为一个集现代农业、工业、服务业于一体的社会主义新农村典范。两任书记接力前行，带领村民们紧跟时代步伐，勇于开拓创新，不断探索适合永联的特色发展道路。

2. 洞察外界，积极探求新机会

乡村振兴的征途，既要深深植根于本土的实际土壤，又要秉持开放包容的心态，广泛汲取外界的先进知识与智慧养分。这要求村级带头人既要脚踏实地，传承并弘扬乡村的优秀传统与文化，又要敢于打破常规，积极学习和借鉴国内外的先进技术、管理理念和可持续发展的成功案例。

在吴栋材书记的引领下，村民们有机会近距离感受全球各地的文化魅力、科技力量与创新成果，这不仅极大地开阔了他们的眼界，还点燃了他们对新事物的探索热情和求知欲望。先进的农业技术、环保理念及可持续发展的实践典范，让他们开始思考如何将这些宝贵经验融入日常生活和工作，为永联村的繁荣发展贡献自己的力量。

学习随笔

吴惠芳接任后，他敏锐地意识到永联村面临的人力资源瓶颈，尤其是高质量人才匮乏的问题。这不仅体现在数量上的不足，还凸显在质量上的欠缺。许多农村经济组织与村党组织或村委会采用“两块牌子、一套班子”的管理模式，管理人员普遍年龄偏大、学历层次不高、经营能力有限。在日益激烈的市场竞争中，这样的管理架构难以保持企业的持续竞争优势。回顾永联村的发展历程，建村之初人口仅700余人，劳动力资源本就紧张，高素质人才更是稀缺。然而，正是这样艰难的起点，激发了永联人民自强不息、勇于创新的精神，鞭策他们不断奋进。

> 1984年，永联村创办轧钢厂后，对人才的需求更加突出，本村的人才难以满足发展的需要，不得不向外寻觅人才。但不少干部、村民表示不理解：自己辛辛苦苦办的厂，凭什么要让外面人来管？吴栋材书记引导村民：“企业要发展，人才是根本，唯有秉持开放包容、广纳五湖四海人才的用人理念，方能打破地域界限，吸引全国各地的优秀人才。”一直以来，吴栋材书记都坚持从外部引进专业的人才。
>
> 2005年下半年开始，永钢集团每年招收300多名大学生员工。目前，永钢集团共有员工11 000多名，其中仅1 200余名为永联村本地籍员工，其余员工均来自全国各地。永钢集团董事局的7名成员中，仅有1名来自永联村本地，其余6名成员均来自全国各地。正是广纳五湖四海人才的用人机制，确保了永钢集团经营管理的专业化，使集体经济始终保持稳健发展。

永联村的实业将继续秉持创新驱动发展的理念，深化内部改革，拓宽业务领域，加强品牌建设，不断提升市场竞争力。同时，作为永联村经济发展的重要引擎，永钢集团也将积极回馈社会，带动周边地区的经济发展，促进农民增收，为乡村振兴战略的深入实施贡献力量。通过不断探索与实践，永联村正以更加开放的姿态，书写着新时代乡村发展的新篇章。

学习随笔

二、“我先下水试试深浅”

面对永联村建设经验不足与人才短缺的挑战，吴栋材书记与继任者吴惠芳书记采取了积极有效的策略进行应对。吴栋材书记率先引进国外的先进管理经验，深刻洞察到优化管理和培养一专多能人才的重要性。他随即着手调整和优化产业结构，积极拓展现代农业、乡村旅游等新兴领域，并高度重视科技创新，着力提升农产品的附加值和市场竞争力。这些有力举措为永联村的发展注入了新的活力，也为后续的人才引进和培养打下了良好的基础。

吴惠芳书记接任后，永联村开启了大力引进外部人才的新篇章，提供优渥待遇和良好的工作环境，吸引了一批批有志之士投入永联村的建设。同时，永联村也注重内部人才的培养，通过举办形式多样的培训班、讲座和实践活动，不断提升村民的综合素质和专业技能水平。这种内外兼修的人才培养模式，使永联村逐渐摆脱了人才短缺的困境。

在两任书记的领导下，永联村不仅实现了经济的迅猛发展，更跃升为乡村振兴的典范和标杆。他们展现出非凡的领导力和坚定的决心，带领村民突破传统思维束缚，勇敢踏上了现代化转型的征程。

1. 从经历中积极学习、汲取智慧

面对经验不足、人才短缺的挑战，吴栋材书记选择积极应对，远赴德国学习先进管理经验，并认识到优化管理和培养一专多能人才的重要性。他调整产业结构，发展现代农业、乡村旅游等新兴产业，并注重科技创新，提高农产品附加值和市场竞争力。吴惠芳书记接任后，永联村大力引进外部人才，同时注重培养内部人才，举办培训班、讲座和实践活动，鼓励村民自主创业。

1994年，吴栋材书记在《冶金报》上看到“韶关钢铁集团引进的全自动棒材生产线速度惊人”的报道，决定前往广东省韶关钢铁集团有限公司（以下简称“韶钢集团”）参观学习。在参观过程中，他起初因永钢集团是村办企业而遭冷遇，但吴栋材书记通过观察发现韶钢集团的生产线存在严重问题，即冷床过短导致钢材高温冷剪成为废品。他向韶钢集团提出改进建议，得到韶钢集团领导的重视。吴栋材书记的真诚和专业赢得了韶钢集团领导的尊重，后来韶钢集团的领导人也

学习随笔

多次派人到永钢集团学习，并且采用永钢集团的方法改进生产线，成功解决了生产难题。

吴惠芳书记回到永联村时，发现永钢集团本科生人才匮乏，已严重制约企业的长远发展。尽管当时遭遇了诸多质疑，并面临激烈的市场薪资竞争，吴惠芳书记还是提出将薪资提高至合理水平，并亲自挂帅招募，成功招收到首批 300 多名大学生加入永联村。

2005 年，吴惠芳书记对于永钢集团人才储备不足的问题，提出每年招收 300 多名大学生的大胆想法。面对由于地域劣势和薪资不具竞争力引起的招收困难，吴惠芳书记果断决定将月薪提升至 1 600 元，并亲自前往高校宣传招生，最终成功招收 300 多名大学生，为永钢集团的人才建设开了个好头。此后，永钢集团坚持每年招收 300 多名大学生。

凭借自己多年的从军经验，吴惠芳书记认识到钢铁企业一线员工必须具备严明的纪律性和坚韧不拔的吃苦耐劳精神。因此，他还特意招募了一批退伍军人，为永钢集团注入了新的活力与战斗力。

这些迅速而果断的举措，有效地优化了永钢集团的人力资源结构，为企业的持续稳健发展筑牢了根基，充分展现了吴惠芳书记在企业管理与人才战略上的卓越洞察力与非凡魄力。

在永联人的共同努力下，永联村逐渐走出人才短缺困境，实现华丽转身，成为乡村振兴的典范。未来永联村将继续坚持创新求变，推动人才、科技和产业的深度融合，为更高质量的发展贡献力量。

2. 在挑战中不断突破，实现自我成长

吴栋材书记在面对永联村初次获得劳动收入的喜悦时，并未沉溺于短暂的满足中，而是将目光投向了更长远的未来，思考如何带领村民过上真正体面的生活。尽管面临村干部和村民的质疑与反对，吴栋材书记仍坚信通过发展工业可以脱贫致富，他展现出强烈的领导力和决心，带领村民突破传统的“以粮为纲”思路，勇敢地踏上了“以工富村”的道路。

在这个过程中，吴栋材书记不仅坚定了村民脱贫致富的决心和信心，还组织起村里的手艺人，因地制宜地办起了多个小工厂，从而改变了永联村的经济结构。他的冲劲和韧劲激励着永联人迎难而上，不断突破自我，最终闯出了一条“以工兴村”的致富新道路。

学习随笔

吴惠芳书记延续了吴栋材书记敢拼敢闯敢突破的精神，用脚步丈量了永联 10.5 平方千米的土地，绘制了第一张完整的永联村地图，并在地图上进行了空间规划，带领永联村踏上现代化的转型之路。

> 2002 年，永钢集团百万吨炼钢项目投产。面对原辅材料需求激增，但七干河航运能力不足的劣势，吴栋材书记决定利用永钢集团离长江不远的优势，建设码头以降低物流成本。他邀请专家考察，确认建设可行性，但仍面临江心淤积难题。尽管施工困难重重，自然条件和人员收编都存在问题，吴栋材书记仍坚持建设。经过一年半的施工，永泰码头建成，这一小乡村的万吨级码头，展现了中国农民进入工业化先进行列的智慧和勇气。

吴惠芳书记带领永联人继续前进，将蓝图转化为行动，以期实现农村城镇化。为此，在居住上采取了农民集中居住的策略，并成功争取到了国土资源部的试点机会，获得了城镇建设用地指标。再加上利用永联村集体经济的优势，同步规划并建设了现代化的永联小镇，为村民们提供了优质的城镇化生活条件和环境，促进了永联村的经济发展和社会稳定。

> 2006 年 9 月 5 日，吴惠芳书记组织召开村民代表大会，审议通过了《关于建设社会主义现代化新永联的决议》。将农民集中安置后，吴惠芳书记感到这为农田的规模化经营管理、发展现代农业提供了条件。于是，就把农民手中的土地承包经营权统一流转到村经济合作社，注册成立了江苏永联现代农业发展有限公司，建起了占地 3 000 亩的现代粮食生产基地、400 亩的果蔬基地、500 亩的苏州江南农耕文化园、4 000 亩的园林苗木基地，真正把农民从土地中解放出来。为确保村民充分就业，在吴惠芳书记的建议和努力下，永钢集团在同等条件下优先录用永联村民。永联村打造了占地 12 000 平方米的农民创业园，以每年每平方米 40 元的价格出租给有创业能力的村民，截至 2021 年年底，已孕育出 18 家小微企业；还在永联小镇上建设了 250 余间门面店，同等条件下优先出租给永联村村民，有 49 户村民家庭在此开店经营。此外，永联村注册成立村民劳务合作社，与周边企事业单位协商，把保洁、保绿、保安等低技能

岗位剥离出来，组织低技能村民按协议提供劳务服务。在2021年年底，全村适龄劳动力就业率就已达99%。

学习随笔

初心易得，守之不易。永联村之所以能够取得今天的发展成就，其根本在于始终坚持党的全面领导，其核心经验就是把党的全面领导坚持好，把党的方针政策落实好，把党的基层书记选配好，把基层领导班子建设好。永联村的发展历程生动展现了乡村蜕变的壮丽画卷，展现了把党的基层书记选配好的重要作用。

永联经验

永联村的成功关键在于两任书记勇于挑战，以持之以恒的干劲和勇于突破的精神，带领村庄实现了跨越式发展，可以简单总结为以下两条：

第一，两任书记具备强烈的主动意识和战略眼光，善于洞察外部形势，抢抓发展机遇。从改革开放初期吴栋材书记带领永钢集团崛起，到吴惠芳书记推动企业转型升级，两任书记始终紧跟时代步伐，勇于创新。他们通过引进先进技术和管理经验，优化产业结构，积极拓展现代农业、乡村旅游等新兴领域，为村庄经济注入了持续发展的动力。这种敢于突破、善于抓住机遇的领导力，是永联村实现经济腾飞的关键。

第二，两任书记深谙“以小胜聚民心”的道理，注重通过阶段性成果增强村民的信心和凝聚力。他们甘愿做先行者，以自身的行动点燃村民的参与热情。不断取得的小胜利，不仅为村民树立了信心，还激发了大家共同参与乡村建设的积极性。这种“火种精神”使得村民从旁观者变为参与者，形成了强大的内生动力，为村庄的可持续发展奠定了坚实的群众基础。

人家一个外地大学生能从上海跑到我们这个小村来工作，确实不易。目前厂里急需人才，我这么做全都是为了能留住人才，用人不疑，我们要相信人家。就算出了什么事，一切都由我个人来承担，与大家无关。

——吴栋材

学习随笔

第五章　明确选人用人的导向

党的二十大报告强调选拔忠诚有担当的高素质专业化干部，以正确导向优化各级领导班子。村干部须牢固树立以人民为中心的发展理念，走群众路线，将群众意见作为决策核心。选拔村干部时，除了要看个人能力外，还要看其与群众的关系、服务群众时的真心实意，确保所选干部成为群众的贴心人。永联村在发展中坚持群众利益至上，在选拔干部时，以群众的评价作为重要的衡量标尺，重视候选人与群众之间的亲疏关系及他们为群众服务的实际效果，确保所选干部能够真心实意地为群众谋福祉。

一、促进协作，带领村民一起发展

1978 年 7 月 28 日，吴栋材书记在永联村就职，标志着一个以地方领导为核心、村民广泛参与的协作发展模式的开启。他敏锐地把握住了改革开放的历史机遇，结合深入细致的调研工作，精心规划了基础设施升级与教育振兴的双向并进策略，并成功争取到了上级政府和企业的关键性支持；倡导并实施了农业合作社模式，促进了特色农业的蓬勃发展，有效提升了村民的经济收益；高度重视环境保护，确保了永联村在经济发展与生态保护之间的和谐共生。因此，永联村多次获得“全国文明村镇”“全国先进基层党组织”的殊荣，成为协作发展的典范。

学习随笔

吴惠芳书记在继承吴栋材书记发展蓝图的基础上，更加注重科技创新与文化传承的结合，通过培养一批具备创新思维与实践能力的青年村干部，构建了一个团结协作、共同奋斗的集体。这一集体不仅有效激发了广大村民的参与热情，还形成了“齐心协力促发展、群策群力谋未来”的浓厚氛围，为永联村的持续繁荣注入了新的活力。

1. 营造信任氛围，筑牢协作基础

吴栋材书记深刻认识到仅凭他与村干部的力量，难以引领永联村走向繁荣。他坚信，真正的变革力量蕴藏于全体村民的团结协作之中。因此，他致力唤醒村民的集体意识，鼓励每位村民都成为村庄发展的积极贡献者与直接受益者。在吴栋材书记的精心策划与不懈努力下，永联村实现了治理模式的飞跃，并在经济、文化、社会及生态等多个层面迎来了全面的发展。在经济领域，他引领村民探索多元化的产业发展路径，积极推广有机种植，打造特色品牌，并成功引入电商平台，同时大力鼓励青年回乡创业，发展乡村旅游，从而实现了经济的多元化与可持续发展。

2010 年 9 月 29 日，中国共产党永联村第五次代表大会在永联文化活动中心召开。通过公推直选方式选举产生了新一届委员会，75 岁的吴栋材全票当选，连任村党委书记。因为他多年来为村民谋福祉，克服了各种困难，村民们非常信任和支持吴栋材书记，都对他充满感激和敬意。吴栋材书记在会上发表了感言，表达了对村民和党员代表的感谢，同时也流露出自己即将卸任的意愿。在村党委的深切召唤与殷切期望中，吴惠芳毅然决然地从部队选择了自主择业的道路，迅速与村干部们并肩作战，共同面对永联村发展不平衡、不充分这一棘手难题。

他们深知，要彻底改变现状，就必须从根源上着手，推动公共服务资源向农村倾斜。在二次分配方面，吴惠芳强调公平与效率并重，通过优化资源配置，确保每一分投入都能产生最大的社会效益。他们不仅关注经济发展的速度，还重视发展的质量与可持续性，努力让村庄的发展成果由每个村民共享。

关于永联村内部存在的低保制度与扶贫开发政策的衔接问题，吴惠芳带领团队进行了深入探索与实践，建立起一套科学、合理的衔接机制，确保低收入群体能够享受到应有的政策红利。同时，他们还深化了集体经济相对薄弱村的挂钩帮扶工作，通过技术支援、资金注入、人才交流等多种方式，帮助这些村庄逐步摆脱贫困，实现自我发展。

学习随笔

在两任书记对乡村发展机遇的精准捕捉与深刻洞察下，永联村村民对家乡的发展产生了强烈的认同感：农村低收入群体和因病致贫、返贫家庭的生活质量得到了显著提升，村民们生活满意度大幅增强。永联村以实际行动生动诠释了“小康路上一个都不能少”的深刻内涵，确保了在通往高水平全面小康的道路上，永联村“无一村落后，无一户缺席”。

2. 增进相互关系，促进协作共赢

永联村的传奇源于其平凡而伟大的党员领导者，他们如清泉般滋润村民心田。吴栋材书记不仅是实干家，也是心系群众的贴心人，深受村民信任。他深知教育的重要性，积极争取教育部门支持，改善教学设施，引入在线课程和远程教育，为孩子们的未来铺路。同时，他倡导成立“惠民基金”，搭建爱的桥梁。

吴栋材书记还注重村民精神文化生活，推动文化设施建设，修建联峰广场、文化活动中心，组织文艺、体育活动，增强村庄凝聚力。在可持续发展方面，他鼓励生态农业，推广绿色种植，引导村民利用电商平台销售特色农产品，实现经济与生态双赢。

1995 年，张家港市政府推行并村政策，要求永联村先富带后富，将永南、永兴两个大村并入。吴栋材书记在考察中发现其他村村民生活贫困，决定帮助他们实现共同富裕。然而，永联村村民对此并不乐意，担心资源被分享。吴栋材书记召开村民大会，强调社会主义大家庭的理念，以及并村带来的发展空间和互利共赢，最终获得村民支持，成功并村。然而，实现“兼并效应”并不容易。吴栋材书记坚持并村要并出个样子，制定了统一调配资源、调度资金、创建落实、考核标准的原则，推进并村进程。他主张新老村民待遇平等，遭到部分老永联村村民的反对。吴栋材书记通过沟通，决定给每个老村民发放 1 万元现金，相当于一次性买断老永联人的资产，实现村民待遇平等。这一举措得到老村民的认同，永联村也先后 5 次并村，面积和人口大幅增加。现在，新永联人和老永联人共同享受永联村经济发展的成果，每年获得多种福利待遇，吴栋材书记用实际行动履行了自己的诺言。

面对农村快速城镇化的背景，吴惠芳书记决定主动出击，积极争取并成功获得了 2006 年国土资源部“城乡建设用地增减挂钩”试点的宝贵

学习随笔

机会。通过这一政策红利，永联村顺利取得了用于集中居住区建设的城镇建设用地指标，充分展现了集体经济的强大实力和独特优势。在此过程中，吴惠芳书记发现只有发挥集体经济的统筹协调作用，才能确保土地资源的优化配置和高效利用。通过精心规划和建设，集中居住区不仅具备了完善的基础设施和公共服务设施，还有着优美宜居的生活环境。村民们在这里能够享受到与城镇相媲美的生活条件，包括便捷的交通、丰富的文化娱乐设施、优质的医疗和教育资源等。

这一举措不仅提升了村民们的居住品质和生活幸福感，还有力推动了农村经济的发展和社会的进步。随着农民集中居住的深入推进和农村城镇化的加速发展，永联村将焕发出更加蓬勃的生机和活力。

二、肯定他人，提升村民主人翁意识

吴栋材书记带着打翻身仗、让老百姓脱贫致富的使命来到永联村，到了永联村之后，永联村陆续办起了七八个小厂，农民生活开始得到改善。为了有效激发农民群众主动投身乡村治理的热情，构建出一个全新的乡村治理格局，永联村的领导团队采取了一系列既务实又富有创意的举措。他们深知，激发村民的自主参与是乡村治理的核心所在，因此，引导村民深度融入村庄的长效管理和建设进程是首要任务。

吴栋材书记不仅鼓励村民参与日常村庄事务的决策与执行，还通过举办各类培训、讲座和工作坊，提升村民的管理能力，增强村民的自治意识。他们相信，只有当村民真正感受到自己是村庄发展的主人翁时，才会更加积极地投入乡村治理。

此后，吴惠芳书记带领永联村的新一任领导班子构建了一个综合性管理体系。这一体系不仅强调了村民之间的互助与协作，还鼓励大家相互监督，共同维护村庄的和谐与稳定。通过这种方式，永联村成功地营造了一个“人人参与、人人有责”的良好氛围。

老百姓生活水平得到了实质性的提高，村庄环境变得更加整洁、有序，村民之间的关系也更加和谐和融洽。永联村村民已经逐渐形成了自主参与乡村治理的习惯，而这为永联村的长远发展奠定了坚实的基础。

1. 增强村民自治意识，激发参与积极性

为激发农民参与乡村治理的积极性，永联村领导采取了有效措施，如引导村民融入长效管理与建设，建立村民相互监督的综合管理体

学习随笔

系。为了提高村民参与度，定期召开村民大会和小组会，使信息更加透明，增强村民信任感和归属感。同时，引入现代化管理工具和技术，如村庄管理信息平台，开展培训教育活动，提升村民管理知识和环保意识。作为老党员，吴栋材书记践行初心，用部队管理方法教育村民，制定激励机制，表彰优秀村民和小组长，激励更多人参与村庄管理。这些措施显著增强了村民自主管理意识，推动了永联村的长效管理，使村民自治取得了显著成效。

20 世纪 90 年代初，永联轧钢厂日益壮大，大部分村民得以在企业中就业，收入也随之翻倍增长，然而，仍有部分村民坚守在农副业生产一线，但由于规模小，收入很低。为了让更多村民共享企业发展的红利，永联村采取工业反哺农业的策略，从企业盈利中拨出资金，实施“奖农补副”政策，鼓励村民靠自己的双手，在传统行业中开拓新的发展。

1995 年前后，永钢集团年利润已达 2 000 万元左右，但周边几个村庄却依旧贫困。为践行先富带后富的理念，村党委做出了合并周边 4 个行政村的决定。消息一出，老村民纷纷来到办公楼前表达不满，他们认为自家的劳动成果不应与他人分享。从客观上讲，老村民对永联村过去的发展做出了不可磨灭的贡献，新加入的村民也带着他们的土地资源而来。因此，在吴栋材书记看来，同为一个大家庭，新老村民不应有区别对待。为实现真正的共同富裕，永联村决定给老永联人每人一次性补偿 1 万元，以此认可他们的历史贡献。自此以后，无论新老，永联人都将享有平等的待遇。也正是因为这样，新老永联人才能够拧成一股绳，共同为村庄的发展出谋划策。村里依托永钢集团分红、店面租金收入及实体公司经营收入，建立了多项福利保障制度。截至 2024 年年底，每年每位永联人都能分配约 1 万元现金分红，所有永联人都共享这片土地上的发展成果。

2005 年，永联村新一轮动迁开始。吴栋材叮嘱负责动迁工作的村干部朱贵华，要确保动迁工作顺利；同时向个体户说明情况，承诺将在建的农民创业园作为搬迁地点，并提供优惠政策鼓励自主创业。施建忠作为 2005 年并进永联村的个

学习随笔

体户，对动迁后塑料加工厂的安排感到担忧。朱贵华向施建忠说明了创业园计划，并提出临时厂房租赁和补贴方案，帮助他解决了问题。2007 年农民创业园建成后，村里的个体户陆续搬入，施建忠的塑料加工厂也逐渐扩大规模。

永联村在发展进程中，始终坚持创新与探索，以先富带后富为理念，积极解决发展中面临的各类问题。经过以上一系列举措，永联村的产业得到了合理布局与升级，新老村民的利益关系得到友善处理。由此构建起完善的福利保障体系，实现了全体村民的待遇平等，成功带领村民迈向共同富裕，成为乡村发展的典范。

2. 培养村民自信心，提升岗位胜任力

《谏太宗十思疏》有云："固本方能木茂，浚源始得流长。"乡村文化自信与振兴互为支撑，共创乡村繁荣。吴栋材与吴惠芳两任书记坚守"乡村振兴，全员共享"的理念，深度治理，强化党建，保障民生，力求全面发展。他们深知乡村振兴不仅是物质富足，还是精神文化与生活品质的双重提升。

吴栋材书记强化党组织建设，提升党员责任感，让党旗引领乡村振兴。在民生领域，他推动基建，改善道路、照明与饮水条件，并重视教育，建立图书室与学习中心。同时，他关注养老健康，建立日间照料与健康服务站。

面对旅游短板，吴栋材等人通过学习研究，打造苏州江南农耕文化园，实现旅游业的飞跃。他们依托自然资源，发展特色农业与乡村旅游，组织技能培训，推动农业转型，开发农家乐、民宿等项目，吸引游客，促进经济增长，提升村民收入，从而增强村民自信。

黄剑英是永联村的一名就业困难的妇女，自从村里成立劳务合作社后，她通过合作社的介绍，在园林公司找到了工作，不仅增加了收入，生活也变得更加充实。永联村在扩队并村、动迁征地过程中，对于此类文化程度不高、缺乏技能的村民因离开了土地而面临再就业困难的社会问题，吴栋材书记在了解情况后，决定成立劳务合作社，为富余劳动力提供就业岗位，同时在园艺、农业、物业公司和永钢集团等地方为他们介绍工作。此外，他还设立了农民创业园和劳动密集型的矿渣微粉厂，为村民提供创业和就业机会。通过建立完善的劳动就业网络，

学习随笔

永联村数百名就业困难的村民找到了适合自己的岗位，过上了幸福生活，永联村也提前进入小康社会。

吴栋材与吴惠芳两任书记坚守“乡村振兴，全员共享”理念，通过强化党建、保障民生、推动基建和教育发展，以及利用自然资源发展特色农业与乡村旅游等措施，全面提升乡村物质与精神文化水平。特别针对就业困难村民，成立劳务合作社，提供就业岗位和创业机会，增强了村民的自信心和岗位胜任力。

永联经验

党的二十大报告强调选拔忠诚有担当的高素质专业化干部。作为乡村发展的核心力量，村干部，尤其是村党组织书记，不仅需要具备促进团队合作、增强信任和推动共同目标实现的能力，还需通过赋能村民、增强其自主管理意识和胜任力，激发村庄的内生动力。对此，可简单总结出以下两条永联经验：

第一，村党组织书记通过实际行动建立信任，筑牢乡村发展的基石。村党组织书记需通过务实举措增强村委会与村民、村民与村民之间的合作意愿。吴栋材书记通过营造信任氛围，鼓励村民团结协作，通过一系列务实举措，激发村民的自主参与热情，构建了全新的乡村治理格局。吴惠芳书记在此基础上，更加注重科技创新与文化传承的结合，优化资源配置，确保发展成果由每个村民共享。

第二，在永联村的发展过程中，两任书记始终将提升村民的主人翁意识作为重要任务。引导村民参与乡村事务的决策与执行，建立了村民相互监督的综合管理体系，增强了村民的自主管理意识。通过提供培训和发展机会，提升了村民的岗位胜任力和自信心。这种“赋能村民”的理念，不仅激发了村民的积极性和创造力，还为村庄的长期发展注入了源源不断的活力。

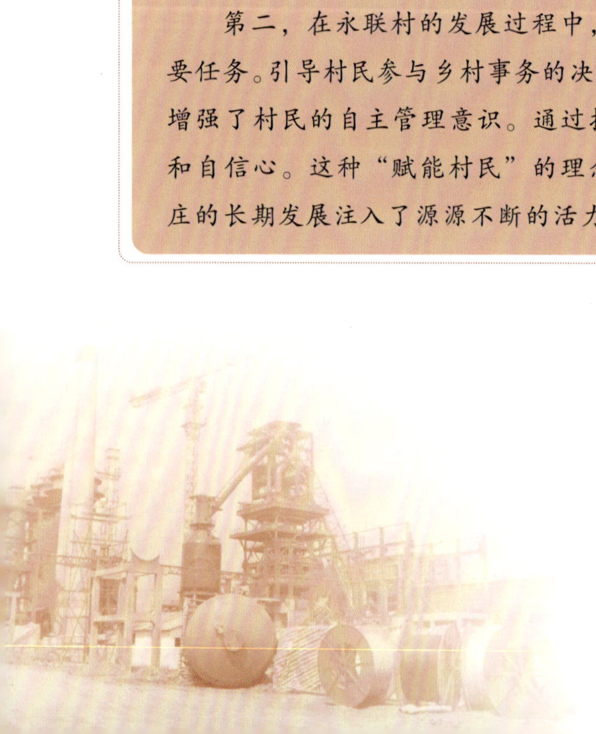

我们不但要让社员活在这个年代，更要让他们活在这个时代。

——吴惠芳

第六章　筑牢扎根农村的思想

学习随笔

在永联村的发展历程中，历任领导者，尤其是吴栋材与吴惠芳两任书记，展现出卓越的领导力和长远的战略眼光，他们扎根农村的思想牢固，始终将为村民谋福祉和发展村庄视为己任。

吴栋材书记深知村民幸福的重要性，关注村民精神需求与老年福祉，通过创新举措激发老党员活力，使之成为乡村发展的中坚力量。同时，他果断调整工业结构，集中资源发展永联轧钢厂，为村庄经济注入新活力，体现了对农村的深厚情感和战略考量。

吴惠芳书记接任后，继续深化乡村振兴战略，推动文化、生态、旅游融合发展。他建立永联美术馆，提升村民审美与文化品位，加强基层党组织建设，营造良好氛围，增强村民归属感。这些举措不仅提升了村民的物质生活，更在精神文化层面取得显著进步。

回顾永联村的发展历程，每一步都凝聚着领导者的智慧和心血。他们扎根农村，对经济发展精准把握，对村民贡献充分认可与激励。通过感恩老党员、调整工业结构、加强党组织建设等举措，成功打造和谐、美丽、宜居的乡村社区。这些成功经验不仅为永联村带来实实在在的好处，也为其他地区的乡村振兴提供了有益借鉴。

学习随笔

一、认可他人贡献，激励村民贡献力量

在永联村的发展历程中，两任书记不仅精准把握经济发展方向，更高度重视并认可村民的贡献。他们通过调整工业结构、强化党组织建设以及提升村民参与度等举措，成功塑造了一个充满活力、和谐发展的社会主义新农村。

1. 对村民给予信任和寄予期待

吴栋材书记关怀青年人才和退休人员，吴惠芳书记让村民在家门口尽享文化盛宴，全村上下紧密团结在党的周围，形成齐心协力共谋发展的氛围。吴栋材与吴惠芳两任书记都高度重视并充分肯定他人的贡献，这是永联村取得成功的关键因素。

> 1990 年冬，吴栋材书记在理发店偶遇一位贫寒的青年用一把 1 角硬币支付理发费，这件事让他非常在意。经过了解，青年生活困苦且缺乏技能，吴栋材书记心生怜悯，恰好永联轧钢厂缺工，便请理发师转达工作机会。青年得知后非常感激，进厂后勤奋工作，表现优异，生活也因此改善，人也变得更加精神。吴栋材书记的善举赢得了理发师和青年的称赞。

永联村通过村干部梯队化培养、职业化薪酬体系、规范化考核机制，以及对个人的贡献予以表彰和认可等一系列激励举措，有效激发全村上下的团结力和拼搏力。吴惠芳书记明确向村民们传达了一个信息：每个人的辛勤劳动和所做贡献都被看在眼里、记在心上，并会得到应有的重视。

> 2020 年 9 月，吴惠芳在张家港市农村发展大会上指出，永联村成功的秘诀就是把党的全面领导坚持好，把党的方针政策落实好，把党的基层书记选配好，把基层领导班子建设好。永联村将把组织振兴作为推动乡村振兴战略的“红色引擎”，全面加强农业农村现代化的组织架构和群众根基，致力打造“最强党组织”。加强党对“三农”工作的领导，强化农村基层党组织的战斗堡垒功能，畅通联系服务群众的“最后一百米”，不断提升农村基层党组织的组织力、凝聚力、战斗力，确保全市农村群众紧密团结在党的旗帜下。要把“最优带头人”选出来。

学习随笔

火车跑得快，全靠车头带。实践证明，凡是先进村，都有一个共同特点，就是“能人兴村”。而实际上，每个村民都有潜力成为一个推动村庄发展的能人。

2. 实施村民个性化认可机制

对村民的个性化认可是村庄发展的重要推动力，它不仅能够激发村民的积极性和创造力，还能增强村民的归属感和凝聚力，从而促进乡村的整体进步。针对村民集体意识逐渐淡化的问题，吴惠芳书记带领永联村的干部们积极行动，着力培育村民的公民意识，同时完善议事机制，有效激发了大家参与乡村振兴的热情。他们成立张家港市南丰镇永联爱心互助志愿者联合会，开展法治活动，建设村民议事厅，让村民参与决策，如规范婚迁入村民待遇，确保经济分配公平，增强村庄凝聚力和向心力。通过设立“最美永联人”评选活动，表彰在环保、公益、创业等领域表现突出的村民，并给予物质和精神奖励。这一举措不仅让村民感受到自身价值得到认可，还形成了良好的社会风尚，推动了村庄的和谐发展与经济繁荣。

二、适时庆祝，提升集体主义自豪感

在永联村的发展历程中，历任书记始终坚守以村民为中心的发展理念，不断推动乡村走向繁荣。从吴栋材书记到吴惠芳书记，他们不仅致力提升村民物质生活水平，还将满足村民的精神文化需求视为己任，使得永联村成为乡村振兴的杰出代表。吴栋材书记特别关注老年人的幸福生活，积极推动集体养老机制的建立，并带领村民们参观上海世博会，展示中国农民风貌。吴惠芳接任书记一职后，更是引领永联村迎来文化振兴的新篇章，他建立了永联美术馆，深化文化发展战略，促进文化与产业、生态、旅游融合。

1. 打造集体主义精神

吴栋材书记面对村民乱扔垃圾问题，未采取简单的罚款措施，而是从集体利益出发，通过发放垃圾袋和设立堆放点，引导村民养成良好的卫生习惯，维护村容整洁。同时，他深感村里老年人生活艰辛，推动建立了全面的集体养老机制，包括发放养老金、困难补助及提供免费住房，保障老年人晚年幸福。吴惠芳书记则与村干部界定集体经济组织成员身份，确保村民共享集体经济发展成果，通过制定《确权办法》，明确社

学习随笔

员身份和权益，增强村民集体归属感和凝聚力。

在吴栋材与吴惠芳两任书记的共同努力下，永联村持续探索科学、可持续发展道路，贯彻创新、绿色、共享发展理念，提升村民幸福指数。通过深化改革、加强交流合作，永联村将挖掘潜力、优化资源配置，为乡村振兴树立典范，探索共同富裕之路，书写更加辉煌篇章。

2006年，吴栋材书记在看到村里老人仍在为生计奔波后，深感心痛，于是推动永联村包括发放养老金、困难补助及提供免费住房等在内的集体养老机制的建立。72岁的周秀琴作为东华村并入永联村后的新永联人，从2007年开始领取养老金，生活质量得到显著提升。2011年，养老金因物价上涨提高至600元，周秀琴对此非常高兴。永联村的良好养老保障也让周边乡村的老人感到羡慕。吴惠芳接任书记后，注重集体经济组织成员身份的界定，确保每位村民都能共享集体经济发展的成果，这种公平、共享的集体主义精神，不仅增强了村民的归属感，也彰显了永联村在发展与治理中的智慧与温情。

吴惠芳书记作为基层党员和农村工作者，深受习近平总书记“中国共产党根基在人民、血脉在人民、力量在人民”这句话的感召。他坚持全心全意为人民服务的宗旨，将群众利益放在首位，通过建立多项福利保障和二次分配机制，让永联村11 000余名社员共享集体经济发展成果。同时，他组织成立劳务公司、保安物业公司，建设农民创业园和商业门店，促进村民就业。此外，永联村还投资建设文化活动中心和戏楼，推动社会文明建设。吴惠芳书记的努力使永联村村民过上了更加幸福的生活。

永联村将继续在乡村振兴的道路上稳步前行。随着5G网络、大数据、云计算等新一代信息技术的深入应用，永联村将进一步推进数字乡村建设，优化数字应用场景，提升乡村治理现代化水平。同时，永联村还将积极探索农业高质量发展之路，充分融合农村一二三产业，构建完整、可持续的农业产业链。在集体经济方面，永联村将继续深化产权制度改革，推动集体经济发展职能和社会治理职能相分离，实现集体经济的高效、可持续发展。此外，永联村还将注重人才培养和引进，为乡村振兴提供更强的智力和人才支持。相信在永联村历任领导的带领下，在全体村民的共同努力下，永联村的未来将更加美好，成为乡村振兴的典范和共同富裕的样板。

学习随笔

2. 全村上下共庆盛事

2010年上海举办第41届世博会，永联村获得在世博会上举办主题展的机会。站在新时代的潮头，吴栋材书记敏锐地察觉到上海世博会不仅是一场全球瞩目的盛会，更是永联村踏上国际舞台、展现自身魅力的难得契机。因此，吴栋材书记展现出了非凡的领导力与远见卓识，力排众议，坚定信念，最终带领永联村在世博会上，以声像视频、智能模型、实物展示等方式呈现出新农村建设、城乡一体化建设的辉煌成就和美好前景。

不仅如此，吴栋材书记还认为这是让永联村村民接触世界的绝佳机会，是提升村民素养、展现永联风采、加速乡村发展的黄金机遇，因此提议集体出资组织“万人游世博”活动。尽管有村干部反对，认为村民文化水平低、经济花费大，但吴栋材书记坚持认为去世博会学习和长见识对村民有益，最终说服大家同意出资400多万元分批组织村民参观世博会。在5月25日，永联村启动永联“万人游世博”活动，吴栋材亲自带领首发团前往上海，鼓励村民文明参观，展现农民风貌。活动持续到10月底，几乎所有村民都参与了这一盛会。

除了世博会这样的“大”盛事，永联村几乎每天都有自己的“小”盛事。吴惠芳书记在永联美术馆建成之日，向大家表达了永联村对于文化建设的重视，永联村的“魂”，并非靠“一掷千金”堆成的，而是源于几十年如一日的精耕细作。在吴惠芳书记的高度重视与亲自参与下，永联美术馆的建立成为推动永联村文化产业发展的新引擎。不出永联村，村民既能享受一台好戏、一场演出、一部电影、一个展览，又能探索传统手工艺与现代设计的融合之道，共同促进永联村文化产业的发展。

永联经验

乡村是村干部的“练兵场”，这里工作繁重、矛盾交织，无论是宏观层面政策制度的落地实施，还是微观层面家长里短的调解处理，都蕴含着深厚的学问。根深才能叶茂，作为村干部，需要思考如何静下心来扎根基层、汲取养分，以更好地管理和发展村庄。永联经验体现在以下两处：

第一，历任书记都扎根农村，始终将村民福祉和乡村长远发展视为己任。

吴栋材书记关注村民精神需求与老年福祉，调整工业结构，为村庄经济注入新活力。吴惠芳书记深化乡村振兴战略，推动文化、生态、旅游融合发展，提升村民审美与文化品位，加强基层党组织建设。认可并激励村民贡献，对村民表现寄予信任和期待，实施个性化认可机制，如通过“最美永联人”评选，增强村民归属感和凝聚力。

第二，积极打造集体主义精神，组织集体活动，让村民在共同庆祝的氛围中感受团结的力量，村干部亲自参与庆祝活动，拉近与村民距离，让村民感到被认可和尊重。

总之，优秀的村干部通过认可村民的贡献、激发村民的潜力、增强团队的凝聚力，以及提升村民的集体主义自豪感，将全村上下紧密团结在一起，形成了一股强大的合力，推动乡村和谐、有序地发展。

我这个人对个人的升迁看得很淡，只想活着的时候为老百姓做点看得见摸得着的事。

——吴栋材

第七章 成为一心为民的好书记

学习随笔

永联村，在中国60万个行政村中犹如一颗璀璨的明珠，其在吴栋材与吴惠芳两任杰出村党组织书记的接力领导下，历经40多年的艰苦奋斗，实现了从昔日贫困落后村落向共同富裕典范的华丽转身，不仅树立了农业农村现代化的新标杆，也为全国农村发展提供了宝贵经验。值得注意的是，两任书记均为军人出身，他们是中国广大基层组织中“班长”角色的杰出代表，以其卓越的领导才能和无私奉献精神，引领永联村走向繁荣。回溯两任村党组织书记接力领导永联村40多年的奋斗历程，其卓越的领导才能可归结为以下五点。

一、以身作则，树立典范

吴栋材书记，被誉为永联村的“改革先锋”，以坚定的责任感和使命感，引领村民走出了一条独具特色的富裕之路。在吴栋材书记的带领下，村民们齐心协力，挖鱼塘、种经济作物、兴办工厂，不仅成功清偿了历史遗留的债务，还为村庄积累了宝贵的发展资金，奠定了坚实的经济基础。而吴惠芳书记，在退役后毅然选择回到家乡，将满腔热血倾注于这片养育他的土地。他以身作则，勤勉工作，用实际行动诠释了忠诚与奉献的深刻内涵，为村民树立了忠诚为民、无私奉献的光辉榜样，激励着每一位永联人不断前行。

学习随笔

二、共筑愿景，引领未来

两任书记均拥有领导者的风范，善于描绘永联村发展的宏伟蓝图。吴栋材书记通过引进先进的轧钢设备，开启了永联村的工业化进程，为村庄的经济发展注入了强劲动力。而吴惠芳书记则在此基础上，进一步推动教育、医疗、乡村旅游等方面的现代化建设，不仅显著提升了村民的生活质量，还使永联村成为一个宜居宜业、和谐美丽的社会主义新农村。两任书记的接力奋斗，共同绘制了永联村繁荣发展的美好画卷。

三、勇于革新，挑战陈规

面对发展困境，两任书记均展现出非凡的勇气和决心，敢于突破常规，寻求创新之路。吴栋材书记在面对村庄经济滞后、债务沉重的困境时，敢于投资建设轧钢生产线，这一大胆决策不仅为永联村的经济腾飞奠定了坚实基础，还成为村庄工业化的重要里程碑。而吴惠芳书记则在继承前人成果的基础上，勇于创新，推动产业结构转型升级，发展乡村旅游等新兴产业，为村庄注入了新的活力，使永联村在激烈的市场竞争中保持了强劲的发展势头。

四、赋能团队，共促成长

两任书记均深知团队建设和人才培养的重要性，致力打造一个团结、高效、富有战斗力的领导集体。吴栋材书记在企业改制中，坚持村民持股的原则，让村民共享企业发展的成果，这一举措不仅增强了村民的凝聚力和向心力，还激发了村民的积极性和创造力。而吴惠芳书记则通过建设农民创业园、举办技能培训等活动，为村民提供了广阔的就业创业平台，提升了村民的自我发展能力，为村庄的持续发展奠定了坚实的人才基础。

五、激励人心，凝聚力量

两任书记均善于运用激励手段，激发村民的斗志和信心。吴栋材书记以实际行动为村民树立了榜样，他的坚韧不拔、勇于担当的精神深深感染了每一位村民，激发了村民的奋斗热情。而吴惠芳书记则通过展示现代化建设的成果，让村民切实感受到村庄发展的巨大变化，从而提升了村民的幸福感和归属感。两任书记的共同努力，使永联村形成了强大的发展合力，为村庄的繁荣稳定提供了有力保障。

学习随笔

永联村两任村党组织书记的实践充分证明，优秀村党组织书记应具备以身作则、共筑愿景、勇于革新、赋能团队、激励人心的领导力，以及强烈的使命感、创新精神、团队合作精神、公正无私和关怀民生的核心特质。这些特质对于推动农村发展、实现共同富裕具有不可估量的价值。建议各地农村在选拔和培养村党支部书记时，充分借鉴永联村的成功经验，注重领导力与核心特质的双重考量，为乡村振兴战略实施提供坚强的人才保障。

永联经验

永联村，在中国60万个行政村中独树一帜，改革开放40多年来在吴栋材与吴惠芳两任杰出村党组织书记的接力领导下，实现了从贫困到富裕的华丽转身，成为农业农村现代化的典范。两任书记以军人出身特有的坚韧和奉献，展现了卓越的领导力。他们以身作则，树立典范；共筑愿景，引领未来；勇于革新，挑战陈规；赋能团队，共促成长；激励人心，凝聚力量。吴栋材书记开启工业化进程，奠定经济基础；吴惠芳书记推动现代化建设，提升村民生活质量。他们注重团队建设，激发村民潜力，运用激励手段凝聚发展合力。

永联村的成功经验证明，优秀的村党组织书记应具备以身作则的自觉性、强烈的使命感等核心特质。永联经验为选拔和培养基层党组织书记提供了借鉴，为乡村振兴战略的人才建设提供了参考。

第四篇

把基层领导班子建设好

习近平总书记指出：“乡村振兴，关键在人、关键在干。必须建设一支政治过硬、本领过硬、作风过硬的乡村振兴干部队伍。”[①] 乡村干部队伍奋斗在第一线，承担着各项方针政策在农村地区的落实落地工作，是党和国家与广大农村群众联系的关键桥梁。新时代新征程，乡村干部队伍需要全面贯彻新发展理念，以更强的创新精神和实践能力主动适应农业现代化发展趋势，积极引领农村产业转型，为农民谋求幸福生活。因此，建设一支政治过硬、本领过硬、作风过硬的乡村干部队伍，

① 习近平：《坚持把解决好“三农”问题作为全党工作重中之重　举全党全社会之力推动乡村振兴》，《求是》，2022年第7期，第17页。

建设一个强大的领导班子，成为全面推进乡村振兴的关键。

永联村之所以取得如此好的成绩，重点是拥有一个强大的领导班子。“一个篱笆三个桩，一个好汉三个帮”，在永联村建设一个强大的领导班子是村党组织书记的职责。吴栋材书记认为：就算自己浑身是铁，也打不了几颗钉，只有领导班子强、队伍壮，自己的主张和愿望才能实现。由于农村工作的特殊性和复杂性，农村领导班子队伍建设也有自己的特征和原则。怎样加强领导班子队伍建设？选什么人作为领导班子成员？如何更好地发挥领导班子成员的作用？这些在永联村建设一个强大的领导班子的实践中，都得到了明确的答案。

永联村能够取得如今的发展成就，最根本的原因在于坚持党的领导，最核心的经验就是“把党的全面领导坚持好，把党的方针政策落实好，把党的基层书记选配好，把基层领导班子建设好”。永联人将组织振兴作为实施乡村振兴战略的“红色引擎”，全面夯实农业农村现代化的组织基础和群众基础。要想村里工作做得好，必须选优、配强村党组织书记，打造一批乡村标杆书记，培养一批“兴村特岗”书记，储备一批青年尖兵干部，团结和带领农村广大群众，形成“干事创业一条心，众志成城谋发展”的火热氛围。具体而言，必须做到以下两点：其一，把“最优带头人”选出来，“火车跑得快，全靠车头带”。实践证明，凡是先进村，都有一个共同特点，就是“能人兴村”。其二，把“最强党组织”建起来，加强党对“三农”工作的全面领导，强化农村基层党组织的战斗堡垒作用，不断提升农村基层党组织的组织力、凝聚力、战斗力，将农村群众紧密团结在党的周围。

对于村级带头人而言，拥有挑战现状的领导力尤为关键，因为它不仅关系到个人的成长，还是推动整个乡村向前发展的重要动力。

▶ 吴栋材在会议上发言

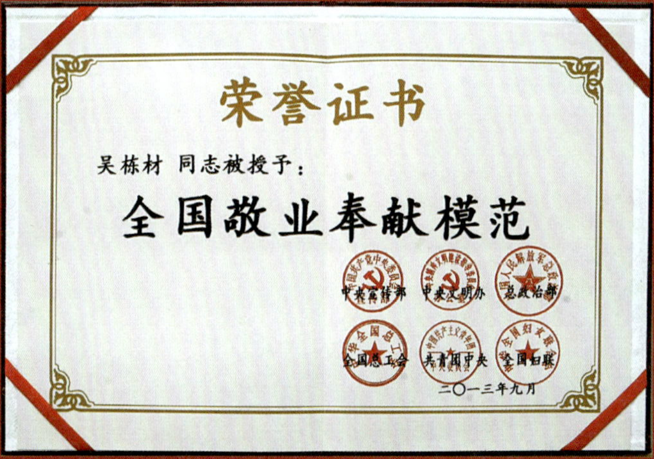

▶ 吴栋材荣获“全国敬业奉献模范”证书

▶ 吴惠芳与村民交谈

永联村打破只用本村人禁锢，改变只信身边人思维，拓宽选人、用人渠道，打破地域、职业、身份、资历界限，将有思路、有方法、能带领群众致富的人员选拔纳入村“两委”干部队伍。

▲ 吴栋材组织召开村党委班子会议

▲ 吴栋材走进员工宿舍与员工交谈

思路决定出路，农村要科学发展、持续发展，关键在于发展的理念和思路，根本在于党委班子的视野与素质。学习是开阔眼界、提高素质最有效的办法之一。

▲ 永联村组织党员干部外出参观学习

▲ 吴栋材在炼钢车间检查生产情况

▲ 吴栋材在炼钢车间中控室指导生产

坚持放开手脚办事，不能机械地执行政策，既要积极主动地结合实际情况，又要确保政策落实到位，真正为村民谋福祉，推动村庄发展再上新台阶。

▲ 吴栋材在指导项目建设工作

▲ 永联小镇——集产业美、生活美、生态美、素质美于一体的现代化小镇

在构建开前门堵后门机制的过程中，永联村党委认识到加强相关制度建设不能含糊，在实践中执行纪律不走样，关键在于领导班子在执行规章制度中要发挥好带头作用。

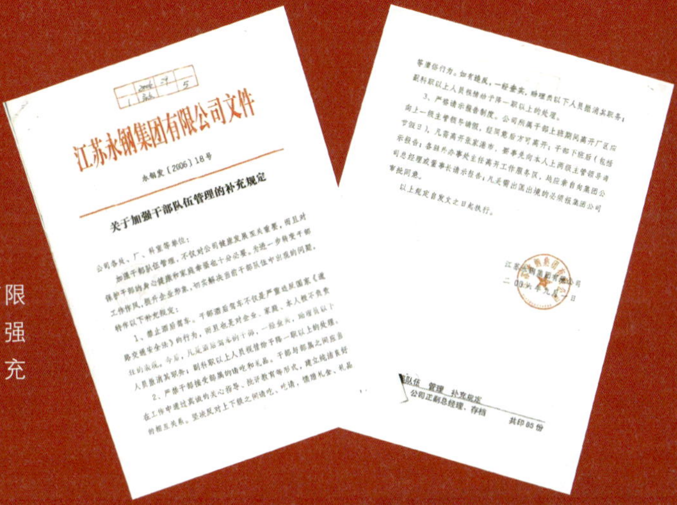

江苏永钢集团有限公司文件

永钢发〔2006〕18号

关于加强干部队伍管理的补充规定

公司各处、厂、科室等单位：

加强干部队伍管理，不仅对公司健康发展至关重要，而且对保护干部的身心健康和家庭幸福也十分必要。为进一步转变干部工作作风，提升企业形象，切实解决目前干部队伍中出现的问题，特作以下补充规定：

1、禁止酒后驾车。干部酒后驾车不仅是严重违反国家《道路交通安全法》的行为，而且也是对企业、家庭、本人极不负责任的表现。今后，凡是酒后驾车的干部，一经查实，助理员以下人员撤消其职务；副科职以上人员视情给予降一职以上的处理。

2、严禁干部接受部属的请吃和礼品。干部与部属之间应当在工作中通过真诚的关心指导、批评教育等形式，建立纯洁良好的相互关系。坚决反对上下级之间请吃、吃请，馈赠礼金、礼品等庸俗行为。如有违反，一经查实，助理员以下人员撤消其职务；副科职以上人员视情给予降一职以上的处理。

3、严格请示报告制度。公司所属干部上班期间离开厂区应向上一级主管领导请假，经同意后方可离开；干部下班后（包括节假日），凡需离开张家港市，要事先向本人上两级主管领导请示报告；各驻外办事处主任离开工作服务区，均应亲自向集团公司总经理或董事长请示报告；凡是需出国出境的必须报集团公司审批同意。

以上规定自发文之日起执行。

江苏永钢集团有限公司
二〇〇六年九月一日

队伍 管理 补充规定

公司正副总经理、存档 共印85份

▶ 江苏永钢集团有限公司内部《关于加强干部队伍管理的补充规定》

▲ 2024 年 7 月，永联村党委班子成员赴浙江深入学习“千万工程”经验

永联村与时俱进，充分调整乡村治理结构，形成了“党建引领、区域协同、民众参与、依法办事”的乡村治理模式，较好地理顺了关系，增强了乡村治理能力，实现了乡村有效治理。

▲ 永联村党委班子成员规划该村的发展蓝图

▲ 永联村第七届村民代表大会第三次会议召开

▲ 2008 年 9 月，“中国农村改革开放 30 年暨新农村建设研讨会”参会人员合影

▲ 2014 年 5 月，城镇化进程中的乡村治理——中国“三农”发展（永联）研讨会参会人员合影

永联村通过缩小城乡差距，改善工作条件，加强待遇保障，提高生活水平，促进公平发展，激发广大干部服务农民热情。

▲ 干部签订责任书

▲ 永联议事厅建成投用

永联村大力推进精神文明建设，张家港市南丰幼儿园永联园区、张家港市南丰小学（永联校区）和张家港市永联卫生院均为村内重要建设成果，三者协同发力，以文明教育、文明启蒙和文明服务助力永联村文明新风，提升村民文明素养，彰显永联村文明建设的全面性和实效性。

▲ 张家港市南丰幼儿园永联园区和张家港市南丰小学（永联校区）

▶ 张家港市永联卫生院

永联村通过一系列举措鼓励各类人才汇聚农村，助力乡村振兴。永联村建设了现代化的钢村嘉园，为人才提供了高品质的居住环境；为永合社区的困难学生发放了助学金，解决了人才子女教育的后顾之忧；创建了永联村金手指广场，并以此作为标志性场所，展示了永联村的奋斗精神和开放姿态，吸引了人才投身乡村建设。

◀ 钢村嘉园

◀ 永合社区困难学生助学金发放仪式举行

▲ 永联村金手指广场

我们村的建设发展，靠的是上级党委选准了一个好书记，我们建设了一个好班子，落实了党的好政策，这既是我们的经验和体会，也是对我们党委班子一代接着一代干，带领全村在乡村振兴道路上走在前列、当好标杆所提出的要求。

——吴惠芳

第一章　坚持能人治村兴村

学习随笔

村级带头人的能力对乡村发展尤为关键，通过积极主动地寻找和解决问题，勇于尝试和创新，村级带头人能够推动乡村的内部发展。通过观察与分析外界的变化和趋势，学习外部的经验与做法，建立外部联系与合作，为乡村引入新的资源和机会，促进乡村社区的整体发展。

一、村级带头人的动力与行动力

村级带头人以强烈的责任感和使命感，为永联村的发展注入强大动力。他们以身作则、率先垂范，凝聚村民合力，推动乡村振兴，让永联村在新时代焕发出新光彩，成为乡村振兴的中流砥柱。具体而言，村级带头人主要从以下三个方面展现其强大的动力与行动力。

一是积极主动迎接挑战。村级带头人领导力的核心要求是不仅要迎接挑战，还要创造机会。 同时，村级带头人要主动识别与定义问题：村级带头人需要具备敏锐的洞察力，能够及时发现乡村社区中存在的问题。这要求他们必须经常深入社区，倾听村民的声音，观察社区的动态，从而准确地找出需要解决的关键问题。

二是积极寻求解决方案。发现问题后，村级带头人应积极寻求解决方案。这意味着他们要主动采取措施，不能等待外部的援助或指令，利用村内的资源和智慧，寻找解决问题的方法。这可能涉及召开村民会议，

学习随笔

收集意见和建议，或者与其他社区或组织合作，共同探讨解决问题的方案。

三是勇于尝试与创新。村级带头人不仅要勇于创新，尝试运用新的方法和手段，还要鼓励和动员社区成员一起尝试，从实践中学习，不断优化和改进。这种勇于尝试与创新的精神能够激发社区的创新活力，推动乡村社区的发展。

改革开放以来，在党的领导下，永联村由贫困落后的移民村蜕变为乡村振兴的璀璨明珠，这是永联人民的奋斗精神及历任村党组织书记的智慧、勇气与行动力的见证。改革开放初期，永联村面临地势低洼、灾害频发等挑战。吴栋材书记带领村民发展工业，实现工业化、城镇化、农业现代化联动。他注重经济发展与民生改善，实行公平住房政策，建设文化设施，提升村民文明素质，为永联村注入新活力。

二、村级带头人的视野与学习力

洞察外界是展现村级带头人领导力的另一个重要方面。它要求村级带头人不仅要关注社区内部，还要放眼外部，从中汲取知识和灵感，以促进乡村社区的发展。

一是观察与学习能力。村级带头人应积极观察外部世界，包括参观其他成功的乡村项目，参加相关的培训和研讨会，或者通过网络和媒体了解其他社区的创新做法。通过学习外部的经验，村级带头人能够为乡村社区带来新的视角和解决方案。

二是建立联系与合作能力。村级带头人要加强与外界的联系，这可能包括政府机构、非政府组织、企业和其他乡村社区。这些联系可以为乡村社区带来资源、资金、技术支持和市场机会。通过与外部世界的合作，村级带头人能够为乡村社区争取到更多的发展机会。

三是适应变化与趋势能力。村级带头人要有洞察事物变化的能力，能够捕捉到外部世界的变化和趋势，并善于分析这些变化与趋势可能对乡村社区产生重大影响，同时及时调整社区的发展策略，以适应这些变化。

党的十六届五中全会提出建设社会主义新农村任务，永联村迎来了新机遇。吴惠芳书记接过吴栋材书记的接力棒，面对新形势、新任务，

学习随笔

村级带头人加强学习，提高认识水平，提出了“六个化”标准，全面推进新农村建设。他带领团队规划合作项目，抓住全面数字时代机遇，推动数字永联发展。在历任村党组织书记的不懈努力和全体村民的团结奋斗下，永联村从贫困落后走向繁荣。如今，永联村已成为富裕美丽、文明和谐的社会主义现代化新农村。相信在党和政府的领导下，永联村将迎来更加辉煌的明天。这一历程不仅诠释了永联村的发展，也深刻揭示了中国农村集体经济发展道路。

三、村级带头人的信念与感召力

永联村的两位书记，他们不仅坚定理想信念，以身作则、廉洁自律，还以公道正派赢得了村民的广泛尊敬与信赖，成为村民心中的楷模。

永联村在两位书记的引领下，通过宣传好人好事，激发了村民的荣誉感和进取心。同时，他们不断完善村规民约，形成了村民共同遵守的行为准则。

吴栋材书记凭借坚实的群众基础和丰富的治理经验，为永联村的发展奠定了坚实的基础。他以身作则、廉洁自律，树立了高尚的道德榜样，营造了一个和谐共进的发展环境。这一优良传统被吴惠芳书记继承并发扬光大，他引导村民积极践行社会主义核心价值观，共同参与村庄建设，形成了强大的凝聚力。

针对村民集体意识淡薄问题，吴惠芳书记注意培育村民的公民意识，完善议事机制，激发乡村振兴热情。在永联村成立张家港市南丰镇永联爱心互助志愿者联合会后，吴惠芳书记带领村民开展法治活动，建设村民议事厅，确保经济分配公平，增强村庄凝聚力。在永联村历任村党组织书记的努力下，永联村的经济得到了进一步的发展，村民的参与感和归属感得到了增强，乡村振兴也有了新的活力。

四、村级带头人的原则与感染力

作为党员，两位书记始终秉持公道正派的原则，他们率先垂范，积极践行社会主义核心价值观，充分发挥了党员的引领作用。在他们的带领下，永联村不断加强法治教育，村民的法律意识不断增强，为法治乡村建设做出了积极贡献。他们坚信，只要大家齐心协力，秉持公道正派的原则，就一定能取得显著成效。

学习随笔

在两位书记的传承与发扬下，永联村村民深刻认识到拥有共同的价值观的重要性。全村上下一心，共同努力，朝着建设和谐、美丽、宜居家园的目标迈进，成为践行社会主义核心价值观的典范。吴惠芳书记对乡村振兴有着深刻的理解，他大力发展乡村旅游，实现了经济的多元化和可持续发展，为永联村的长远发展注入了新的活力。

此外，吴惠芳书记坚守廉洁奉公、勤政为民的原则，与村民保持密切联系，弘扬社会正能量，这不仅提升了村民的道德素养，还形成了良好的社会风尚。这些举措激发了村民参与乡村振兴的热情，为永联村的繁荣发展注入了强大的精神动力。

在乡村振兴的宏伟蓝图下，永联村党组织书记与村民们携手并进，携手共建共同的价值观，这不仅是一次传统与现代的融合，还是给后代子孙的一份厚重的传承。吴栋材书记带领村民们深入挖掘村庄的历史文化底蕴，使村民们不仅加深了对本土文化的认同感，还在无形中增强了对家园的深厚情感，为共同价值观的形成奠定了坚实的基础。

吴惠芳书记接过改革的接力棒，结合永联村的实际，引导村民们将共同价值观融入日常的生产生活。他鼓励大家采用生态友好的耕作方式来保护耕地，倡导邻里互助，构建和谐社区，让传统美德在新时代继续发光发热；同时，他还积极推动教育与科技的普及，鼓励年轻人返乡创业，利用互联网和现代农业技术，为村庄的经济发展注入新鲜血液。

五、村级带头人的价值观与影响力

成为值得信赖的村级带头人的第一步就是要明确自己的价值，即要拥有基本的信念。然而，仅仅明确个人的价值观还不够，还要建立共同的价值观。

形成共同的价值观需要时间和过程，它需要通过对话和讨论，通过相互理解和认同来达成。作为村级带头人，要努力让村民和自己都对这些共同的原则负责。为了帮助村民倾听自己内心的声音和明确共同的价值观，永联村主要采取以下行动：其一，回顾自己的个人信条——思考村庄所需要的价值观或原则。其二，明确个人价值观的重要性，设法找到并用自己的声音表达出来，不要只是重复村庄推崇的价值观。其三，重新审视村庄的愿景及其推崇的价值观。其四，反思个人价值观和村庄所推崇的价值观之间的一致性。

通过这些行动，村级带头人可以更好地形成村庄的共同价值观。此外，定期的谈话会让广大村民知道共同价值观的重要性。在每次互动中，村级带头人要将村民的注意力引向重要的价值观方面。

学习随笔

永联经验

村级带头人的能力对乡村振兴十分重要。永联村坚持能人治村兴村的实践告诉我们，村级带头人要有行动力，能够直面挑战，敢于创新，解决问题；要有学习力，善于观察，主动适应形势变化，能够抓住发展机遇；要有感召力，以坚定的信念、优良的作风赢得村民的信任；要有感染力，能够坚持原则，率先垂范，积极践行社会主义核心价值观；要有影响力，能够带动村民形成共同价值观。永联村的实践经验启示我们：加强村级带头人的培养关键在于能力的提升，而村级带头人的行动力、学习力、感召力、感染力和影响力是村级带头人的核心能力。

在国际化、市场化条件下，村企发展的实力，关键在于人才队伍的实力，竞争优势来源于人才队伍的优势。

——吴惠芳

学习随笔

第二章 积极广纳杰出人才

人才是第一资源，乡村振兴离不开人才振兴。对于广大乡村地区的发展来说，最仰仗的是人才，最缺少的也是人才。当前，不少农村经济组织与村级党组织或者村委会实行“两块牌子、一套班子”工作机制，管理人员大多年龄偏大、学历不高、经营能力不强，这样的管理班子很难让企业在市场中保持竞争力。

而永联村打破只用本村人禁锢，改变只信身边人思维，树立广纳杰出人才观念，将有思路、有方法、能带领群众致富的人员纳入村“两委”干部队伍，体现了永联村对人才的高度重视。这种开放的人才观不仅为乡村建设带来了新鲜血液，也为各类人才提供了广阔的发展空间。

一、打破只用本村人禁锢

永联村建村初期，只有254户、700多人，如果仅仅是种植水稻、开挖鱼塘、创办手工业小作坊，劳动力尚且够用。但是，自从创办永联轧钢厂后，不要说村里的劳动力不够用，懂技术、会经营的人才就更缺乏了。永钢集团发展初期共有职工12 000多人，永联村共有村民11 000人，即使全村的村民都去永钢集团上班，还差1 000多人。因此，永钢集团不仅要大量引进人才，还要招收大量工人。“招来女婿得罪儿”，这是中国农村传统文化的痼疾，不要说在农村，这种现象在全国不少地方

学习随笔

都很普遍。永联村挖鱼塘、办工厂有了收入，村民尝到了甜头，看到了盼头，却要招收大批的外来人员分一杯羹，村里许多人就不干了，并产生了抵制情绪，认为外来人员侵犯了自己的权益。

特别是一些管理岗位，一开始是从本村人才中选拔管理干部，村民容易接受，但是选拔外来干部，群众就会有意见，一些地方和单位对外来干部甚至有抵触情绪，认为他们占据了自己的位置，阻挡了自己进步的道路。许多村民想不通，认为自己辛辛苦苦创建起来的厂，凭什么要让外来人员来管？对此，吴栋材书记心里明白，村民很少与外界接触，难免有地方主义的狭隘观念。吴栋材书记苦口婆心地做工作、讲道理，从永联村的现实经营之需和长远发展之要来讲清人才的重要性，并在一次村民大会上亮明党支部的坚定态度：“外来人员到永联村工作是为我们创造财富。今后，谁给外来人员‘穿小鞋’，我就砸谁的饭碗。”从此，永联村在工作中坚持做到：不分本村人员与外来人员，谁有能力谁就有职务、有岗位、有收入。

二、改变只信身边人思维

农村人情关系错综复杂，大多都沾亲带故，村干部的亲戚朋友许多都在企业里上班，这都是很正常的现象，因为中国的农村自古以来就是亲情社会、熟人社会。但实施乡村振兴必须唯才是举，而不是任人唯亲。所以，管好干部的亲戚朋友，是选人用人，发挥人才的积极性、创造性和赢得群众信任的关键。吴栋材书记带头从严要求自己，他告诫干部们：亲戚朋友更应该从严要求，不能有任何优待。他在大会上对亲戚朋友明确地说：“你们到厂里工作可以，但是要干得比别人好，谁要是犯了错误，处罚起来要比别人重。”他的 2 名亲戚因违反厂纪厂规被开除、降职。他的这条戒律也成为杜绝村里企业任人唯亲的法宝。

三、拥有聚八方人才胸襟

广发英雄帖，广聚八方才。只有始终保持求贤若渴、广纳人才的宽阔胸襟，才能激发乡村振兴的内生动力，实现乡村的全面发展。永联村每年招收 300 多名大学生，建立了“分类管理、公开竞聘、学习提升”三项机制，以及“能者上、优者奖、庸者下、劣者汰”的用人机制，并为人才提供全链条服务。吴栋材书记求贤若渴，甚至还上演了现代版的“月下追韩信”“三顾茅庐”等故事。

学习随笔

1993 年，黑龙江省西林钢铁厂的厂长李廷夫来永钢集团考察时，对永钢集团刚投产的轧钢机提出了很多中肯的改进建议。吴栋材书记知道后就问人在哪里，在得知此人已经前往无锡后，就立即安排了 2 名副厂长追到无锡火车站去挽留他。最终，这位黑龙江省西林钢铁厂的厂长被永联村村民的真诚打动，进入永钢集团工作，一直到 2010 年才退休。也正是这样一种求贤若渴、爱惜人才的意识，让永联村的领导班子队伍能够突破地域局限，吸引全国各地的人才，为永联村的建设和发展奠定良好的人才基础。

四、坚持唯才是举原则

任人唯亲是搞不好发展的，唯才是举才能人尽其用。但往往说起来容易，做起来很难。有许多问题就出在选人和用人不公、不当、不贤上。说的是任人唯贤，做的却是唯亲则信。这也使得一些人才发挥不了作用，他们要么远走他乡，要么无所作为。多年来，永联村坚持“五湖四海、三教九流，有为有位，无为让位”的用人观念。吴栋材书记胸怀宽广，不计前嫌，力主起用反对过自己的人，在工作中对其委以重任，获得了领导班子成员的好评。目前，永联村党委共有 9 名委员，仅有 2 人是永联籍，其余均来自其他镇村和省外，包括上海、安徽等地。在永钢集团领导班子 15 人中，仅有 2 人是永联籍。所以村庄的发展必须唯才是举，只有这样才能使村庄建设有足够的人力资源和人才资源，并做到人尽其用。

五、注重人才引进与培养

面对永联村经验不足与人才短缺的挑战，永联村领导采取了积极有效的策略进行应对。首先，永联村通过学习国外的管理经验，在工作中深刻认识到优化管理和培养人才的重要性。其次，永联村不断调整和优化产业结构，积极发展现代农业，同时注重科技创新，提高农产品的附加值和市场竞争力。永联村不仅大力引进外部人才，也注重对内部人才的培养和提升，通过举办各种培训班、讲座和实践活动，不断提升村民的综合素质和专业技能。这种内外结合的人才培养模式，使得永联村逐渐走出了人才短缺的困境。在两位书记的带领下，永联村成了乡村振兴的典范和标杆。两位书记展现出了强大的领导力和决心，带领村民突破传统的思维模式，踏上现代化转型之路。在这个过程中，永联人迎难而上，实现了从贫穷落后到富裕繁荣的华丽转身。

六、以开放心态提高竞争力

学习随笔

乡村振兴的征途，既要深深植根于本土的实际情况，又要怀抱开放的心态，广泛吸收外界的先进知识与智慧。在吴栋材书记的引领下，村民们有机会近距离感受全球各地的文化、科技等方面的创新成果，这不仅极大地开阔了他们的眼界，还激发了他们对新事物的探索热情和求知欲望。吴惠芳任书记后，深刻地认识到永联村面临的人力资源挑战。当时，永钢集团本科生人才匮乏，已严重制约了企业的长远发展。为了解决人才不足的问题，吴惠芳书记提出提高薪资至合理水平并亲自带队，从 2005 年下半年开始，成功招收到 300 多名大学生。同时，吴惠芳书记认识到钢铁企业一线员工必须具备严格的纪律观念和吃苦耐劳的精神。因此，他还特别招募了一批退伍军人，为永钢集团注入了新的活力。这些举措改善了永钢集团的人力资源结构，为企业稳健发展奠定了基础。

永联经验

农村人力资源有限，人才资源更有限，必须依靠五湖四海的人才。永联村的实践告诉我们：人才是第一资源，乡村振兴离不开人才振兴，只有坚持人才振兴，才能推动乡村振兴。只要在思想上尊重知识、尊重人才，在行动上培养人才、选拔人才，在生活上吸引人才、留住人才，就一定能迸发出海纳百川的巨大潜力。这既是“高点定位、先行探路”的应势之举，也是“补齐短板、重塑优势”的内在要求，更是“学习先进、发力赶超”的有效路径。

我们不是要放慢速度，而是要更好地发展。发展是硬道理，我们就是要又好又快地发展。

——吴栋材

学习随笔

第三章　努力在学习中开阔思路

思路决定出路，农村要高质量发展，关键在于发展的理念和思路，根本在于党委班子的视野与素质，而学习是开阔眼界、提高素质最有效的办法之一。

一、理论学习绝不含糊

党的理论在不断发展，只有理论上的清醒，才有行动上的自觉；只有认识上的统一，才有行动上的一致。所以处在乡村振兴的一线，如果不及时学习、理解、了解党的理论，工作就会没有方向。因此，对于党的理论，必须及时地学好、学深、学透，并且要真学真用。近些年来，永联村通过党委中心组学习和外出参加论坛、培训等，认真研究吃透党的政策精神，确保了永联村在新型工业化、农业现代化、乡村治理等方面的探索，符合党的理论要求和国家的政策法规。

习近平总书记指出：绿水青山就是金山银山。短短一句话，内涵丰富，蕴藏非常深刻的道理。永联村根据习近平总书记的“两山”理论，提出将现有河道水质由原定的一年内达到三类水标准修改为一年内达到二类水标准。生态环境不仅是老百姓幸福的基础，也涉及老百姓的健康，因此大家必须主动采取行动，保护生态环境。

学习随笔

习近平总书记还强调，推动长江经济带发展，坚持共抓大保护、不搞大开发。永联村是靠长江富裕和发展起来的。曾经的永联村有个渔业队，是靠长江捕捞为生的，长江的码头提供了非常好的物流运输条件。长江给永联村的经济发展提供了优势和便利。现在提出长江经济带共抓大保护、不搞大开发，该如何理解？永联村领导对这些相关的理论进行了认真学习，并得出了结论：长江是母亲河，滋养着两岸的人民，同时对于两岸的经济发展、未来的可持续发展、今后子孙万代的发展，都具有极其重要的作用。随着思想认识的提高，行动随之有了自觉性。永联村是刀鱼之乡、长江美食之乡，原本永联村连续 9 年每年举办一次乡村美食节，即长江江鲜美食节。现在，大家经过深刻思考，在讨论后提出，取消长江江鲜美食节。于是，从 2019 年开始，永联村不再举办长江江鲜美食节。由此可以看出，行动的自觉来源于对党的理论的深刻学习，永联村思想上的敏锐，落实指示的坚决靠的就是对党的理论的深入学习和理解。

二、学习形式丰富多样

领导班子的能力、素养并不是天生就具备的，提升领导班子的素养，必须下功夫着力培养。吴栋材书记在领导班子建设当中非常注意丰富学习的形式。

一是经常组织集中学习。吴栋材书记不仅爱学习，也经常组织大家集中学习。一旦有党的大政方针出台，他就会在第一时间组织大家进行政治学习，组织领导班子成员及时地收看党政新闻，组织大家学习兄弟单位的先进事迹和反面案例。通过办公会、班子会、组织生活会等，大家的理论水平得到提高，思想觉悟也随之得到提高。

二是经常组织外出参观考察学习。永联村党委每年组织领导班子成员外出参观学习不少于 3 次，有时甚至到国外去学习经验。这些年来，永联村的领导班子成员先后到北京参观了中华人民共和国成立 70 周年成果展、香山纪念馆、改革开放 40 周年成就展。到江西、浙江等地参观了先进的村庄；到华为技术有限公司，参观了先进的企业；到北京航空航天博物馆参观了高科技技术成果。过去，吴栋材书记也经常组织领导班子成员到国内外学习、考察和参观，思考永联村城镇化建设。比如在农民集中居住区建设永联小镇，到底该建成什么样子？永联村的领导班子

学习随笔

成员去往浙江、广东，甚至到欧洲，看了当地农村的一些建设情况，回来之后，重新定位，认为永联小镇不能建成欧式的、美式的小镇，而要有自己的地缘特色。因此，永联小镇最终确定建成具有江南水乡特色的小镇，建筑风貌以小桥流水、青瓦白墙为主，用现代的手法把传统的江南建筑元素给展现出来，努力将其打造成百年之后永联村的周庄。

三是组织学习交流。为了在讨论中统一思想，在讨论中互相启发，在讨论中互相提高，永联村的领导班子每次开讨论会前都要提前安排主题，让各位参会人员做好准备，在讨论中做到畅所欲言，让大家充分表达意见，真正做到集思广益。

三、政治学习学深悟透

深入学习党的理论，永联村的领导班子要发挥示范引领作用，带头学深悟透、以身作则，带动全体干部提升思想境界。具体而言，必须做到以下两点。

一是坚持读原著、悟真理。在学习中，永联村的领导班子特别重视在学深悟透上下功夫，牢牢抓住习近平总书记在党史学习教育动员大会上的重要讲话和《论中国共产党历史》这个“纲”，将习近平总书记“七一”重要讲话作为核心内容，引导全体党员学原文原著、悟真理真谛，在精读细研中强化“革命理想高于天”的信仰、“一心一意跟党走”的忠诚、“旗帜鲜明讲政治”的自觉、“人民至上”的情怀。

二是丰富党史学习教育方式。永联村的领导班子先后开展讲授一次党课，观摩一个阵地，召开一次研讨会，观看一场电影，学唱一首歌曲“五个一”活动；实施宣讲活动进楼道、进家庭，把学习教育覆盖到离退休干部和年老体弱党员；邀请专家、教授举行专题报告会，开展书记讲党课活动，组织党员参观嘉兴南湖中共“一大”会址、遵义会议旧址，举办图片展，组织文艺演出，开展党史知识竞赛，增强党史学习教育的生动性，提高党史学习的效率。

四、业务学习紧抓不放

永联村作为乡村振兴的典范，高度重视村企员工的业务学习与发展，并为其提供了丰富多样的学习渠道。

一是开展分层次、多级别培训。根据村企员工成长的需要，每年都要投入 1 千万元以上的资金，开展技能培训或专项培训。

二是开展学历班教育。为了帮助村企员工提高学历层次，村企长期与江苏科技大学等高校开展学历培训合作，开设学历班。经统计，累计有 1 000 余人分别取得大专、本科、硕士研究生的学历。

学习随笔

五、钻研摸索大胆创新

既要埋头苦干，也要抬头看路。任何企业，光有吃苦耐劳的精神是不够的，如果不懂得钻研摸索，大胆创新，路就走不长远。在永钢集团，员工们一直刻苦钻研，敢破敢立。

> 1993 年，根据北京科技大学提供的设计方案，530 车间建成投产，生产大规格钢筋，线速达 5 米 / 秒，年产能达 12 万吨。当时，市场上小规格钢筋需求大，订单多，永钢集团产能小的老车间根本应付不来。因此，永钢集团打算改造 530 车间，提高线速，轧制小规格钢筋。这时候，有些工人质疑说："专家设定的流水线，我们怎么改得了？"可是大部分坚强勇敢的永钢人相信：只要肯钻研，办法总比困难多。接下来的几个月，吴栋材书记跟技术人员天天守在设备旁边，连日奋战，终于完成了复杂的改造任务。但是，线速提高后，生产线出现了严重的冒料问题，造成了很大的浪费，而且钢筋易冲出冷床，很不安全。那些天，吴栋材书记被这些问题困扰得吃不好、睡不香，一有时间就扎在车间里，仔细琢磨如何解决堆钢问题。经过五天五夜不断摸索和钻研，吴栋材书记终于想到了一个解决办法，将小围盘改为大围盘，顺利生产出市场热销的 3 种小规格的钢筋。530 车间生产线的最初设计者、北京科技大学的钟廷珍教授来到永钢集团，看到改造后的 530 车间线速提高到了 15 米 / 秒，年产能提高到了 45 万吨，惊讶地说："你们能把我设计的生产线改成这个样子，真了不起！"
>
> 1995 年，永钢集团 650 车间型钢生产线改成大棒生产线后，成本高，效益也不好。一天，吴栋材书记在车间端详着这条生产线，脑子里冒出一个大胆的想法：将开坯线和轧制线合二为一，将钢锭直接轧成螺纹钢，不就可以大大降低生产成本了吗？当时，在国内轧钢界，还没有"一火成材"的先例，这个想法太

学习随笔

超前了。接下来几天，吴栋材书记天天都在650车间生产线前转悠，考虑实行“一火成材”的可行性。他在头脑里反复思考这个问题后，就问厂里的一些技术骨干：“你们觉得有没有这种可能，在650车间搞‘一火成材’，直接将钢锭轧成螺纹钢？”技术骨干都惊呆了，说目前没有一家钢厂这么做过。但吴栋材书记觉得如果不去试一试，永远不知道能不能成功。第二天，吴栋材书记开了个项目论证会，并将改造的各项工作做了明确分工。

经过一系列的改造、调试，“一火成材”最终获得了成功，这一消息轰动了全国轧钢界，各地钢厂掀起了学习永钢经验的热潮。

永联经验

永联村坚持学习、开阔思路的实践告诉我们以下两点：

第一，要重视党的理论政策学习，在农村工作，尤其是在经济发达地区的农村，往往会遇到各种各样的新情况、新问题，需要去面对和解决，但往往又没有现存的法规制度和成功案例可供借鉴，这就需要从党的理论中找到解决问题的办法，因为党的理论具有前瞻性，必须紧跟党走，及时学习党的最新理论。

第二，要积极学习和借鉴先进经验。山外有山，外出参观学习是克服骄傲自满、自我感觉良好的思想的有效方法，是找差距、长见识、增动力、促发展的重要手段。

这些年来，永联村的发展靠的是党的好政策，坚守的是铁心向党、永葆先进的革命信念，发展经济、富裕百姓是我的初心和使命。

——吴惠芳

第四章　坚持放开手脚办事

学习随笔

积极地落实党的政策，将党的政策落地生根、开花结果，永联村领导要有这样的能力，且必须具备这样的魄力。

一、要有抢抓机遇的眼界和魄力

党的政策是针对当前的形势做出的，形势是在不断变化的，形势变了，政策也必须改变，所以落实政策也是要讲机遇的。永联村领导不仅要有抢抓机遇的能力和敏感的神经，也要有领导者的魄力和眼光，还要努力抓住机遇，大力贯彻落实。

2008 年，当时党和国家出台了投资拉动经济增长政策。面对全球金融风暴的影响，我们国家大力开展基础设施建设，钢筋混凝土成了紧缺产品。根据国家投资拉动经济增长政策的指引，永联村领导叫响一句口号“三年再建一个新永钢”。因此，在短短的 3 年之内，永钢集团的产能从 450 万吨提升到了 900 万吨，规模扩大了 1 倍，这就是抓住了投资拉动发展的机遇。

2009 年，全国号召发展休闲农业，永联村领导再一次及时抓住机遇，投资 1 亿余元，打造了占地 500 亩的苏州江南农耕文化园。苏州江南农耕文化园的建设，为永联村老百姓的休闲生活提供了场所，为发展乡村旅游提供了引擎，为永联小镇上的人气、财气提供了重要的载体。机不

可失，时不再来。由此，可以看出永联村领导班子确实具有抢抓机遇的能力和敏感的神经，领导者的魄力和眼光也就此培养起来。

二、要有谋求发展的劲头和勇气

永联村的发展既要具备谋求发展的劲头和勇气，又离不开吴栋材书记的引领。他以敢破敢立的精神、敢想敢干的行动，带领村民从贫困走向富裕，为永联村的发展奠定基础。

一是带头寻找机会。永联村的发展历程是改革开放与乡村振兴的生动体现。自党的十一届三中全会起，永联村在吴栋材书记的带领下，紧抓机遇，凭借改革开放的东风，开启乡村振兴新局面。吴栋材书记带领永钢集团迅速扩张，提升技术，打造了一支强大的人才队伍。吴惠芳书记引领永联村步入新的发展阶段，加速产品结构优化升级，实施张家港东沙物流园项目、江苏华电赣榆 LNG 项目等，增强持续发展能力。两位书记敢为天下先，带领村民打破传统，开创壮举。永联村不仅经济飞速发展，社会治理、生态保护也成效显著，村民生活水平大幅提升。永联村的发展模式是两位书记与村民共同探索的成功之路，展示了乡村振兴的广阔前景和潜力。

二是抢抓机遇先行步。党的十一届三中全会为永联村注入了新的生命力与活力，吴栋材书记紧抓改革开放的历史机遇，引领永联村踏上乡村振兴的征途，带领永钢集团敏锐地把握住机遇，迅速扩建多个生产车间，使永钢集团一跃成为全国黑色金属压延加工业中规模领先的乡镇企业。

时至今日，在吴惠芳书记的领导下，永钢集团已迈入新的发展阶段。在供给侧结构性改革的大背景下，永钢集团加速推进产品结构的优化升级，实现从普通产品到优质产品，再到特色产品直至精品产品的不断跨越。而吴惠芳书记的坚强领导，对于增强企业的可持续发展能力、推动企业转型升级具有重大战略意义。

三、要有勇于开拓的智慧与胆识

永联村的发展轨迹是一条非凡之路。在这个充满挑战的旅途中，他们凭借超凡的胆识与睿智，创造了一系列前所未有的辉煌成就。党的十六届五中全会提出建设社会主义新农村的重大历史任务后，吴惠芳书记就立下了“要让农民过上好日子，让永联尽快实现基本现代化”的誓言。但进行现代化建设首先需要规划，规划没有地图可不行。于是，炮兵出

学习随笔

身的吴惠芳书记就带人，绘制了第一张完整的永联村地图，并在地图上进行了空间规划，研究制定了《关于建设社会主义现代化新永联的决议》，描绘了永联村现代化建设蓝图。2013 年，吴栋材书记又提出从产业美、生活美、生态美、素质美四个方面建设美丽乡村，明确永联村建设美丽乡村的“四美”标准。

但是城镇化要有地，机遇属于有准备的人。2006 年，国土资源部开展“城乡建设用地增减挂钩”试点。这时，吴栋材书记抓住机遇，为永联村争取到了 120 亩建设用地指标，动迁一批小区，借助雄厚的集体经济实力，经协调获得了隔壁乡镇 480 亩建设用地指标。投资 15 亿元建设了占地 600 亩的集中居住区——永联小镇，并配套建设了医院、农贸市场、商业街等现代化公共设施。3 年内，将田间地头 3 600 多户居民迁到了永联小镇，实现了农民集中居住。

目前，永联村已经成为集现代农业、工业、服务业于一体的社会主义新农村标杆，两位书记接力传承，持续探索符合永联村特色的发展新路径，村民们的生活质量显著提升，其幸福感与满足感与日俱增。

四、要有实事求是的勇气和担当

作为永联村的领导，不仅要积极地落实党的政策，还要有实事求是的精神。很多时候，有的人并不是没有是非观念，也不是不知道如何正确处理问题，但就是不敢讲实话，不敢说真话。他们缺少的是实事求是的勇气、胆识和担当。

1978 年，吴栋材书记到永联村任该村党支部书记之后，面对永联村地势低洼、十涝九灾，老百姓种粮食颗粒无收的现状，他认为：地势这么低洼，种不出粮食来，却仍然强调“以粮为纲”，这个“纲”在哪里？应该把低洼的地，挖成鱼塘；将挑出来的土，填高周围的土地再来种粮食，这样既可以解决种粮问题，也可以多一个产业，帮助农民走出贫困，一举两得。但当时农村政策不允许搞副业，搞副业那时候被叫作“资本主义的尾巴”。

吴栋材书记说：连粮食都长不出来，怎么能让老百姓吃饱过日子呢？党的政策是让老百姓过上幸福的日子，让老百姓的日子好起来。但是实际情况是粮食都长不出来，这显然让老百姓过穷日子，不是党的政策的制定初衷。他冒着被“割资本主义尾巴”的风险，带领农民挑土 5 万立方米，

挖鱼塘50亩。第二年，鱼塘的鱼丰收了，粮食也丰收了，老百姓欢呼雀跃，把新来的村党支部书记吴栋材看成恩人。永联村党支部和村党支部书记威信的提高，坚定了村民紧跟党支部走的决心。

1998年，苏南地区要求农村企业进行股份制改造，苏南模式中的集体企业向温州模式中的个体企业、私营企业、民营企业学习，实行转制，并落实“彻底转、转彻底”，把永钢集团股份转让给管理层。面对这样的政策和要求，吴栋材书记马上想到由此会引发的问题：永钢集团是1984年永联村老百姓以30万元起家，创建起来的共建共享、共同致富的载体。如果“彻底转、转彻底”，彻底切断了企业与老百姓的联系，永联村的初衷还存在吗？永联村的企业还是共同致富的载体吗？

企业发展需要土地，老百姓的土地被征用之后，失去土地的老百姓后续的生活保障从何而来？另外企业在村里边，它的发展需要得到老百姓的支持，货物的进出要走老百姓的路，要经过老百姓的河道，如何得到老百姓的支持？

针对这些问题，吴栋材书记认为：永联村企业进行股份制改造，既不能“彻底转”，也不能“转彻底”。因为现代企业制度改造只能给企业增加发展的后劲，而不能隔断与农民之间利益的联系。于是，经过两次股份制改造，吴栋材书记最终给永联村老百姓保留了永钢集团25%的股权，剩下75%的股权则转让给永钢集团的管理层。永联村老百姓凝聚在永钢集团25%的股权之下，与永钢集团形成统一的利益共同体，大家齐心协力共同促进永钢集团的发展。永联村老百姓掌握了25%的股权，尽管土地被征用，其性质被改变，老百姓户口由农业户口转变为非农业户口，其身份改变了，在永钢集团上班的工作方式也改变了，但是享受这片土地上发展成果的权利没有变。大家和谐相处，共谋发展。从此以后，永联村老百姓真心希望永钢集团征地越多越好，发展越快越好。所以，从永联村的实际情况出发，才能给永联村带来好的后续发展效应。如今的永联村在城镇化建设当中，能有如此多集体资金的保障，主要得益于这25%的股权。所以面对党的政策，永联村领导班子成员从实际出发，再次印证了领导者坚持实事求是的勇气、胆识和担当对永联村发展的重要意义。

五、要有着眼发展的远见和责任

学习随笔

落实党的政策，要有着眼发展的远见和责任。党的政策既有普遍性，又有前瞻性。处于当下的普通老百姓虽然会一时感受不到党的政策的重要性，甚至会认为党的政策和自己没有多大的关系。但是，作为领导者要有发展的眼光，要意识到党的政策极其重要。因此，永联村党委在落实党的政策时，要有发展的眼光和责任意识。

2006年，国土资源部开展“城乡建设用地增减挂钩”的试点，农民的宅基地集中以后，可以拿一部分出来，通过转让，变成城镇建设用地。这个时候，永联村党委敏锐地感觉到这对永联村未来的发展具有极其重要的作用。后来，他们在短短的3年之内，把田间地头3 600多户居民全部搬迁了，一座现代化的小镇拔地而起，老百姓享受到了城镇的生活环境和条件。党的十八大召开以后，提出要工业化、城镇化、农业现代化，这些永联村都率先做到了，这得益于政策的出台，以及永联村党委着眼于发展，抓住了机会。

2014年前后，党和国家号召加大节能环保的力度，加强生态建设、美丽中国建设，但对企业提倡环保还只是停留在社会责任的层面。永联村党委敏锐地察觉到未来企业的发展，环保不只是其社会责任，迟早将成为其发展的门槛。因此，党的政策给了永联村党委信心、决心和方向。永联村党委决定投资25亿元，彻底改造永钢集团的环保设施。2015年，全国的经济严重下滑，钢铁卖到白菜价，企业资金极其紧张，永钢集团正在进行的240万吨产能的焦化项目，只能果断地停止。但是针对环保项目，永联村党委一刻也不敢停，全额投资，加快运行。后来，经过3年的努力，他们将脱硫、脱硝的设备全部进行了改造。永钢集团是在中国钢铁行业里第一个使用该设备的，引进的时间也是最早的。2016年，G20峰会在杭州召开，环境保护部以杭州为圆心，画了一个圈。在这个圈的范围之内，实行全面督查，永钢集团也在其中。中央生态环境保护督察组到了永钢集团考察之后，把永钢集团树立为环保的典型。永钢集团是目前唯一同时获得两个证的企业——绿色工厂企业、绿色供应链企业，所以在去产能这样的大形势之下，永钢集团的产能不落后，环保节能是关键。由于永钢集团响应了党的政策和号召，提前做好了准备，着眼了发展，因而该企业不仅有了可持续发展的实力，也有了可持续发展的优势。

学习随笔

六、要有敢于创新与试错的精神

领导班子成员如果要放开手脚办事，就必须充分授权，并敢于承担责任。由于创新发展不仅是变革，也是发展，还是前无古人的创举，因而在此过程中出现错误在所难免。吴栋材书记经常对领导班子成员说：“你们放手去干，干错了，我来承担。”同时，他又经常给大家约法三章，屡次强调“丑话说在前头”，需要注意的事项提前给大家讲清楚、说明白，避免出现问题。

一是顶住压力关小厂。俗话说：“农是一碗饭，副是一碟菜，工业致富来得快。”吴栋材书记深知，发展农业和副业，只能解决温饱问题，而要让村民脱贫致富，就必须发展工业。因此，1979 年，自创办柳条编织厂起，吴栋材书记陆续为永联村创办了方钉厂、水泥制品厂、枕套厂、玉石厂和沙发厂等 10 多个集体性质的小厂。当时，国内计划经济依然占主导地位，但这些厂生产无计划，销路无保障，所以其中一些厂开了 1—2 年，就或转，或送，或卖，或关停了。到 1985 年，剩下玉石厂、花砖厂和沙发厂等仍能盈利的 8 个小厂；但这些小厂全年利润加在一起还不到 30 万元，而投产第二年的永联轧钢厂净利润已达 156 万元。尽管 8 个小厂效益不好，可麻雀虽小五脏俱全，互不相关的生产、管理、销售都有各自的特色，厂长、会计、业务员、操作工样样不可或缺。永联轧钢厂效益虽好，可苦于缺少管理人才，难以扩大生产。当时，永联村仅有 700 多人，劳动力不足，人才也较为匮乏。每个厂的厂长打着各自的“小算盘”，为了人工、物资和年终分配争来争去，不再像以前那样“抱成团”了。“小而全”经营格局的弊病，令吴栋材书记深感苦恼。

1986 年上半年，经过认真的市场调查，吴栋材书记觉得在村里所有工厂生产的产品中，只有螺纹钢具有广阔的市场前景，而且利润较高。因此，他决定砍掉所有小厂，集中人力、物力、财力和精力，全力以赴发展永联轧钢厂。吴栋材书记的这个决定真可谓是“一石激起千层浪”。吴栋材书记还没有来得及付诸行动，方方面面的压力就以雷霆万钧之势压了过来。压力有来自村民的，有来自党员群众的，有来自村干部的，也有来自领导班子成员的，还有来自上级领导的，等等。

村干部纷纷劝吴栋材书记：“这些小厂虽然赚钱不多，但都在盈利，马上关掉太可惜了。”

学习随笔

> 吴栋材书记回答："舍得舍得，不舍不得。现在一个永联轧钢厂车间就能盈利 100 万～200 万元，今年再增加一个车间，明年利润就能达到 300 万～400 万元。我们人手这么少，不关掉小厂，永联轧钢厂如何扩大生产？"
>
> 村民们纷纷质问吴栋材书记："你把小厂都关了，万一永联轧钢厂办不下去了怎么办？到时候，你走了，留下烂摊子让我们承担！"
>
> 吴栋材书记答道："就算 3 年后，我们失败了，也能积累几千万元的资金。只要我们手里有了钱，掉头做其他的也容易。"
>
> 乡党委书记先后 3 次找吴栋材书记谈话，语重心长地说："刚有点儿成绩，不要昏了头，永联村底子薄，经不起折腾，搞到这个份上已经不错了。永联轧钢厂不符合'五小''三就地'原则，它有没有发展前途，你可要想清楚。"当时，县里主管部门的领导也劝吴栋材书记："不要吊死在一棵树上，手里多抓几个企业总是好的，'东方不亮西方亮'嘛！"
>
> 总之，无论是村民、村干部还是上级领导，都认为钢铁企业不是农民能办好的，只能由国家来办，农民只能办些小企业。为了统一思想、消除顾虑，吴栋材书记开了近 1 个月的会，前后几十次与大家交流，才最终使关闭小厂的决定得到绝大多数人的认可。1987 年，永联村的 8 个小厂通过转、送、卖、停全部关闭，完成了工业结构调整，推动了永钢集团蓬勃发展。

吴惠芳书记接任后，携手永联村村干部，积极探索激发村民参与乡村振兴热情的新路径。他们深知，要重燃村民对家园建设的热情，必须从培育村民的公民意识入手，同时完善议事机制，确保每位村民都能成为乡村振兴的积极参与者和受益者。

二是积极主动停转产。2006 年冬，永联村党委班子决定制作板材，第一期投资 3 000 万元，可是市场上的板材价格开始一路下降，钢筋价格一路上涨。吴栋材书记认为这是一次决策失误，于是马上召集领导班子成员连夜开会决定：立即停止工程，将 3 台高炉的其中 2 台转用于生产螺纹钢，同时承担了这次决策失误的责任。后来事实证明，8 个月后转炉建成投产，螺纹钢价格继续上升，而板材的市场价格越来越低。

2008 年，一位分管炼钢条线的领导班子成员为降低炼钢材料成本，

学习随笔

进行了降低废钢用量试验，但因为所用的钢渣水分含量偏高，装炉后引发严重的喷溅，产品和设备损失几百万元。吴栋材书记调查清楚原因后，非但没有处理他，还鼓励他继续研究、创新。吴栋材书记始终能够充分调动每位领导班子成员的积极性和主动性，同时也增强了领导班子成员的责任心和使命感，让他们想干事、敢干事、能干事。

吴栋材书记领导永联村通过工业发展脱贫，展现出卓越的领导力。面对小而全的格局限制，他决定调整工业结构，这一举动不仅打开了永钢集团发展的大门，而且其创新精神激发了村民的积极性。

两位吴书记不仅推动了经济发展，还激发了村民的热情，增强了村庄的凝聚力和向心力，从而为乡村振兴树立了典范。吴栋材书记领导永联村脱贫致富，展现出卓越的领导力。他洞察小而全经营模式的局限，决定调整工业结构，集中资源发展永联轧钢厂。在此过程中，他尊重村民贡献，承诺村庄发展不息，村民努力必有回报，激发村民工作的积极性。

永联经验

永联村的实践告诉我们：落实党的政策也要讲机遇，要善于抢抓机遇、共谋发展。落实党的政策，要有实事求是的精神，作为领导班子成员要有胆识和担当；落实党的政策，要着眼发展，要有发展的眼光和远见；落实党的政策，要敢于创新与试错，要让领导班子成员放开手脚办事，面对在创新发展过程中的错误要予以包容。永联村的实践经验告诉我们，要有抢抓机遇的眼界和魄力，要有共谋发展的劲头与勇气，要有敢于开拓的智慧与胆识，要有实事求是的态度与担当，要有着眼发展的远见和责任，还要有敢于创新与试错的精神。

建强一个好班子，落实党的好政策，一张蓝图绘到底，与时俱进谋发展。这是永联村实现乡村振兴关键一招。

——吴惠芳

第五章　构建开前门堵后门机制

学习随笔

没有规矩不成方圆，永联村构建开前门堵后门机制的实践告诉我们，加强制度建设不含糊，在实践中遵守纪律不走样，关键是领导班子在执行规章制度时要发挥好带头作用。

一、制度建设不含糊

领导班子成员有先进性要求，同时领导班子成员又都是来自五湖四海的人才，要遵循人才效率优先原则。农村干部的党性和觉悟很重要，但在市场经济条件下，仅仅依靠党性和觉悟是不够的。要让能干的人才长期扎根农村，需要统筹好先进性要求与效率优先原则。为此，永联村领导班子成员坚持将先进性要求与效率优先原则挂钩，把工作绩效与薪酬待遇紧密结合，建立科学的薪酬制度，用制度确保个人的贡献“看得见”。个人贡献与报酬成正比，能极大地提高个人的积极性。该拿的报酬越多越好，将前门开得越大越好。实践证明，单位的效益与个人的利益捆绑得越紧，个人的积极性就调动得越充分，这也是永联村领导班子成员始终紧密团结在一起的核心要素。

为了保障单位效益和个人效益，永联村制定了严格的违规违纪问题处罚规定，把不义之财的后门堵死。吴栋材书记经常对领导班子成员说：“上级把权力给了你们，你们要充分地利用，但同时要正确地利用。谁乱

学习随笔

用权力，出了问题，就从严处理，绝不含糊。”近些年来，永联村影响力持续提升，领导班子成员与外界交往也不断增多，在此过程中经常能收到一些礼品。所有领导班子成员在商务活动中收到的礼品，从不会收入私囊，而是将这些物品捐赠给张家港市永联为民基金会，先由张家港市永联为民基金会进行物品义卖，然后统筹用于全村福利事业。

二、遵守纪律不走样

党的纪律是规范我们党员的行为准则，中央八项规定出台以后，永联村股份经济合作社，同样也有对外交往和商业行为，所以永联村必须坚决落实这些规定不含糊。永联村连续几年接受上级监察委员会检查，无论是财务记录，还是其他方面，从未出现任何纰漏。

永钢集团下属的一个污泥厂要买一台拖拉机，有人建议由村里买，厂里也可以用，这样能得到农业上的补贴，一举两得。但是永联村领导班子成员认为坚决不能这么做，君子爱财取之有道，单位也是一样。该得的钱必须由自己去挣，发挥永联村股份经济合作社的优势去做；不该得的钱，再好赚也不能赚。工业用的拖拉机以农业用具的名义去申请补助，这是严重违反党纪的举动。这样的事情是不能干的，必须断然拒绝。因此，执行党的政策，须不走样；遵守党的纪律，也须不走样。

三、领导班子带好头

领导班子在遵守纪律方面要带好头，领导班子要有严明的纪律，永联村以村党组织书记为核心的领导班子一直保持着预测问题、指明方向的能力。多年来，吴栋材书记一贯强调要约法三章，强调要善于用制度管事、用制度管人。吴栋材书记拥有多年的领导经验，常常能对很多事情提前预警。他经常提醒领导班子成员需要注意的事情、可能会发生的事情、将来会遇到的情况。吴栋材书记始终能在关键环节给出明确的意见和建议，同时能准确地判定可能发生的问题和现象。吴栋材书记经常用约法三章来提示和警醒领导班子成员，引导他们做好表率，勇当标杆。

在永联村，既要放手让领导班子带领群众干事业，给领导班子成员充分的信任，还要制定各项监督制度。例如，永联村规定在商务活动当中，礼品、礼金超过 200 元的，礼金要上交财务部，礼品要上交联峰宾馆。诸如此类的制度有效地约束了领导班子成员的行为，确保了永联村领导班子的廉政建设。

永联经验

在乡村振兴的进程中，没有规矩干不成事业，因此先要加强制度建设，形成制度体系，让领导班子成员创业有章可循。有了好的制度还不够，还要严格地执行制度。此外，领导班子成员要带好头，率先垂范，保证执行制度不走样。

把理论变成共识，再变成行动，就有了解决问题的钥匙。

——吴栋材

学习随笔

第六章　大胆走改革创新之路

发展有新业，改革不停步，乡村才能始终充满生机与活力。永联村由穷村变富村、小村变大村，从传统乡村发展成为现代化农村，靠的就是步履不停走改革创新之路。治理有效是乡村振兴的基础，永联村为实现乡村有效治理完成了四个转变：由“村企合一”向“村企合作、村企合伙”转变，由“政经合一”向“政经分离”的转变，由“小村庄、大社会”向“公共管理和公共服务城乡均等化”的转变，由“村民自治”向“居民自治”的转变。近些年，永联村与时俱进，充分调整乡村治理结构，形成了“党建引领、区域协同、民众参与、依法办事”的乡村治理模式，较好地理顺了关系，增强了乡村治理能力，实现了乡村有效治理。

一、转变村企合作方式

现今，全国有很多年销售收入达几十亿元，乃至几百亿元的村。但是，这些村大多实行“村企合一”的模式，在一定时期内，这样的模式为发展集体经济做出了很大贡献。但是，伴随着土地制度和股份制度的改造，“村企合一”“管理一套班子、财务一本账目”的模式已不适应形势的发展，由于村企产权关系不清晰、投资关系复杂、利益主体多元化等因素，农民、村集体、企业、职工等多个利益主体之间的矛盾和诉求越来越突出，有的甚至面临激化矛盾和产生冲突的风险。

学习随笔

永联村发展初期也是实行“村企合一”的发展模式，但近些年来，永联村及时进行了村企分离，由“村企合一”向“村企合作、村企合伙”转变。例如，永联议事厅的资产属于永联村股份经济合作社，但由永钢集团旗下的子公司张家港市旅游发展有限公司负责租赁经营，每年支付给村里租金。村企实行两套管理班子，村里设有党委、村委会，永钢集团是董事局、总裁经营班子，永联村股份经济合作社是理事会、监事会、社长经营管理班子。永钢集团是一个纯粹的股份制企业，按照现代企业的管理模式，独立经营，自负盈亏，真正实现了由“村企合一”向“村企合作、村企合伙”转变。

二、逐步推进政经分离

在农村，村党支部、村委会、经济合作社是三个重要的基层组织。绝大多数村采用的是“三块牌子、一套班子”的管理模式，集体经济组织由村委会经营管理，处于“政经合一”的状态，永联村一度也是如此。随着集体经济不断壮大，永联村拥有 8 000 亩耕地、250 余间门面店，还有永钢集团 25% 的股权，如此庞大的集体经济仅靠村委会来经营管理已不切合实际，更何况永联村村委会还要管理许多社会事务。经过慎重考虑，永联村村委会将集体经济组织剥离，交由永联村股份经济合作社负责。

为此，自 2012 年起，永联村股份经济合作社做了大量工作：首先，制定了《永联村股份经济合作社社员资格确权办法》，对所有村民进行社员资格确认，并张榜公示，最终确定 10 676 人为永联村股份经济合作社社员。其次，修订了《永联村股份经济合作社章程》（以下简称《章程》），并依据《章程》选举产生了 239 名社员代表。最后，召开了第一届社员代表大会，选举产生了第一届永联村股份经济合作社理事会、监事会班子成员，理事会聘请了永联村股份经济合作社社长、副社长及管理部经理。至此，永联村实现了政经分离。

三、普及城乡公共服务

许多经济发展较好的村庄，为了方便村民生活，在村里开办农贸市场、商业街、幼儿园等配套设施，基本具备了城镇社区的形态。但是，由于城乡二元结构的差异，这些场所依然由村一级组织在管理，陷入了“小村庄、大社会”的境况。2006 年 3 月，永联村在建设永联小镇时，配套建设了医院、农贸市场及红绿灯和治安卡口等。在一段时期内，这确实

学习随笔

方便了村民的生活。但是面对农贸市场内蔬菜上的农药残留物是否超标、小镇上商贩随处摆摊设点、运输车辆超速闯红灯等问题，村里因为没有执法权，既管不了，也管不好。2009 年 3 月，经过积极争取，上级政府在永联村境内成立南丰镇社会管理服务中心永联分中心，派遣公安、交通、城管、卫生、工商等执法机构及其人员，进驻永联村。从此，永联村像城市一样开始实施公共管理。这样一来，属于政府管理的事务由政府管理，属于永联村管理的事务由永联村管理，真正实现了公共管理、公共服务在城乡之间的均等化。

四、成立居民自治组织

农村产业发展，带来了人口集聚，不少经济发达的村子甚至出现了本地人员少于外来人员，人口倒挂的现象。村委会作为村民自治组织，对外来人员管理难度较大。永联小镇上住有 2 万多人，1 万多人是本村村民，1 万多人是外来人员。村委会工作人员对外来人员进行管理时，外来人员时常回复：“我又不是你们村的村民，你凭什么来管我。”针对这个问题，2011 年 4 月，在上级政府的支持下，永联村成立了永合社区居委会。通过正规的社区管理来强化服务和进一步细化管理，实现了由“村民自治”向“居民自治”的转变。

永联经验

治理有效是乡村振兴的基础。永联村实现了由“村企合一”向“村企合作、村企合伙”转变，由“政经合一”向“政经分离”转变，由“小村庄、大社会”向“公共管理和公共服务城乡均等化”转变，由“村民自治”向“居民自治”转变，进而实现了有效治理。永联村与时俱进，积极调整乡村治理结构的实践告诉我们，要与时俱进理顺乡村各利益方的关系，优化乡村治理模式，增强乡村治理能力，实现乡村有效治理。

永联村富了，不仅要帮助自己村里有困难的群众，也要帮助其他村里有困难的群众。

——吴惠芳

第七章　激发干部服务人民热情

学习随笔

落实党的政策的出发点、落脚点、着眼点是什么？答案是事业有发展，百姓得实惠。永联村领导班子在落实各项党的政策时，非常重视老百姓口袋里是否有钱，老百姓是否得到实惠。所以几十年来，永联村党委在贯彻落实党的政策、抓建设、做决策的时候，都以事业有发展，百姓得实惠作为根本依据。正因如此，永联村群众才能对永联村党委，对吴栋材书记保持一贯的信任。永联村党委始终代表着永联村老百姓的利益，全心全意为永联村老百姓服务，永联村党委办事做决策，都是为永联村老百姓着想，以民为本，所以永联村老百姓非常信任永联村党委，以往很多次的换届选举，几乎没有任何悬念，皆是吴栋材书记全票当选。

一、引导农民就业

就业是民生之本。村民通过自身的劳动获得报酬，会让自己活得更有尊严。只有就业才是使农民致富，不至于贫困最有效的办法，永联村领导班子必须具备帮助农民掌握就业的能力。永联村的企业招工时，在同等条件下以永联人为先，但还有很多年龄大、学历低的永联人不能满足企业招工的条件。为此，永联村领导班子投入资金，与大学合作，把课堂搬到村里，培养他们就业的技能，然后成立劳务公司，把周边企业保洁、保安、保绿等低技能岗位承包下来，让村民个个有工作。永联村

学习随笔

领导班子希望农民可以充分就业，因此便下大力气培养他们的就业能力。具体而言，永联村领导班子采取了以下措施。

一是通过开办农民夜校，与高中、大专、本科院校联合办学来提高农民的就业率。永联村不仅与各大院校联合办学，还创办各种培训班、学历班，让农民通过培训来提高自身的素养，从而具备就业的能力。

二是通过提高农民的生活能力来提高农民的就业能力。永联村年年有分红，过去往往分配的是一张存折单，但是进入新时代，存折单使用的范围明显缩小，有的银行甚至已经全部改用银行卡。很多永联村四五十岁的农民不习惯使用银行卡，尤其是老年人，而且银行卡需要设置密码，有的老年人连密码也背不下来。但是经过永联村领导班子成员的不懈努力，永联村的老百姓几乎人人都学会了使用银行卡。

如今是信息社会，几乎所有的工厂已经进入了智能制造阶段，如果农民连计算机都不会用，怎么可能有就业的机会和能力？甚至可以说，他们就连基本的就业资格都没有。因此，永联村领导班子成员认为：必须教会农民使用计算机。一开始，在永联村，不仅年纪大的老年人不会使用计算机，连四五十岁的农民也都不会使用，甚至一看到计算机，就感到恐惧。永联村领导班子成员采取了一系列的措施，最终实现了村里“家家有计算机、户户能上网、人人会点击”。永联村领导班子成员正是通过提高农民的生活能力，从而达到提高他们就业能力的目的的。

三是通过创造就业的岗位，进一步创造就业的载体。所有企业在招工的时候，都有三个门槛：学历、年龄和身体素质。严格来说，永联村50%以上的农民是够不到门槛的，也无法进入企业。针对这一严峻的形势，永联村领导班子成员果断成立张家港市永联劳务派遣有限公司，将村域内企业的保洁、保安、保绿等低技能岗位进行剥离与整合，通过专业化的劳务派遣模式，让永联村的低技能劳动力提供劳务服务，以实现人力资源的优化配置。由此，永联村企业的劳务支出就变成老百姓的劳务收入了。

四是帮助妇女就业。曾经永联村有一个女村民罹患癌症，待其身体初步恢复之后，就到村里来要求就业，想通过工作来自食其力。永联村领导班子成员得知，她家里公公婆婆均在住院，女儿正在读高中，只有她的丈夫一人在工作，全家每月只有几千元钱的收入。因此，这位女村民希望通过工作至少能够支付自己的医药费。她的自立、自强、自尊，

不仅得到了所有永联村村民的尊重，也为自己赢得了一份工作。

学习随笔

二、帮助失业青年

善良和爱心是无价的财富，它们不仅能够点亮他人的生活，也能够让世界变得更加美好。永联村领导班子成员不仅关注农民的就业，还关爱和帮助失业青年。

1990 年隆冬的一个傍晚，街上冷冷清清的，只传来一两个行人匆匆的脚步声。吴栋材书记下班后，来到一家理发店理发，他穿着一件厚厚的棉大衣，头发被风吹得有些凌乱，累了一天的身体，可以趁着理发期间放松放松。

吴栋材书记推开门，看见一个人正在理发，他便和熟识的理发师打了声招呼，然后坐下来静静等待。无意间，吴栋材书记瞥了一眼那个正坐在椅子上理发的人。那是一个中等身材，额头上有些许皱纹，头发乌黑却有些蓬乱的青年男子，看上去就是一个极其普通的农民。而让吴栋材书记大吃一惊的是，这么冷的天气，那人上身竟然只穿了一件薄薄的外套，他坐在理发椅上，不停地打着冷战，嘴唇都已经冻得快开裂了。这辛酸的一幕让吴栋材书记心生怜悯，他料定此人一定出身贫寒，受过很多磨难，才有了今天这副模样。

过了一会儿，那人理完了头发，抖了抖身上的碎发，在口袋里掏了半天，才掏出来 10 多个 1 角钱的硬币，然后认真地数了数，再付给理发师，说了声“谢谢”，就转身离开了。吴栋材书记感到十分好奇，这个人竟然没用一张大面额的钞票，而是用一把 1 角钱的硬币来付钱。

轮到吴栋材书记理发了，他好奇地问理发师：“我看刚刚这个人举止很奇怪，你认识他吗？”理发师很不以为意地回答说：“噢，他啊，经常来我这儿理发。他家里很穷，30 多岁了，还没娶媳妇，整天无所事事，是个老光棍。”

“那他为什么不去找点儿事情做呢？”

“有本事谁不知道去挣钱，问题是他没啥本事。除了偶尔帮人家做做小工，其他的也干不了！”

“我看他人好像蛮老实的，是吧？！”

“这倒是。他虽然生活落魄，但还是比较本分的。”

“这样吧，下次他再来的话，麻烦你问问他，看他是否愿意到永钢集团来上班。”

“我没听错吧，你们非亲非故的，这是为什么啊？”理发师一脸惊讶地问道。

“我看这个人挺可怜的，就想帮他一把。再说了，最近厂里也正好缺工人。”

听吴栋材书记这么一说，理发师也就同意了。

没过多久，那个人再去理发，理发师就把吴栋材书记的话转告给了他。那人一听是要让自己去上班，心里很高兴，还说自己家里穷，早就盼着有份工作，唯恐别人看不起他。

上班的第一天，吴栋材书记见到他，对他嘘寒问暖，并嘱咐他说：“在这里上班虽然累了点，但只要好好工作，肯定能过上好日子的。”那人不善言辞，眼里却充满了敬意，他连忙点头谢道：“谢谢吴书记！”

吴栋材书记果真没看错人，那人进厂后，工作勤勤恳恳、认真仔细，多次得到车间领导的表扬，人也变得精神了许多，他由当初一个邋里邋遢的青年变成了一个奋发上进的青年。吴栋材书记知道这个消息后，还专程去车间看望他。

青年见吴栋材书记来看他，就跑过去打招呼，吴栋材书记跟他开玩笑说：“若不是那一把 1 角钱，你可能到现在还在大街上游荡呢！”说完,吴栋材书记和青年都哈哈大笑起来。“是啊！不过说真的，多亏了吴书记您收留了我，要不然我这辈子都只能用硬币了。”后来，那位理发师每每提及此事，也总要对吴栋材书记夸赞一番，说他是菩萨心肠。

三、丰富精神生活

永联村是一个在长江边围垦而来的小村庄，经由改革开放富裕起来，村民过上了幸福的生活。但这些村民都是从原来的农民转变而来的，千百年来的农村生活对他们产生了深刻的影响。因此，如何丰富村民的精神生活，把他们培育成具有良好文明素质的现代农民？这是吴栋材书记一直思考的问题，并逐渐悟出了四条路来。

学习随笔

自 2005 年起，永联村先后投入 7 000 多万元，建设了联峰广场、文化活动中心、永联戏楼、水幕电影、音乐喷泉、村情厂史展厅、党员活动中心、社区服务中心，以及档案馆、图书馆、电子阅览室等。永联村每年组织近百场全国性的大型文艺晚会和戏曲演出，组织村民免费观看。通过开展文化教育来提升村民素质，是一条有效的近路。组建舞蹈队、锣鼓队、龙狮队、折扇队、篮球队等多支文体队伍，引导村民积极参与文体活动，是一条明路。用教育培养人，把高等教育移植到农村，与杭州电子科技大学、安徽工业大学、江苏科技大学等高校合作，在家门口开办硕士班、本科班、非学历教育班，是一条宽路。开展村民培训，传授交通法规、文明礼仪、和谐邻里、计划生育、劳动技能等方面的知识，是一条稳路。

从 2004 年开始，永联村党委在全村设立了文明家庭奖，对村民遵纪守法、环境卫生、计划生育、家庭生活、综合治理等 8 大类 58 个方面的行为进行百分制考核评比。从 2010 年开始，永联村党委更是加大力度，把考核结果与村民所有二次分配、福利待遇捆绑在一起。对流动在外的村民，要求其所在社区、工作单位出具《永联村村民文明素养评价表》，参与村里的统一考核。同时，通过村报《永联村讯》、宣传橱窗、社区广播、自办网站、短信平台等，开展广泛的宣传教育，营造良好氛围。

先进的思想文化、健康的文化生活深刻地改变着永联村村民的言行，说文明话、做文明事、当文明人已成为永联村村民的自觉。永联村也先后获得了“全国文明村镇 ”等多项荣誉。用吴栋材书记的话来说就是，没有文化的农村，一定不是现代化的新农村。文化创新既是支撑永联村发展的灵魂，也是永联农村现代化的核心。

四、发挥资源优势

农村是资源丰富的地方。能否运用好这些丰富的资源，发挥出资源优势，影响着整个农村发展的方向和趋势。

一是发挥好人力资源。永联村拥有自己的人脉资源，不仅有乡贤，还有来自五湖四海的人才，这些都是村庄发展的资源。永联村领导班子成员必须协调好人力资源，让所有人才有发挥的空间、成长的方向，真正做到物尽其用、人尽其才。

二是发挥好土地资源、资产资源。如何把这些资源用好，这是永联

村领导班子成员应当具备的能力。用好这些资源，必须按经济规律办事。吴栋材书记来到永联村，是20世纪70年代末，面对当时一穷二白的情况，他一直在思考该怎么办？他把农村的能工巧匠组织起来：把会绣花的妇女组织起来，办起了枕头套厂；把泥瓦匠组织起来，办起了水泥制品厂；把木匠组织起来，办起了沙发厂。吴栋材书记因地制宜，充分发挥了当地的资源优势。尽管当时的沙发皮是人造革的，沙发腿是木头的，内里有棉絮和麻垫，永联村的工厂一样赚了钱，让农民获得了实惠。

五、建立科学机制

发展经济一定要按经济规律办事，要建立适合的体制机制，科学合理的机制，能够激发人的聪明才智。永联村有较多的企业进行了股份制改革，管理者持有40%的股权，集体持有60%的股权。由于管理者持有股权，管理层和企业就会同命运、共呼吸、心连心。由于管理者工作的绩效看得见、摸得着，到年底就能见成效，因此管理者也会鼓足干劲。由于共同持有企业的股权，管理者都是股东，大家就会在各自的管理岗位上互相监督，在管理中没有重大的失误，这充分证明了这种机制的有效性。

六、做到共建共享

共建共享是社会主义、集体主义精神的发展和进步。永联村富裕了，但是并没有全部去做平均分配。永联村领导认为不仅可以采用更多的分配办法，也可以有更多的形式进行分配。

一是分配文化产品。通过建立小戏楼，分配文化产品。小戏楼天天演戏，谁喜欢，谁愿意，谁来看，这分配的是精神食粮。

二是建立永联美术馆。永联美术馆是推动永联村文化产业发展的新引擎。永联美术馆建成后，村民们开始积极探索传统手工艺与现代设计的融合之道，创造出一系列蕴含永联特色的文化产品。这些产品不仅成功传承了宝贵的传统文化，还为永联村的经济发展注入了新的活力。

三是建设苏州江南农耕文化园。永联村通过建设苏州江南农耕文化园，更深层次地实现共享。苏州江南农耕文化园建好以后，每年亏损400万元。曾有人质疑说：苏州江南农耕文化园年年亏损，为什么还要建？因为乡村旅游要算大账，乡村旅游能带来人气，人气又能带来财气。小镇上的门面店租金提高了，有人来消费了，那就会有人来经营；有人来经营了，房子就出租出去了，每年租金可达到 1 400 万元。

学习随笔

四是搞好公共服务。把集体经济收入用于投资教育，建设小学、幼儿园，让孩子接受最好的教育；用于建设文化活动中心、戏楼，每天一出戏，每周一场电影，每月一台晚会，让老百姓陶冶情操，提升素养；用于奖励文明家庭，设立文明家庭奖，对积分高的家庭予以重奖，让党性和德性并举。

永联经验

落实党的政策，最终要以民为本，保证老百姓得实惠，否则就会落到形式主义的陷阱中，无效的建设、重复的浪费，只是劳民伤财。永联村提升共同富裕能力的实践启示我们：要丰富村民精神生活，提高村民文化水平；要关心村民就业，提高村民劳动性收入；要发挥资源优势，形成经济优势；要建立科学机制，保证多劳多得；要坚持共建共享，带动共同富裕。

光有钱不行，富裕和文明才是社会主义。

——吴栋材

学习随笔

第八章　加强农村精神文明建设

永联村在建村之初，人口稀少，后来随着城镇化的发展，在“先富带后富”的共建共享政策下，永联先后5次进行并村，人口已由当初的不到千人上升到万人以上。同时，随着永钢集团的发展壮大，来永钢集团工作，在永联村创业的外来人员越来越多。传统的农村格局逐步被打破，乡村社会出现了许多新情况、新问题。人口数量剧增，管理范围增大，文明创建的难度也增大。面对这些困难，永联村在不断深化精神文明创建工作中，大力推进治理体系和治理能力现代化，建立了党委领导、政府负责、社会协同、公众参与、法治保障的现代乡村治理体系。

一、以治理机制转变促进文明创建工作

一是积极完成各项转变。由“村企合一”向“村企合作、村企合伙”转变，由“政经合一”向“政经分离”转变，由“小村庄、大社会”向“公共管理和公共服务城乡均等化”转变，由“村民自治”向“居民自治”转变，同时构建“党建引领、区域协同、群众参与、依法办事”的治理机制。经济发展与文明创建融合发展，是永联村文明创建的重大课题，永联村领导班子成员以坚韧不拔的意志和敢为人先的精神，顺利完成了这一课题。

学习随笔

二是 5 个乡村治理主体既相互联系，又各自独立，成为永联村文明创建的重要载体和核心保障。目前，在永联村形成了永联景区管理办公室、永合社区、永联村股份经济合作社、永钢集团、社会组织 5 个乡村治理主体。永联景区管理办公室，隶属于南丰镇人民政府，担负永联村区域内公共事务管理和服务职能。永合社区，承担计划生育、民事调解、征兵服役等职能。永联村股份经济合作社，主要职能是确保集体土地、集体资产、集体资本的保值、增值，实现所属成员利益的最大化。永钢集团，采用现代企业管理制度，独立经营，自负盈亏。社会组织，主要有张家港市惠邻社会工作服务中心、张家港市永联惠民服务中心、张家港市南丰镇永联爱心互助志愿者联合会、张家港市永联为民基金会、张家港市南丰镇永联社会文明建设联合会等，是政府公共服务供给体系和基层民主治理体系的有益补充。润物无声，春风化人。乡村文明创建是一项系统复杂的工作，必须深入生活、体察生活，解放思想、不拘一格，用新颖、实用、有效的活动吸引群众参与。

二、以带领村民致富促进文明习惯养成

永联村围垦 0.54 平方千米土地后，由 5 个公社迁来的 254 户、700 多人组成了一个村庄。永联村属于移民村，底子薄弱，人心涣散。加上该村地势低洼、涝灾多发，村民生活十分贫困，温饱问题得不到解决，滋生了讨债、要饭、偷盗、打架等不文明行为。为了治理这些不文明行为，改变“乱村”形象，吴栋材书记上任后，第一件事就是突破“以粮为纲”的禁锢，把“治穷致富”作为突破口。他带领村民挖塘养鱼做副业，解决了村民的温饱问题。后来，他抓住农民盖楼房需要大量钢筋的机遇，创办永联轧钢厂，走上了工业强村、工业富民的道路。1985 年，永联村跨入全县十大富裕村行列。村民生活稳定后，永联村不文明行为基本消失，文明习惯基本养成。吴栋材书记不仅带领村民致富，还使永联村“两委”班子成员树立威信，得到村民的认同和信任。因此，村民中如果出现矛盾纠纷，在村“两委”班子成员走访、劝说、调解后，问题基本能得到解决。

三、以考核激励机制深化文明家庭创建

20 世纪 90 年代至 21 世纪初，永联村工业快速发展，经济发展和村

民生活水平大幅提高，人口规模不断扩大，精神文明建设依靠村“两委”班子成员的“走动式管理”，已经显得力不从心了。

为了解决难题，永联村创新思维，找到了精神文明建设的新抓手——文明家庭奖。自2004年起，永联村将社会公德、个人品德、家庭美德、职业道德、计划生育等要求转化为百分制考核条款，成立精神文明建设办公室，以户为单位，对村民实施年度考核，年底按每人每年1 000元的标准，把加分项作为文明家庭的评选条件，用市场的杠杆、激励的机制来加快村民文明素质的提升，让村民的口袋与脑袋“共富”。文明家庭奖对村民及村民小组所有成员实行联动考核，一户人家被扣分，整个村民小组跟着被扣分，有效形成了不文明行为的监督常态化机制，有效提升了永联村整体文明程度，永联村连续五届被评为“全国文明村镇”。由此，文明家庭奖成为永联村的文明“名片”。

但随着社会发展和文明程度的整体提升，永联村村民的行为已基本符合《文明家庭奖实施办法》中的考核条款，这使得文明家庭奖逐渐成为一项福利分配政策，村民渐渐失去进一步提升自身文明素养的想法。同时，文明家庭奖考核发放对象仅为永联村股份经济合作社社员，较多享受奖励的社员并不生活在永联村，而更多工作生活在这里的人员没有被纳入考核范围，现有的文明家庭奖对于进一步提升永联村文明程度来说已达不到预期效果。因此，永联村决定在《文明家庭奖实施办法》的基础上进行创新，制定了新的《文明家庭评比实施办法》。首先，永联村转变考核对象，将永联村股份经济合作社社员转变为在永合社区居住的居民，不生活在永联村的社员将不再参与考核。所有的居民都要遵守永联村的村规民约，做到进了“永联门”就要做好“永联人”。其次，转变考核机制，由主体单一、自上而下的考核机制转变为居民参与、自下而上的考核机制，让居民成为文明家庭考核主体，通过积分量化文明元素，激发群众比学赶超，让“文明分”催生“文明风”。最后，转变奖励措施，由形式单一、福利分配的方式发放文明家庭奖转变为评优表彰先进典型、文明积分兑换礼品等多样化奖励措施，引导社区居民见贤思齐。新的文明家庭奖分为文明家庭标兵户、金质文明家庭户、银质文明家庭户三种，分别授予相应的奖牌。获奖的文明家庭可将刻有家庭成员名字的奖牌挂在家门口，小小的奖牌就成了良好家风的标志。

学习随笔

四、以文明单位创建助推精神文明建设

永钢集团是永联村的支柱产业，随着企业规模不断扩大，外来人员占据了永钢集团中的重要位置。外来人员与本地村民户籍不同、群体不同、习俗不同，文明素养更不同，如何让文明创建深入分厂、车间、班组一线，提升来自五湖四海的外来人员的文明程度，助推永联文明创建，成为永联村的一大难题。自 2016 年起，永钢集团每年都在集团范围内开展文明单位创建工作，将创建主体建到车间、班组一线，将文明单位创建工作作为各类先进评比的前提。同时，永钢集团结合企业文明创建情况，及时调整创建内容，确保创建内容与时俱进，发挥实效。精神文明、行为规范、生产安全、环境整洁、场所卫生、交通文明、公厕文明、用餐文明、宿舍文明、网络文明等内容作为一级指标，其下设履职敬业、团结友爱、诚实守信、恪守道德、遵规守法、厉行节约、保守秘密、遵循礼仪、言行正当、遏制安全事故发生、加强安全应急管理、保护环境、养护绿化、现场文明等多个二级考核指标，有效做到了企业文明创建的“及时、有效、接地气”。为构建企业精神文明建设长效机制，自 2018 年起，永钢集团还将文明家庭奖纳入永钢集团四大奖励范围，企业文明奖获得者可享受国内外旅游、岗位晋职、工资晋升、职称评定等优厚待遇。

五、以弘扬传统农耕文明引领社会风尚

按照中央深入挖掘农耕文化中蕴含的优秀思想观念、人文精神、道德规范，充分发挥其在凝聚人心、教化群众、淳化民风中的重要作用的要求，永联村将继往开来，勇创文明创建新局面。农村是中华传统文明的发源地，乡土文化的根不能断，农村不能成为荒芜的农村、留守的农村、记忆中的故园。虽然既没有悠久的人文历史，也没有显赫的名人古迹和别致的山水景观，但永联村针对自身特点找准定位，创造创业条件，重塑文化自信，积极建设占地 500 亩的苏州江南农耕文化园项目，助推乡村振兴之路。园内从中国特色的农事节气，到大道自然、天人合一的生态伦理；从各具特色的宅院村落，到巧夺天工的农业景观；从乡土气息的节庆活动，到丰富多彩的民间艺术；从耕读传家、父慈子孝的祖传家训，到邻里守望、诚信重礼的乡风民俗；等等。这些无不承载着华夏文明生生不息的基因密码，彰显着永联人传承文明的智慧和追求。

永联村的城镇化是苏南地区农村发展的一个缩影。集中居住改变了

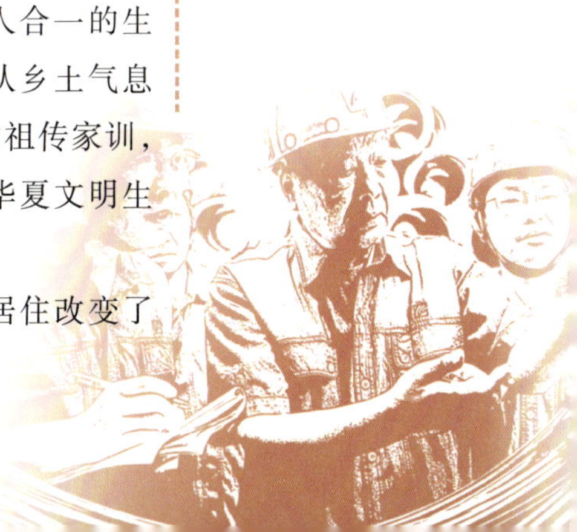

学习随笔

农民的生产生活方式，推动了农业的现代化。为了守护承载乡土记忆的精神家园，永联村认为有必要通过乡村旅游传承江南农耕文明。同时，乡村旅游不仅可以让城里人在探索农耕文化的过程中增长知识，还蕴藏着重大的商机。2006 年，永联村投资建设了永联小镇，通过发展乡村旅游吸引人气，有效促进了商贸往来，减少了门面店的闲置浪费。自 2009 年起，永联村就开始布局乡村旅游，在深度挖掘传统江南农耕文化的基础上，按照“缩小比例的江南水乡、功能丰富的休闲农庄、农耕主题的文化走廊”的总体设想，建设占地 500 亩，全国最大的农耕文化主题公园——苏州江南农耕文化园。该园不仅可以让游客在观赏江南田园风光和体验江南农耕文化中增长知识、修养身心，还可以让现代市民感受传统文化的魅力。

此外，随着工业化、城镇化的深入推进，永联村村民从土地上被解放了出来，有一定文化的村民进入企业成了产业工人，而另外一些村民由于缺乏知识与技术，则很难找到工作。为此，永联村在苏州江南农耕文化园中又设置了农耕历史、江南作坊等 9 个功能区域，让这些年纪大、文化程度低、传统手工艺强的村民可以凭借农民的老本行在里面谋生。这样既解决了大量农民的就业问题，又继承和弘扬了传统文化。

乡村振兴，既要塑形，又要铸魂。春有美味江鲜，夏有清凉乐园，秋有乡野风光，冬有养生温泉，永联村一系列的发展举措，一方面，解决了 1 500 人的就业问题；另一方面，随着游客的增多，让游客感受到“宾至如归”的传统乡土文化。从吴栋材书记到吴惠芳书记，他们不仅关注村民的物质生活，还重视村民的精神文化需求，成为乡村振兴的典范。吴栋材书记推动集体养老机制建立，并带领村民参观上海世博会，展示中国农民风貌。吴惠芳任书记后，建立永联美术馆，深化文化战略，推动文化与产业、生态、旅游融合。在永联村领导班子的引领下，永联村不仅在物质层面取得了进步，还在精神文化层面上有了长足发展，成了乡村振兴的标杆。

六、以专题项目助推乡村本土文化发展

纵观改革开放以后永联村 40 多年的建设和发展，其发展过程本身就是一个乡村本土文化发展的过程。在这 40 多年的发展过程中，永联村形成了自己独有的乡土文化。为了让这些原汁原味的乡村文化得到保留，

学习随笔

教化本村村民，永联村先后投资建设了金手指广场、24 小时图书馆、永联议事厅、永联展示馆、永联爱心互助街、永联文化活动中心等场所，同时对永联村文明创建中的好人好事、先进事迹等进行整理，构建本村文明创建阵地。此外，永联村还充分利用永联培训中心的培训优势，将永联村文明创建的经验、成果写进教材，编成课程，向社会传播，与社会共享永联村文明创建成果、经验。如今，这些阵地不仅成为本土村民文明教育的载体，还成为全国各地来永联村参观、学习新农村文明建设成果的来访者的鲜活教材。具体而言，永联村主要通过以下 8 个专题项目，助推乡村本土文化发展。

一是推进文明村镇创建。根据各级政府关于创建江苏省文明村的统一部署和工作要求，结合永联村全面、实际、可持续发展的内在要求，永联村先后制定了《永联村 2005—2006 年度江苏省文明村创建规划》《关于建设社会主义现代化新永联的决议》《关于做好村规民约和居民公约工作的指导意见》等指导文件，将文明创建工作纳入实现农业农村现代化的体系管理，让村民从文明创建的受惠者、参与者转变为创造者。

结合全国文明村镇创建要求，永联村对创建细则进行划分，落实到单位，细化到个人，加大投入和保障力度，持续有力地推进各项文明创建项目与设施建设，以便在充分发挥其推进村民自治，彰显基层民主，培育社会主义核心价值体系阵地作用的同时，发挥其与配套设施的综合功能开发的能力，让广大村民在创建中得到实惠。

二是开展文明议事制度。永联村在发展过程中不断探索、勇于创新，形成了“代表大会议大事、议事团体议难事、楼道小组议琐事、媒体平台议冒尖事”的村民议事新机制。其一，代表大会议大事。民主选举出约 240 名社员代表、约 240 名居民代表议大事，每年分别组织召开 2 次代表大会，讨论永联村发展过程中的大事，诸如文明家庭奖考核评比办法等大事。其二，议事团体议难事。由居民代表大会选举产生议事团，集中审议社区发展建设中的难事。其三，楼道小组议琐事。在每个楼道内组建一个楼道小组议事委员会，一般由 3 ~ 5 名居民组成。针对每个楼道中存在的问题，不定期开展楼道议事会，实现楼道自我管理、自我教育。其四，媒体平台议冒尖事。通过永联村内部报纸、微信公众号、永联一点通 APP 等自媒体平台不定期曝光不文明现象，诸如闯红灯、不文明祭祀、在景观河洗衣服等，加强社会监督。同时，永联村还成立“五老”

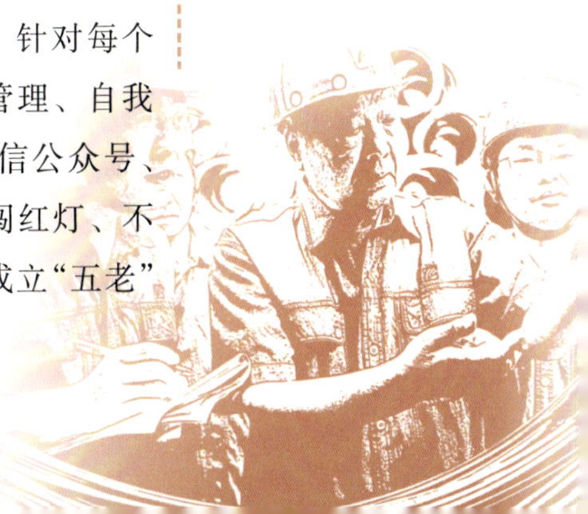

学习随笔

志愿者协会，即在社区成立由老党员、老干部、老战士、老教师和老文体爱好者组成的“五老”志愿者协会，开展义务帮扶、文体服务、党员监督、义务环保、义务调解等活动，形成理事会例会等有效载体和管理办法。

三是广泛选取先进典型。开展“善行无疆，德耀永联”最美家庭、最美永联人评选和餐饮文明示范店创建等表彰活动。2019 年，永联村开展志愿服务多达 8 234 人次，志愿服务时间达 3.8 万小时，无偿献血达 4.54 万毫升。孙海凤、展其荣获“张家港市志愿服务终身成就奖”，永联天天鲜团队、黄炜、李成春获评“张家港市道德模范”。吴栋材书记获评“第四届全国道德模范”，吴惠芳书记获得“第七届全国道德模范提名奖”。

四是建设良好生态环境。良好生态环境是公平的公共产品，是普惠的民生福祉。村民将 4 000 多亩土地统一流转到永联村苗木公司后，统一种植雪松、香樟等经济树木，永钢集团与村庄之间形成环状的“绿色走廊”，全村绿化覆盖率达 45%。在村民集中居住区，建成日处理能力达 3 000 吨的污水处理厂，开发建设以翡翠森林、生态湿地、水生植物为主的生态休闲公园。永联村大力开展“保护母亲河”“我为山川添点绿”等关爱自然行动，让群众用自己的双手建设天蓝、地绿、水清的生态环境。

五是推动引导文明消费。文明消费既是建设美丽乡村、实现中国梦的客观要求，也是精神文明创建的题中之义。加强资源环境和生态价值观教育，引导人们减少超前消费、炫耀性消费、奢侈性消费，推动全社会形成绿色消费自觉。永联村深入开展“文明餐桌行动”，引导人们理性消费、按需点菜，倡导自助用餐、分餐制等文明健康的消费方式，培育健康文明的餐桌文化，享受“文明用餐、节俭惜福”的快乐。

六是倡导低碳节俭生活。低碳是文明社会的发展方向，节俭是中华民族的优良传统。大力宣传节约光荣、浪费可耻的思想观念，倡导绿色生活、绿色休闲、绿色办公，坚决反对讲排场、比阔气，坚决抵制享乐主义和奢靡之风。永联村积极开展“节俭养德全民节约行动”，引导村民、职工，垃圾分类、节能节水、低碳出行，选择公共交通、自行车等绿色出行方式，让低碳节俭在全村蔚然成风。

七是引导村民养成良好卫生习惯。面对村民乱扔垃圾问题，永联村领导未采取简单的罚款措施，而是从集体利益出发，通过发放垃圾袋和设立垃圾堆放点，引导村民养成良好的卫生习惯，维护村容整洁。

学习随笔

八是全面推动集体养老机制。永联村领导班子推动建立了全面的集体养老机制，保障老年人拥有幸福晚年。

七、以第三方力量来推动精神文明建设

永联村将社会组织培育作为构建社会治理模式的有益补充，先后成立张家港市永联为民基金会、张家港市南丰镇永联爱心互助志愿者联合会、张家港市南丰镇永联社会文明建设联合会、张家港市永联惠民服务中心、张家港市南丰镇永合社区日间照料中心等社会组织，在加强社会文明建设、维护公平正义等方面发挥了积极作用。下面将以张家港市南丰镇永联爱心互助志愿者联合会、张家港市永联为民基金会、张家港市南丰镇永联社会文明建设联合会为例，展开说明。

一是成立张家港市南丰镇永联爱心互助志愿者联合会，发挥老党员、年轻大学生、能工巧匠的优势。张家港市南丰镇永联爱心互助志愿者联合会下设理事会、秘书处及爱心剪刀、文明书香、文明督导等 9 个志愿者服务队伍，构建志愿服务常态化机制。该联合会还设立了爱心超市、亲情浴室等近 20 个功能室，为广大爱心人士、志愿者和服务对象搭建了互助平台，志愿者可以开展居家养老、爱心家教、慈善宣传、爱心义卖等服务。目前，在册会员 3 000 人。该联合会弘扬“奉献、友爱、互助、进步”的志愿服务精神，秉持“让爱心在互助中闪光”的志愿服务理念，积极倡导良好的社会风气，促进社区文明和谐建设。截至 2024 年 12 月底，该联合会共有 47 人荣获“张家港市志愿服务终身成就奖”。该联合会的工作任务主要有四个方面：其一，整合区域内各类资源和力量，开发符合实际、贴近民生的志愿服务活动，为大型社会活动，诸如社区建设、公益事业、抢险救灾、经济建设及有特殊困难的群众提供志愿服务。其二，为志愿者的注册、招募、培训等提供管理服务。其三，进一步弘扬志愿服务精神，推广志愿服务理念。其四，开展与其他志愿者组织和团体的交流与合作。

二是成立张家港市永联为民基金会，开展社会救助活动。2010 年，永联村成立张家港市永联为民基金会，致力扶贫济困、扶老救孤、恤病帮扶、助残优抚等公益服务。募捐来的资金，用于资助永联村区域内的村民、居民及职工，为促进社区和谐治理提供政府、企业之外的“第三方力量”，旨在服务尊老敬老、奖学助学、关爱健康、扶贫助残、爱心互

学习随笔

助等公益慈善事业。张家港市永联为民基金会连续多次获得“张家港慈善奖”“苏州慈善奖”等荣誉，是江苏省3A级社会组织。

三是成立张家港市南丰镇永联社会文明建设联合会，开展区域文明监管。2015年8月，永联村成立张家港市南丰镇永联社会文明建设联合会，在以文明交通、文明餐饮、文明公厕等为基础的社会文明创建的过程中，将文明家庭、垃圾分类纳入文明建设考核范畴，同时深入开展文明宣传、文明督导及诚信体系建设，进一步明确公共利益与个人利益的边界，使每一位永联村村民都能加入文明社区共建的队伍。

文明单位引领、社区建设跟进、文明创建互动，让每个人都能参与永联村文明创建工作，成为城市文明创建的最活跃元素之一。如今的永联村，98%的村民集中居住，98%的土地集中流转，98%的富余劳动力就地转移就业，98%的农民享受到了比城市居民更优越的生活保障。

永联经验

从同等级别的行政村来看，永联村无论从区域面积还是从人口数量上看，均算是一个“不小村”，经济实力较强。如今，永联村则是一个被世人公认的物质文明、政治文明、精神文明、社会文明和生态文明强村。这是一个奇迹，而永联村的上述经验则是创造奇迹乃至该村能生存与发展的重要原因。

干部不在大小，把事情做好就行。

——吴栋材

第九章　鼓励各类人才汇聚农村

学习随笔

全面保障，用更实在的举措留人。村里人讲究一个实在，俗话说，“手里没把米，唤鸡都不灵”。永联村通过缩小城乡差别、改善工作条件，提高待遇保障，提高生活水平，促进公平发展，激发内生动力，来激发广大干部的工作热情，想方设法让各类人才汇聚农村。

一、缩小城乡差别，改善工作条件

自改革开放以来，中国的乡村飞速发展，面貌大变，有许多先富起来的村庄，在衣、食、住、行等方面不但不亚于城市，甚至还优于城市。尽管许多乡村建设得非常美丽，还有许多乡村正在飞速发展，正急需大量人才前去开发建设，但是由于城乡两种体制在制度上的不同，还是有许多人才愿意留在城市，即使学非所用，也不愿到乡村去发挥所长，一展宏图。怎样冲破全民所有制和集体所有制这一制度的藩篱，是城乡一体化发展、人才流向乡村的一个难题。事实上，组织动员、模范带头、树立典型是一个方面，更重要的方面是要给人才向乡村流动提供更为优惠的条件，而且要大大优于城市所提供的优惠条件。这些优惠条件对于一些发展较为困难的乡村而言，靠自身的力量很难给出，需要在政策上给予支持；而对于已经发展起来的乡村而言，则有可能办到。永联村领导班子为了尽快实现人才向农村流动，主动解放思想，进行了许多有益的尝试。

永联村领导意识到，要想让人才留在乡村，就是要让他们感觉到城市和乡村没有什么差距，也就是说，最重要的就是下功夫缩小城乡差距。城市和乡村之间除制度上的差距之外，最关键的是公共资源分配不均，诸如教育、卫生、文化、科技、体育等，优质资源大多集中在城市，而乡村优质资源极少。有许多公共服务，一个村子、一个乡镇，包括一些县（市）也提供不了，比如高等教育资源和优质医疗资源，村子、乡镇、县（市）也很难提供。于是，永联村就从自己可以提供的地方入手，尽力缩小城乡在公共资源上的差距。为了让城市中的大学生也能在永联村感受到都市的文化生活，他们在建设永联小镇时，专门规划建设了高标准的永联文化活动中心、物资供应丰富的商业街，还建设了城市中少有的苏州江南农耕文化园、垂钓中心等，以此来丰富大学生文化生活。此外，永联村还不断邀请国家京剧院、中国曲艺家协会的知名演艺工作者来永联村演出，以满足村民与企业员工的文化需求，增强乡村对人才的感召力。

二、加大投入力度，改善生活环境

衣、食、住、行是人们的基本生活需求。自改革开放以来，中国人的吃饭、穿衣问题已从根本上解决，而且吃得好、穿得暖已经成为常态，中国人从温饱步入了小康，并在富强的道路上飞奔。行的问题也得到了很好的解决，交通四通八达，汽车进入了很多家庭，现在人们发愁的不是没车坐，而是到处停车难、拥堵多的新问题。现阶段，人们最为迫切需要解决的是住房问题，不是没房住的问题，而是要住得好、住得舒适的问题。

永联村也积极解决村民的住房难问题，总共投资 6 亿元，建设了一批高品质的酒店式公寓，共有 2 200 多套住房。公寓区内各种配套设施齐全，有职工餐厅、洗衣房、健身房、自动售货机等，并采用智能化的管理方式，既安全又舒适，来永联村工作的人才基本可以拎包入住。

三、实施人文关怀，稳定人才队伍

“滴水之恩，当涌泉相报”“你敬我一尺，我敬你一丈”，这是中华文化中的传统美德。乡村条件再好，还是有很多地方不如城市，这是历史因素造成的。农村舞台很大，若论每个人的自身发展前景，确实没有城市广阔。这些都是乡村招揽人才的局限。但乡村有更多的邻里情、烟火味，人文关怀更为浓厚，这同城市里的“老死不相往来”的楼群生活是不同的。

学习随笔

永联村注重从人情入手，来体现对员工的人文关怀。每年组织青年员工开展相亲活动，为青年员工操办集体婚礼，专门赠送新婚礼物；举办职工家庭欢乐假期活动，解决双职工家庭子女的假期照看问题，帮助外地员工的子女到本地入学；为员工发放伙食补助，开设通勤班车，解决好员工的生活琐事与难题，使员工能安心上班，专心工作。这些看似是小事、琐事的人文关怀，稳了人心，得了人心，能使更多人才到永联村来竞聘上岗，形成了人才荟萃的好局面。

永联村招揽人才、选用人才、留住人才的做法有其独特性，不是其他村庄能够效仿的。永联村家大业大，行业门类也多，特别是永钢集团体量很大，需要大量的专业人才和高新技术人才。没有人才，永联村这么大的家业是支撑不下去的。所以，永联村每年需要以十分优厚的条件来招揽人才，这样才能产生更大的效益。这既是发展起来的做法，也是有强大的经济实力做支撑的做法。一些刚刚起步的村很难办到。但永联村尊重知识，尊重人才，吸引人才，培养人才，想办法留住人才，他们让人才扎根农村的思路和精神，包括一些具体的做法，则都是十分有益的，是值得学习与借鉴的。人才就是财富，弄清了这个道理，不同地区、不同条件的乡村就能想出招揽人才的办法。关键是真正重视人才，重用人才。

四、实施分类管理，促进公平发展

分类管理机制，尊重人才的多样性，对人才进行分类管理，把人才分为经营管理型、技术业务型、操作技能型三类，员工可以根据自身特点特长、技术专攻方向，走不同的发展道路。永联村建立了公开竞聘机制，遵循了“能者上、平者让、庸者下”的用人理念，对于空缺岗位，进行张榜公示，明确岗位基本要求。只要符合岗位要求的员工均可报名参加竞聘。近些年，永联村村企不断加大对干部、骨干的“腾龙换凤”力度。自 2015 年以来，已有 120 多名员工竞争上岗，并得到重用，140 多名干部从领导岗位上退下来。

五、共享发展成果，坚持共同致富

共享发展成果，坚持共同致富，主要有以下两条经验：其一，“奖农补副”，共享工业发展成果。20 世纪 90 年代初，随着永联轧钢厂不断发展壮大，大部分村民都在企业里有了工作，收入也翻了几番，不过仍然

学习随笔

有一部分村民在从事副业生产，但规模不大，收入很低。为了让更多的村民享受到企业的发展成果，永联村利用工业来贴补农业，从企业利润中拿出钱来实施“奖农补副”政策，鼓励村民依靠自己的双手，在老本行上谋发展。其二，合并扩村，壮大村庄规模。1995 年前后，永联轧钢厂每年的利润在 2 000 万元左右，但周边的几个村庄还十分贫困。为了让先富带动后富，永联村党委决定合并周边 4 个行政村。同时，为了实现真正的共同富裕，永联村党委给每位老永联人一次性补偿 1 万元，以此表彰其为乡村建设做出的历史贡献。从此之后，凡是永联人，人人待遇都平等。也正因为这样，新、老永联人才能够拧成一股绳，共谋发展。村里依托永钢集团分红、店面租金收入、实体公司经营收入，建立了多项福利保障制度，每人每年分配现金约 1 万元，所有永联人都共享了这片土地上的发展成果。

永联经验

调动广大干部的工作热情，进而发挥他们的作用，是乡村全面振兴的关键。永联村在领导班子的建设中，通过缩小城乡差距，改善工作条件，提高待遇保障，提高生活水平，促进公平发展，激发内生动力，来激发广大干部的工作热情，为广大干部工作提供了有益的借鉴。明确的发展空间、可靠的收入保证、良好的工作与生活环境及温暖的人文关怀，都能有效调动广大干部的工作积极性。2010 年，在上海世博会上，永联村代表中国农村的城镇化，在最佳城市实践区进行了展示，向全世界展示了中国农村城镇化的风采。2015 年，在意大利米兰世博会上，永联村代表在中国馆内作为中国城镇化的成功案例进行了展示。

后　记

苏州在现代化建设中始终走在全国前列。早在2009年，习近平总书记在苏州调研时就明确指出：现代化应该是一个可以去勾画的目标。2023年，7月5日—7日，习近平总书记赴江苏苏州、南京等地考察调研时强调，江苏拥有产业基础坚实、科教资源丰富、营商环境优良、市场规模巨大等优势，有能力也有责任在推进中国式现代化中走在前、做示范。2024年3月，习近平总书记参加第十四届全国人民代表大会第二次会议江苏代表团审议时，与张家港市永联村党委书记吴惠芳亲切交谈。肩负着习近平总书记的殷切期望，苏州要在推进中国式现代化中持续走在前、做示范，不仅要凝聚全社会的勇气和智慧，系统研究、科学谋划，精准落实党中央改革决策部署，做好中国式现代化的苏州答卷；还要全面、系统地总结好一线实践经验和鲜活案例，为后发地区推进中国式现代化提供示范。

在此背景下，侯爱敏、尚正永、柳玉梅、翟青、苏仁共同编写了《永联之路——共同富裕乡村振兴的实践样本》。在编写过程中，编写人员得到了众多单位和个人的大力支持与帮助。苏州市人大常委会研究室提供了政策指导与总体策划；张家港市人大常委会、南丰镇人大及永联村党委提供了资料收集与调研支持；苏州科技大学的编写团队进行了专业

的理论分析与总结。

衷心感谢永联村党委及全体村民积极配合调研，并提供案例素材；衷心感谢实地调研的工作人员的辛勤付出；衷心感谢地方各级人大的精心组织与协调；衷心感谢苏州大学出版社为本书出版所做的努力。

本书是阶段性总结，永联村的发展仍在继续！期待本书能够为中国乡村发展提供参考，更好地助力乡村富裕和全面振兴。

编著者

2025 年 3 月